Geri Winkler
Sieben Welten – Seven Summits

Für Sylvia

Kein Horizont ist so fern,
dass wir ihn nicht erreichen könnten

Geri Winkler

SIEBEN WELTEN

SEVEN SUMMITS

Mein Weg zu den
höchsten Gipfeln aller Kontinente

Tyrolia-Verlag · Innsbruck-Wien

INHALT

VON GROSSEN TRÄUMEN UND KLEINEN SCHRITTEN

Der kleine Junge, der von seinem Kinderzimmer auf die Zinnen der Götter blickt, in seinen frühen Tagen an Felsen herumkraxelt und später zu den Bergen der Welt aufbricht – nein, der bin ich nie gewesen. Ein Meer aneinandergereihter Häuserfronten in meiner Heimatstadt Wien und die Zerstreuungen städtischer Jugendlicher haben meinen Erfahrungshorizont geprägt.
Doch da war etwas gewesen, das schon in früher Kindheit meine Sehnsüchte weckte. Ich wünschte mir einen Globus. Ich saß vor aufgeschlagenen Atlanten, betrachtete die abstrakten Abbildungen fremder Welten und wusste, dass ich eines Tages dorthin aufbrechen werde.
Später habe ich die Liebe zu den Bergen entdeckt, hatte dann aber hart mit meiner Höhenangst zu kämpfen und konnte nie eine ansprechende Klettertechnik entwickeln.
Ein Bergsteiger bin ich eigentlich nie gewesen. Ein Reisender, der die Lebensformen fremder Völker, der die Wüsten, Meere, Wälder und auch die Berge ferner Länder erkunden will – das war mein Lebenstraum. Schon früh bin ich mit dem Rucksack in die Welt aufgebrochen, habe in klapprigen Bussen die Faszination des Fremden erlebt. Bald wollte ich mehr. Ich wollte mich nicht mehr darauf beschränken, mit öffentlichen Verkehrsmitteln von einem städtischen Zentrum zum nächsten zu gelangen. Fremde Länder zu Fuß oder mit dem Fahrrad zu bereisen, das wurde für mich die intensivste Form der Begegnung, verbunden mit der größten Freiheit. Wochenlang wanderte ich durch abgeschiedene Täler und kleine Dörfer, erlebte die Bewohner in ihrer Ursprünglichkeit und bestaunte die zu beiden Seiten aufragenden Berge. Oft verhinderten einige Meter anspruchsvoller Kletterpassagen, dass ich zu ihren Gipfeln vordringen konnte. So fand ich in bescheidenem Ausmaß zum Klettern zurück – als Mittel zum Zweck, um auch die spektakulären Bergwelten in meine Reiseerlebnisse einfließen lassen zu können. Doch das alles sollte bald vorbei sein!
Als ich 1984 Diabetiker wurde, hat man mir vom ersten Tag an geraten, meine lang gehegten Reiseträume und meine erst kurz zuvor entflammte Bergleidenschaft für immer zu vergessen. Weiße Wände, weißes Bettzeug, die Sterilität des Krankenzimmers hatte mich gefangen genommen. Lautloses Grau

meiner Gefühle! Tage, die so regelmäßig waren, dass sie in ihrer Gleichförmigkeit ihr Antlitz verloren, denen jede Farbe fehlte – mit solchen Tagen sollte ich künftig mein Leben verbringen. Nur in Büchern und Tagträumen folgte ich damals noch den aufregenden, oft zu Mythen verklärten Pfaden großer Abenteurer.

Hatte ich erahnen können, welch positives Wandlungspotenzial in einer chronischen Erkrankung verborgen liegen kann? Ich fand nach wenigen Jahren meinen individuellen Weg, meinen Diabetes in meine Lebensträume zu integrieren. Ich ging wieder auf Reisen, die langen Ferien gaben mir als Lehrer dazu ausreichend Möglichkeiten.

Jedes neue Reiseabenteuer steigerte mein Selbstbewusstsein, zu immer aufregenderen Zielen aufzubrechen. 1992 wanderte ich auf der Insel Neuguinea wochenlang mit drei Freunden auf Dschungelpfaden zu den Dörfern der dort steinzeitlich lebenden Urvölker, und es waren zum Teil neue, von Fremden bisher unbegangene Pfade. Der Bann war gebrochen! Der Aufbruch in ein Leben der Grenzenlosigkeit sollte keine Utopie bleiben, kein abgeschottetes Refugium, das nur den großen, bekannten Abenteurern vorbehalten ist.

Auch meine Bergleidenschaft erwachte zu neuem Leben. Doch das Bergsteigen blieb, was es immer für mich gewesen war: nie Ziel seiner selbst, stets Teil eines komplexen Reiseabenteuers. Auch meine Erlebnisse an den Seven Summits habe ich immer unter diesem Aspekt gesehen. Das vorliegende Werk ist daher kein Bergbuch im eigentlichen Sinn, es ist eine Reise in jene Welten, in der diese sieben faszinierenden Gipfel beheimatet sind.

Als ich 2004 an Krebs erkrankte, wusste ich, dass ich dieser neuen Herausforderung mit der gleichen Strategie begegnen werde, die auch nach meiner Diagnose Diabetes zum Erfolg geführt hatte. Die intensivsten Jahre meines Lebens sollten meiner erfolgreichen Krebsoperation folgen.

Schwierigkeiten? Es waren nie die letzten Schritte gewesen, die mich Überwindung kosteten. Es waren immer die ersten Schritte, die all meine Kräfte forderten – die ersten Schritte aus der Komfortzone des Alltags hinaus in ein unwägbares Abenteuer, die ersten Aktivitäten am Morgen in einem eisigen Zeltlager, die Momente vor dem Aufbruch. Danach, auf dem Weg, war alles viel leichter!

Kapitel 1

Elbrus

An Europas wilder Grenze

WIE ALLES BEGANN

Wirklich ernst habe ich diese Aktion nicht genommen. Dass ich damit eine kleine Lawine in meinem Leben lostreten sollte, damit hatte ich wohl am allerwenigsten gerechnet. Aber alles der Reihe nach!

Der Frühling ließ die Großstadt wieder zum Leben erwachen, die warme Jahreszeit rückte näher und es war an der Zeit, Reisepläne für die Urlaubswochen reifen zu lassen. Ein Siebentausender soll es in diesem Sommer werden, darüber sind sich Thomas und ich schnell einig. Ein leichter Siebentausender, denn wir wissen, dass wir mit der Höhe noch genug zu kämpfen haben werden. Asienkarten, denn nur dort gibt es Siebentausender, nehmen den kleinen Tisch im Kaffeezimmer in Beschlag. Eine Idee nach der anderen sprudelt aus Thomas und mir heraus, während die mit ihren Kaffeetassen an den Rand gedrängten Kollegen bald nur noch die Köpfe schütteln. Was um alles in der Welt treibt diese Verrückten in der schönsten Jahreszeit in menschenfeindliche, eisige Höhen? Pik Lenin heißt unser erwählter Berggigant – Sommerurlaub in Zentralasien, mal etwas anderes!

Seit siebzehn Jahren bin ich Diabetiker, ohne mein Insulin kann ich nicht leben. Ob dies immer ein Nachteil sein muss? Ich will es wissen! So sende ich eine E-Mail an alle Unternehmen, die Blutzuckermessgeräte in Österreich vertreiben, biete an, ihre Geräte unter extremen Outdoor-Bedingungen zu testen, führe meinen Kumpel Thomas als nicht-diabetische Kontrollperson für Parallelmessungen an und verspreche großzügig umfangreiches Datenmaterial. Nun, ganz so großzügig ist mein Angebot doch nicht, schließlich denken wir an einen ergiebigen Reisezuschuss. Zu verlieren habe ich ja nichts! Nützt die Anfrage nichts, so kann sie auch nicht schaden! Ich drücke auf „Senden" und vergesse die ganze Sache bald wieder. Wer soll sich schon für mich interessieren? Die Diabetiker-Kundschaft dieser Unternehmen strömt nicht gerade in Scharen auf Siebentausendergipfel, das Interesse der Firmenvertreter, wie ihre Produkte in eisigen Höhen funktionieren, wird wohl eher bescheiden sein.

Doch bald traue ich meinen Augen nicht. Da haben sich doch tatsächlich einige Unternehmen gemeldet, die wissen wollen, was ihre Geräte in Sphären jenseits der Gemütlichkeit taugen. Damit ist nicht nur unser Pik Lenin finanziert, da machen wir auch noch Gewinn. Nein, Gewinn wollen wir keinen machen. Da nehmen wir doch lieber noch einen Berg dazu. Ich habe mit dem Muztagh Ata schon einen Siebentausender zu Buche stehen, darum weiß ich, was ich an solchen Touren in große Höhen gar nicht schätze. Es ist dieses ewige Auf und Ab am selben Berg. Ein Stück hinauf, Lastentransport und dann alles wieder runter. Das nächste Mal dieselbe Prozedur, nur eine Etappe weiter, und wieder alles zurück. Beim dritten oder vierten Mal kann man dann den Gipfel ins Auge fassen. Das Ganze ist notwendig, da sich der Körper nur in kleinen Schritten an die immer größere Höhe und dünnere Luft anpassen kann. Warum also nicht vorher einen anderen, etwas niedrigeren Gipfel besteigen, um dann gut akklimatisiert am Pik Lenin aufzutauchen und dieses langwierige Prozedere deutlich zu verkürzen? Ein erstrebenswerter Nachbargipfel muss her! Da scheint der Elbrus im Kaukasus recht günstig zu liegen – zumindest auf der Landkarte, in natura ist er satte 3000 Kilometer entfernt. Der Elbrus ist mit seinen 5642 Metern der höchste Berg des Kaukasus und der höchste Gipfel Russlands. Pik Lenin und Elbrus waren also unser Ziel: Zwei faszinierende Bergregionen, zwei grundverschiedene Völker, zwei Gipfel zum Träumen und dazwischen noch zwei Ruhetage in Moskau – was kann man sich Besseres wünschen!

ZU LENINS VERGESSENEN ERBEN

Landeanflug auf Moskau – Minuten später ziehen wir im Strom der Passagiere erwartungsvoll in die Ankunftshalle. Stau! Das neue Russland hat vor den Pforten des Sheremetyevo-Flughafens von Moskau Halt gemacht. Die Erben von Stalin und Breschnew haben hier ihr Refugium gefunden. Willkommen scheint außer ihnen selbst aber niemand zu sein. Mit versteinerter Miene thronen diese ewig Gestrigen in ihren Glashäuschen, delektieren sich an Hunderte Meter langen Warteschlangen und bringen nichts weiter. Der „Kalte Krieg" gegen die Einreisewilligen wird mit Akribie und Effizienz geführt. Thomas und ich gehören zu den Glückspilzen, wir sind weit vorne gelandet. Nur etwa zwanzig Ankömmlinge warten vor uns auf die Gnade, den Einreisestempel in den Pass gedrückt zu bekommen. Unter zwei Stunden ist

da kaum etwas zu machen. Mitfühlend blicke ich auf die Verdammten am Ende der langen Reihe. Werden sie Moskau noch erleben?
Die groteske Situation hat auch ihr Gutes: Das Warten verbindet, es entstehen neue Bekanntschaften und bald herrscht heiteres Treiben, das nur hin und wieder gestört wird durch strenge Ordnungsrufe aus dem Glaskontor.
Sie können sich nicht verstecken. Sie sehen überall gleich aus auf dieser Welt, man kann sie mit ihren bunten Hosen und Jacken, ihren halbhohen Trekkingschuhen und ihren lässig über die Schulter geworfenen Tagesrucksäcken auch unter Hunderten nicht verfehlen – die Bergbegeisterten. So erkennen wir ohne Schwierigkeiten in der Menge der Wartenden unsere vier Bergkameraden aus Deutschland, die wir zuvor noch nie gesehen haben. Schnell entwickelt sich die beste Plauderei, die unwirschen Genossen können uns mit ihrer Hinhaltetaktik nicht mehr kratzen. Erstaunt nehmen wir das abrupte Ende unserer Unterhaltung hin. Wir sind tatsächlich dran, die Einreisestempel knallen in unsere Pässe. Das Erlebnis Russland beginnt.
Kilometerlang kurven wir durch triste Plattenbausiedlungen, jede Straße sieht der anderen zum Verwechseln ähnlich, ehe wir ins kleine, aber sehenswerte Zentrum von Moskau gelangen.
Viel hat sich verändert seit meinem letzten Besuch in Russlands Hauptstadt vor zehn Jahren. Das Leben ist bunt geworden, Lebensfreude und Ausgelassenheit in den Straßen und Biergärten der Altstadt. In der Glitzerwelt des Kaufhauses Gum am Roten Platz traue ich meinen Augen nicht. War das nicht jene Markthalle, in der sich noch vor einigen Jahren Tausende Russen in dichtem Gedränge mit Billigfetzen eingedeckt haben? Die Kundschaft ist rar und elitär geworden. Die „Fetzen", die man heute in diesen prunkvoll renovierten Arkaden erwerben kann, sind auch für die meisten westlichen Geldtaschen nicht mehr leistbar – Markenware vom Feinsten aus aller Welt.
Nach der Wanderung durch Moskaus Altstadt kehren wir zurück in unser Hotel, das zumindest den Vorteil hat, dass man es nicht verfehlen kann: ein riesiger Betonblock mit 3200 Zimmern, 5400 Betten – eine Kleinstadt in einem einzigen Haus! Wir sind hier in guten Händen. Eine Concierge wacht am Ende der Zimmerflucht die ganze Nacht über uns und kümmert sich rührend um unsere „Bedürfnisse", indem sie die Zimmernummern westlicher Touristen an freundliche, junge Damen verhökert, die uns dann im Fünf-Minuten-Takt per Zimmertelefon aus dem Schlaf reißen und ihre reizenden Dienste anbieten.

Der Anflug auf Mineralnye Vodý ist eine Erfahrung der eigenen Art. Flugzeugwracks jeder Bauart säumen malerisch die Runway und erinnern uns daran, dass wir durchatmen können. Wir sind sicher gelandet und rollen langsam auf das kleine Flughafengebäude zu. Da warten sie schon auf uns, mit freundlichem Lächeln heißen sie uns willkommen, Nikolai, Edip und Tanja, unsere drei Bergführer für den Elbrus. Drei Bergführer für sechs Gipfelaspiranten? Ungläubiges Staunen, mit Bergführern hatten wir gar nicht gerechnet. Das technische Know-how für eine eigenständige Besteigung dieses Kaukasus-Riesen bringt jeder von uns von zahlreichen Alpentouren mit. Doch wir sind weit davon entfernt, auf unsere Eigenständigkeit zu pochen. Mit diesen drei geselligen Russen durch den Kaukasus zu touren, das wird sicher unterhaltsam werden! Es wird uns manche Tür öffnen und manch verstecktes Juwel dieser Gebirgswelt zutage bringen. Das Großaufgebot an Bergführern findet schnell eine plausible Erklärung. Tanja ist Nikolais Freundin, Edip ist Bergführer-Lehrling, und beide wollen wie wir erstmals auf dem Elbrus-Gipfel stehen. Nikolai Kadoshnikov ist allerdings ein großes Kaliber in der Bergsteigerszene. Den Mount Everest hat er im Vorjahr bestiegen, den Makalu zwei Jahre zuvor.

Ein liebliches Flusstal führt uns hinauf in grandiose Bergregionen. Diese Welt ist ein Schmelztiegel verarmter Völker, wo der russische Einfluss sich in den asiatischen Basaren verliert. Alte Menschen mit mikroskopisch kleinen Renten fristen hier in noch älteren Holzhäusern ihr bescheidenes Dasein. Die Jungen sind längst zu den Geldquellen der Großstädte abgewandert, auch die zahlungskräftigen Bergtouristen sind zu neuen Zielen aufgebrochen, denn der Zerfall der Sowjetunion brachte auch das Ende der staatlichen Förderung des Alpinismus mit sich. Die Bergvölker des Kaukasus sind aus dem festen Zugriff der Kommunisten in die Vergessenheit abgerutscht. Der bröckelnde Verputz liebloser Hotelanlagen erzählt traurig von besseren Zeiten.

Auch unser Hotel Itkol, ein trostloser Plattenbau aus den Sechzigerjahren, bildet keine Ausnahme. Rissige Außenwände, muffige Teppichböden, herausgebrochene Schlösser, nie ersetzte Glühbirnen – dennoch finden wir in dieser abgewohnten Unterkunft alles, was das anspruchslose Bergsteigerherz begehrt. Im Matratzenlager auf den Berghütten in den Alpen können wir uns schließlich auch nicht einschließen und schlafen deshalb auch nicht schlechter. Fehlende Lichtquellen schrecken uns nicht, wir haben unsere Stirnlampen.

Kleine Eingehtouren führen uns zu den fast senkrechten Eiswänden des Kaukasus. Sobald wir die Pfade dichter Nadelwälder verlassen, gelangen wir in eine tief zerrissene Gletscherwelt – ohne Übergang. Zonen karger alpiner Vegetation können wir hier kaum entdecken. Die Landschaft ist wie ein Gemälde aus dunklem Grün, blendendem Weiß mit steil aufragenden, schwarzen Zacken, die den tiefblauen Himmel berühren! In dieser grandiosen Bergwelt vergessen wir unser großes Ziel, den Elbrus, und kommen ihm doch näher. Die Touren zum Gumachi-Pass und auf den Cheget Bashi dienen der Akklimatisation, der Gewöhnung unserer Körper an die sauerstoffarme Luft am Gipfeltag.

Wir verlassen die Niederungen und brechen zum Elbrus auf. Staunend betrachte ich Nikolais und Edips überdimensionale Rucksäcke. Nachdem wir die Nahrungsmittel redlich auf unsere neun Gepäckstücke aufgeteilt haben, frage ich mich, was sie haben und wir nicht haben. Mit unseren Lasten steigen wir hinauf zu den berühmten Barrel Huts in 3800 Metern Höhe, riesige Fässer, in denen Bergsteiger schlafen, kochen und sich auf ihren Gipfelsturm vorbereiten – für viele das Basislager am Elbrus. „Kein Platz!", lautet die ernüchternde Auskunft des amtierenden Hausmeisters. Hätte sich darum nicht Nikolai kümmern müssen? Ratlosigkeit, Achselzucken, wir stapfen weiter durch den Schnee. Besonders einladend haben diese runden Behausungen ohnehin nicht gewirkt. Nur etwa 50 Meter höher sehen wir auf einem Felsvorsprung eine winzige Holzhütte in grandioser Lage. Sie gehört dem geologischen Institut der Moskauer Universität und ist mit einem riesigen Schloss versperrt. Nikolai hat in seinem Rucksack alles, was man zum Bergsteigen in Russland benötigt. Zuallererst die Feile! In wenigen Minuten ist die Hütte offen und großmütig wie Nikolai eben ist, hat er gleich ein neues Vorhängeschloss mitgebracht. Acht enge Lagerplätze finden sich in dem kleinen Raum, Zeit zum Kuscheln für Nikolai und Tanja. Das Geheimnis von Nikolais und Edips großen Lasten ist schnell gelüftet: Elf Flaschen Wodka und einige Flaschen Bier kommen auf den Tisch. Unser durch fleißiges Feilen erworbenes Basislager lässt keine Wünsche offen, der Gipfelsturm kann beginnen!

Wir wandern hinauf zu den Pastuchova-Felsen in über 4700 Metern Höhe, um unser Blut noch einmal kräftig mit roten Blutkörperchen aufzurüsten, denn unsere lange Gipfeletappe soll nicht an der Höhenanpassung scheitern. Dabei kommen wir an der Prijut-Hütte in 4100 Metern Höhe vorbei. Das wäre die ideale Basis für eine Elbrus-Besteigung. Wäre gewesen! Die Hütte ist vor einigen Jahren abgebrannt. In ihren Ruinen haben einige russische Bergsteiger ihr spartanisches Höhenlager eingerichtet. Sie hatten offensichtlich dieselben Probleme wie wir mit den überfüllten Barrel Huts, aber keine Feile im Gepäck.

Die Ruhe vor dem Sturm! Am Ruhetag vor unserer Gipfeltour wollen wir unsere Speicher noch einmal füllen. Wir liegen in der Sonne auf unserem exponierten Plätzchen, können unsere Augen nicht von den grandiosen Kamelbuckeln, den beiden Hauptgipfeln des Elbrus, abwenden und genießen den Tag in dieser herrlichen Gletscherwelt. Den Tag genießen? Da wäre doch ein Bier nicht schlecht. Gibt es leider nicht mehr! Kurzerhand legen Ralph, Lutz und ich unsere Steigeisen an und steigen 500 Meter hinunter zur Mir-Station, dem Endpunkt der Seilbahn. Honeymooner bevölkern den Platz, drehen in High Heels und Lackschuhen einige Runden im Schnee, lassen sich von allen Seiten abknipsen und verschwinden wie wir in der schummrigen Bar. Ein Bier bitte! Für jeden eines? Ja, für jeden! Es sollte bei einem Bier bleiben, der Inhalt der Flasche beträgt satte 2,25 Liter. Gut hydriert machen wir uns an den langen Anstieg zu unserem Feriendomizil.

Der Aufstieg auf den Gipfel des Elbrus verläuft unspektakulär. Am Morgen des 19. Juli 2001, knapp nach drei Uhr früh, stapfen wir im Schein der Stirnlampen los, der gewaltige Höhenunterschied von 1800 Metern ist die einzige Herausforderung an diesem technisch einfachen Berg. Das tut aber unserer Ausgelassenheit keinen Abbruch, als wir dann in der Mittagssonne am höchsten Punkt Russlands und des gesamten europäischen Kontinents[1] stehen. Farben von Amethyst bis Blau-Violett bedecken ein Meer kleinerer Berge, deren Konturen ineinanderfließen, so sanft, als wären sie von einem Weichzeichner geschaffen. Lange genießen wir das seltsame Farbenspiel der Natur. Zufrieden und gelassen machen wir uns schließlich an den Abstieg. Wir können nicht wissen, dass der Tag noch einige aufregende Stunden für uns bringen wird. Unterhalb des Sedlowina-Sattels, dem Einschnitt zwischen den

1 Der Grenzverlauf zwischen Europa und Asien wurde völkerrechtlich nie genau definiert. In vielen Teilen der Welt galt die Manytsch-Niederung nördlich des Kaukasus als Grenze. Dies ist der Grund, warum früher in den Schulen gelehrt wurde, dass der Montblanc der höchste Gipfel Europas sei. Im englisch- und französischsprachigen Raum galt immer der Kaukasus-Hauptkamm als Grenze, wonach sich der Elbrus, etwa 20 Kilometer nördlich des Hauptkamms gelegen, zur Gänze in Europa befindet. In den letzten Jahrzehnten hat sich diese Version durchgesetzt, unterstützt durch die Bildung der neuen Staatsgrenzen im Kaukasus nach dem Zusammenbruch der Sowjetunion.

Bergwelt auf dem Weg zum Gumachi-Pass

beiden Hauptgipfeln, sehen wir in einiger Entfernung ein buntes Bündel in der Aufstiegsspur. Wir eilen hin. Ein Mensch! Er ist nicht mehr ansprechbar, zeigt Anzeichen eines Hirnödems, aber er atmet noch! Wie wir später erfahren, ist es ein Däne, der ohne Wissen seiner Gruppe auf eigene Faust einen Gipfelversuch gewagt hat.

Die nächsten Momente zeigen die Professionalität unserer drei Bergführer und wir sind wahrhaft froh, sie in diesen Minuten bei uns zu haben. Tanja, in ihrem Hauptberuf Ärztin, zieht eine Spritze mit Dexamethason auf. Dieses Wundermittel gegen die Höhenkrankheit sollte unseren Bergkameraden schnell wieder auf die Beine bringen, doch der erhoffte Erfolg bleibt aus. Die Zeit wird knapp! Mit wenigen Handgriffen bastelt Nikolai aus einer aufblasbaren Matte und einem Kletterseil eine Art Schlitten mit vier Führungsgriffen. Wir verschnüren unseren dänischen Kollegen, während Nikolai die Mir-Station anfunkt und einen Ratrak bis unter die Pastuchova-Felsen ordert.

Der Wettlauf mit der Zeit beginnt und es ist ein schweißtreibendes Rennen bis zur Atemlosigkeit. So schnell wir können, lassen wir den Schlitten den Hang hinuntergleiten. Wir müssen uns immer wieder abwechseln. Zu unerwarteter Stunde fordert der Berg doch noch all unsere Energie. Unterhalb der Pastuchova-Felsen wird das Gelände schließlich so einfach, dass es mit einem Ratrak befahren werden kann. Der Fahrer erwartet uns schon. Der Däne

Ausblick von den Pastuchova-Felsen über die Berge des Kaukasus

scheint von all dem Treiben um ihn herum noch gar nichts mitbekommen zu haben, sein Zustand hat sich aber nicht verschlechtert. Wir heben ihn mitsamt der Matte auf die Pistenraupe und können ihm nur ungehört das Beste wünschen. Bald sollte er in der Mir-Station sein, fast 2000 Meter tiefer als die Stelle, wo er zusammengebrochen war, seine Chancen werden mit jedem Meter besser. Langsam setzen wir unseren Abstieg fort und treffen auf seine verstörten dänischen Kollegen, die schon vergeblich nach ihm gesucht haben. Wir erreichen unsere Hütte, Stunden des Wartens vergehen. Unser Gipfelerfolg hat noch keine Bedeutung, es gibt Wichtigeres, das uns jetzt bewegt. In den Abendstunden meldet sich die Mir-Station. Der Däne ist wieder auf den Beinen und kann sich schon mit seinen nach unten geeilten Bergkameraden unterhalten. Die Spannung löst sich, Stimmung kommt auf, die letzten Tropfen Wodka müssen dran glauben. Wir stoßen auf den geretteten Dänen an, und ein bisschen natürlich auch auf unseren Gipfel.
Siebzehn Tage später stehe ich auf dem höchsten Punkt des Pik Lenin (7134 m). Nach der Expedition kehre ich mit umfangreichem Datenmaterial zum Thema „Diabetes und Outdoor-Leben“ zu meinen Sponsoren zurück. Ich habe mit diesem Gipfelerfolg und meiner recht sorgfältigen Arbeit ihr Vertrauen gewonnen, sie werden mich in den folgenden Jahren großzügig bei der Verwirklichung meiner Bergträume unterstützen.

2. Kapitel
Aconcagua
Aus den Regenwäldern
zum Berg der zornigen Winde

DIAMANTEN, GANOVEN UND EIN HAUCH VON EL DORADO

Nichts geht über einen guten Start ins große Lateinamerika-Abenteuer – und schlimmer hätte er kaum verlaufen können!

Ich warte auf meinen Rucksack am Gepäcksband des Maiquetía-Flughafens von Caracas in Venezuela. Bald taucht er auf und mich selbst bedauernd muss ich feststellen, dass er ein stattliches Gewicht aufzuweisen hat. Alles, was ich in den nächsten vier Monaten benötigen werde, habe ich hineingepfercht. Der Inhalt des Rucksacks muss für alle Lebenslagen herhalten. Ich will durch den Regenwald und durch die Wüste wandern, will hinauf auf die höchsten Gipfel des südamerikanischen Kontinents, will die zauberhafte Atmosphäre der Karibik erfühlen und zu ihren farbenfrohen Riffen hinabtauchen – und für alles will ich gut gerüstet sein. Viele Ziele, viel Gepäck – das geht wohl nicht anders.

Ich schultere meine überdimensionale Last und verlasse das Flughafengebäude. Ein Taxi? Nein, zu teuer! Zu Fuß verlasse ich das Gelände und steuere auf die Autobahn zu, wo ich mit einem lokalen Bus weiterkommen will. Ein Kleinbus hält neben mir, zwei junge Männer sprechen mich an. „So wie du mit all dem Gepäck hier herumläufst, bist du ein Ziel für Kriminelle. Pass auf!" Ich bin total verwundert, gebe aber nicht viel auf diese Warnung, kann sie angesichts der freundlichen Menschen gar nicht verstehen und schlendere unbeeindruckt weiter zur Busstation. Der Hektik der Millionenstadt will ich noch für eine Weile fernbleiben und so fahre ich in das kleine Städtchen Macuto, direkt am Strand der Karibik gelegen.

Meer, einladende Strandbars, Kinderlachen – ich will noch vor dem Abend etwas von dieser entspannten Freizeit-Atmosphäre erhaschen. Schnell finde ich ein komfortables Zimmer für wenig Geld und bin schon in Badeklamotten auf dem Weg ins große Treiben. Da hält mich die Wirtin zurück. „Um elf Uhr abends musst du zurück sein, dann versperren wir alles." In einem Strandort voller Leben? Wo bin ich hier gelandet? In einem Kloster? In einer Jugendherberge mit vorsintflutlicher Hausordnung? Diskutieren will ich nicht, dazu ist der Nachmittag schon zu weit vorgerückt.

Minuten später plätschere ich im lauwarmen Nass der Karibik. Danach tauche ich ein in das quirlige Treiben an der Strandpromenade, trinke einige

Gläschen an einer der belebten Strandbars, wo man schnell ins Plaudern kommt mit den umgänglichen Einheimischen. Ich genieße den Abend in vollen Zügen und fühle, wie sich nun alles in mir entspannt nach all der Aufbruchshektik der letzten Tage. Den Zapfenstreich habe ich längst vergessen. Als sich jedoch die Zeiger der magischen Elf-Uhr-Marke nähern, mischt sich eine seltsame Unruhe in das fröhliche Treiben. Binnen Minuten ist die umtriebige Menschenmenge von der Strandpromenade verschwunden, Türen fallen in ihre Schlösser, dicke Eisengitter werden vor die Eingänge geschoben, die Lichter verlöschen. Plötzlich bin ich allein. Gespenstisch wirkt das Ganze, fast unheimlich. Etwas anderes als der Heimweg bietet sich nun auch mir nicht mehr an und so erreiche ich meine Bleibe gerade noch rechtzeitig, ehe sie mit schweren Gittern und Ketten verrammelt wird. Warum all die Angst, von der vor Minuten noch nichts zu spüren war? In welches Horrorszenario mag sich dieses fröhliche Städtchen während der Nachtstunden verwandeln? Ich werde es nicht erfahren. Ausgepowert von der langen Reise genieße ich den Schlaf des Gerechten.
Schon früh am nächsten Morgen treibt es mich hinauf in die 1000 Meter hoch gelegene Hauptstadt. Ich brauche ein Visum für Guyana und dieses kann ich nur in Caracas bekommen. Auf der Botschaft läuft alles wie am Schnürchen. Nach einer Stunde habe ich den begehrten Stempel im Pass und freue mich auf einen geruhsamen Bummel durch das kleine Altstadtviertel. Von geruhsam keine Spur! Zum Heulen ist das Ganze, und das liegt sicher nicht an den historischen Bauten im spanischen Kolonialstil. Unruhe macht sich in den Gassen breit, Demonstranten ziehen lautstark durch das Viertel, Polizisten sind an jeder Ecke postiert. Ich meine, dass mich das Ganze nichts angeht, mache einen großen Bogen um den herrschenden Trubel und will mich auf meiner Sightseeing-Tour davon nicht weiter stören lassen.
Mit einem Mal kommt Bewegung in das aufgeheizte Treiben. Es knallt, Rauch steigt auf, die Menschen rennen in Panik davon, die meisten von ihnen direkt auf mich zu. Verheult sind sie alle und auch mir kommen gleich die Tränen. Die Menge reißt mich mit. Vor mir suchen einige Zuflucht in einer offenen Garage und ziehen schnell den Rollbalken herunter, ich kann gerade noch hineinschlüpfen. Vom Regen in die Traufe! Drinnen ist alles noch viel schlimmer, das Gas hat sich schon breitgemacht, in dem geschlossenen Raum glaube ich zu ersticken. Das ist nicht zum Aushalten! Ich reiße den Rollbalken wieder in die Höhe, halte die Hände vors Gesicht und renne, entfliehe, so

schnell ich kann, dem gashaltigen Tumult. Einige Hausecken weiter habe ich es geschafft. Das Tränengas ist nicht mehr zu spüren und ich kehre dem wenig gastlichen Altstadtviertel den Rücken. Die Lust, meine Eindrücke mit meiner Kamera zu verewigen, ist mir gründlich vergangen.

In Gato Negro ergattere ich den letzten Sitzplatz in einem klapprigen Bus, der hinunter zur Küste fährt. In rasender Fahrt quietscht sich das Gefährt die kurvenreiche Straße hinab, das vorwiegend weibliche Publikum quietscht nicht minder auf seinem Weg von den Großstadt-Märkten heim zum häuslichen Herd. Gerade bin ich den reizenden Rauchwolken der Altstadt entkommen, da qualmt es schon wieder. Diesmal sind es die Bremsen des Busses. Dem Fahrer gelingt es im letzten Augenblick, sein Vehikel sicher an den Straßenrand zu lenken und es dort zum Stehen zu bringen, da lodern schon die ersten Flammen auf.

Die Venezuelanerinnen sind schöne Frauen, doch meist kurz an Wuchs. Diesen scheinbaren Mangel versuchen sie mit High Heels im XXL-Format zu beheben. Normalerweise berührt es mich wenig, wenn die Ladies auf Stelzen durch die Gegend trippeln. Anders ist es jedoch, wenn ich auf meinem Sitzplatz eingeklemmt bin, der Bus brennt und die geschätzten Damen es nicht fertig bringen, mit ihrem extravaganten Schuhwerk das Gefährt in annehmbarer Zeit zu verlassen. Hysterisches Kreischen, Stolpern, Fallen – nichts geht weiter und der beißende Rauch kratzt schon mächtig in meiner Kehle. Bevor ich mich unweigerlich dem Grill ausgeliefert sehe, hebe ich zwei der reizenden Ladies hinaus auf die Straße und dann kann auch ich endlich hinausspringen, fühle frische Luft auf dem Gesicht – durchatmen!

Augenblicke später hält ein anderer Bus neben uns, bereit, gestrandete, noch nicht gegarte Passagiere an Bord zu nehmen. Nun bin ich deutlich im Vorteil. Mit wenigen Schritten springe ich in den Bus, während die aufgeregte Damenschar einen verzweifelten Wettlauf auf Stelzen veranstaltet, um die letzten freien Plätze zu ergattern.

Am nächsten Morgen lande ich in Georgetown, der Hauptstadt von Venezuelas kleinem Nachbarn Guyana. Das Florentine's gilt als gute Unterkunft, sauber und preiswert, also nichts wie hin! Suchend umkreise ich das kleine Gebäude. Eine Rezeption oder zumindest eine offene Tür scheint es hier nicht zu geben. Schließlich entdecke ich eine unscheinbare Pforte an der Seitenwand des Hauses und rüttle vergeblich daran – versperrt! Durch eine Luke sehe ich einen kleinen, stämmigen Jungen herbeieilen, bewaffnet mit einem riesigen Schlüsselbund. Ich kann hören, wie er ein Schloss nach dem anderen öffnet, wie er einen Balken nach dem anderen von der Türe wegschiebt. Schließlich finde ich Einlass und beziehe ein nettes, mit Plüsch überladenes Zimmer.

Eigentlich hätten nach diesem aufwendigen Schlüsselritual bei mir die Alarmglocken klingeln müssen, in meinem kindlich-naiven Vertrauen bemerke ich das jedoch nicht. Was soll mir schon passieren?

Ich nehme meine Kamera, schnalle den Bauchgurt mit all meinen Wertsachen um, schließlich steht noch der Geldwechsel an, und schlendere gut gelaunt durch die fast menschenleeren Straßen der Großstadt. Ein Foto hier, ein Foto da, die Banken halten noch Mittagspause, die Bewohner der Stadt ziehen es vor, die heißen Stunden des Tages in ihren Häusern zu verbringen. Drei dunkelhäutige Männer, alle etwa Mitte zwanzig, kommen des Weges und würdigen mich keines Blickes. Als sie auf gleicher Höhe mit mir sind, stürzen sie sich auf mich, versuchen, mich zu Boden zu reißen und an meine Habe zu gelangen. Zum Glück kann ich mich auf den Beinen halten. Da die drei nicht bewaffnet sind, lasse ich mich auf eine handfeste Schlägerei ein. Gleich am dritten Reisetag mein gesamtes Geld und meine Dokumente zu verlieren, das wäre der Super-GAU!

Ich spüre das Gezerre an meiner Habe, bekomme einiges an Schlägen ab, doch je länger diese Rauferei andauert, desto besser werden meine Karten. Autos halten an. Die Fahrer wagen sich zwar nicht heraus, scheinen die drei Jungs mit ihren Zurufen aber trotzdem mächtig zu stören. Die Burschen werden zunehmend nervöser, zwei von ihnen lassen ab von mir und laufen davon. Den dritten versuche ich festzuhalten, er kann sich losreißen und hetzt auf eine Slumsiedlung zu, ich voller Wut hinterher. Ein alter Mann tritt mir in den Weg. Mit sanfter Stimme sagt er: „Wenn du hier hineinläufst, bist du tot!“

Jetzt, wo die Jungs verschwunden sind, sammelt sich schnell eine hilfsbereite Menschenmenge um mich. Ich versuche, mich zu sortieren. Die Tasche meiner Hose ist zerrissen, doch meine Wertsachen sind noch alle da. Ich habe mein Hab und Gut retten können! Was ich erst später bemerke und was mich weit mehr schmerzt als die Schläge, die ich abbekommen habe, ist die Tatsache, dass meine Kamera zu Bruch gegangen ist. Zum Glück liegt noch eine zweite in meiner Unterkunft.

Minuten später taucht die Polizei auf, irgendjemand muss sie informiert haben. Und wie sie auftaucht! Vier Mann hoch, alle mit kugelsicherer Weste und geladenem Maschinengewehr! Sie lassen mich in ihren Wagen einsteigen und fahren mit mir zweimal um den Häuserblock, angeblich um die Täter aufzuspüren, doch die haben zurzeit natürlich Besseres zu tun, als selig durch die Gassen zu flanieren. Die reine Alibi-Aktion!

Trotzdem hinterlässt diese Pseudofahndung bleibenden Eindruck bei mir. Während der Fahrt richten immer zwei der Polizisten ihre Waffen hinaus auf die Straße. Wenn ein Passant dem Fahrzeug zu nahe kommt, zielen sie direkt auf ihn.

Langsam wird mir klar, in welche Stadt ich hier geraten bin. 100.000 Menschen leben in und um Georgetown, jeden Tag werden im Schnitt fünf von ihnen ermordet – ein gewaltig heißes Pflaster. Zum Glück beschränkt sich dieses Horrorszenario auf die Hauptstadt! Verlässt man diese, so findet man sich schnell in einer völlig anderen Welt – einer Welt ohne Kriminalität und Aggression, einer Welt ohne Belästigung und Rassismus, mit freundlichen Menschen und der Fröhlichkeit der Karibik.

Mich zieht es raus aus Georgetown. Ich will das Land Guyana erleben, nicht die sozialen Spannungen einer angsterfüllten Großstadt. Ich lerne Frank Singh kennen, einen ehemaligen Diamantensucher indischer Abstammung, der nun Trekkingtouren in die Regenwälder seines Landes organisiert. In den nächsten Tagen will er mit einem belgischen Pärchen zu einer sechstägigen Wanderung in den Dschungel aufbrechen. Ziel der Tour sind die berühmten Kaieteur-Fälle. Ich schließe mich der Gruppe an.

Am Morgen verlassen die beiden Belgier Kathleen und Mickey, Frank und ich die Hauptstadt. Wenig später finden wir uns in einer völlig anderen Welt wieder, einer Welt, die durch ihre Farbenpracht bezaubert – das Blau unendlich weiter Flüsse, der rote Sand, der alles zu bedecken scheint, das Smaragdgrün tropischer Vegetation. In das bunte Bild der Landschaft mischen sich kleine, farbenfrohe Dörfer voller Leben. Vorwiegend sind sie von Afroamerikanern bewohnt, doch zunehmend begegnen wir nun Ureinwohnern, meist aus dem Volk der Arawak oder der Patamona. Alles ist voll Leben, die Menschen versprühen Fröhlichkeit, nichts erinnert mehr an die lähmende, angespannte Atmosphäre von Georgetown.

Im Dörfchen Mahdia verabschieden wir uns für Tage von den Genüssen der Zivilisation. Das tun wir, wie könnte es anders sein, in der Dorfkneipe, wo wir schnell in eine muntere Runde hineingeraten, die biergetränkt ins Wochenende gleitet. Es fällt uns schwer, uns von der ausgelassenen Stimmung

Kleiner Laden in Mahdia –
entspannter kann das Leben nicht sein.

Hauptstraße von Mahdia

Am Potaro-Fluss

loszureißen und unser kurzes Gastspiel zu beenden. Wir leeren unsere Gläser, die vorgerückte Stunde treibt uns weiter.
Wenige Kilometer später endet die Piste am Ufer des Potaro, wo uns schon Melvil, unser Bootsmann, ein Indianer aus dem Volk der Patamona, erwartet. Im Licht der Abendsonne gleiten wir flussaufwärts nach Amatok. Amatok ist kein Dorf, es ist die Pforte zum Land der Goldschürfer und Diamantenwäscher und dient als Nachtlager für jene, die auf ihrem Weg aus oder in die Zivilisation hier gestrandet sind. Ein Gestell aus dünnen Baumstämmen, bedeckt mit einer riesigen Plastikplane – das ist der Komfort von Amatok. Mehr brauchen wir auch nicht, der Platz ist paradiesisch. Schnell knüpfen wir unsere Hängematten in das Holzgestell und eilen zum Fluss hinunter. Die letzten Strahlen der untergehenden Sonne berühren die Wasser des Potaro, als wir ins kühlende Nass eintauchen und die Hitze des Tages aus unseren Körpern fließen lassen. Bis spät in die Nacht hocken wir am Feuer, trinken Rum und lauschen andächtig den Geschichten der Abenteurer, die in der Nähe des Lagers leben und hier, abseits der Zivilisation, ein hartes Dasein fristen. Auch nach Jahren hoffen sie noch immer auf den großen Fund, der mit einem Mal ihr Dasein verändern soll. Frank hat uns eine Tour voller Abenteuer angekündigt. Ich spüre, dass er nicht zu viel versprochen hat.
Am nächsten Morgen sind wir begierig, endlich zu Fuß in den Dschungel aufzubrechen. Daraus wird nichts! Nur wenige Güter und Bräuche sind aus der Zivilisation bis hierher in die Wildnis vorgedrungen, doch die Sonntagsruhe hat es geschafft. Heute will und wird hier niemand arbeiten, Stillstand in Amatok! Kathleen, Mickey und ich nehmen es gelassen, die Umgebung hat genug zu bieten. Wir brechen auf eigene Faust auf, unser Forscherdrang wird auch am Sonntag nicht ruhen und voll auf seine Rechnung kommen.
Gleich hinter dem Lager erblicken wir die Ama-Fälle. In 20 Meter hohen Kaskaden stürzt der Potaro hier in die Tiefe. Unterhalb dieses Naturschauspiels queren wir den Fluss, folgen kaum erkennbaren Dschungelpfaden und geraten in die Welt der Gold- und Diamantensucher. Hin und wieder treffen wir auf einen mickrigen Bretterverschlag, die Unterkunft einer dieser wettergegerbten Gestalten in zerrissenen, kaum je gewaschenen Klamotten. Mit bescheidensten Hilfsmitteln verstehen sie es, in dieser alles überwuchernden Wildnis zu überleben und nach ihrem Glück zu schürfen. Selbst die menschliche Sprache scheint hier fast schon in Vergessenheit zu geraten, nur das Notwendigste wird ausgetauscht. Wortkarg, aber nicht unfreundlich laden

sie uns zu selbst gedrehten Zigaretten und Rum ein. Welches utopische Lebenskonzept hat sie an diesen Ort verschlagen? Traum, Zuflucht und bitterer Fluch zugleich!

Der Pfad zu den Kaieteur-Fällen ist viel zu lang, als dass wir ihn zu Fuß in voller Länge gehen könnten. Hin und wieder werden wir Melvils schnelles Boot zu Hilfe nehmen, um unseren Weg abzukürzen. Solange wir dem Potaro folgen, wird er auch unser Gepäck transportieren. Wir werden es ihm danken, denn die verwachsenen Dschungelpfade würden mit schweren Rucksäcken für uns zur Hölle werden.

Doch vorerst versperren die Ama-Fälle jedes weitere Fortkommen auf dem Fluss. Zu viert schultern wir das schwere Boot, während Kathleen vor uns alle Hindernisse aus dem Weg räumt und uns vor Tücken auf dem kaum einsehbaren Untergrund warnt. In vierzig Minuten tragen wir das Boot auf einem ausgetretenen Pfad hinauf zum Ufer oberhalb der Fälle. Anschließend müssen wir noch den Motor und unser gesamtes Gepäck hinaufschaffen. Dann aber geht es erst so richtig los! Der Pfad zieht kaum erkennbar wie ein dünner Faden durch den alles bedeckenden Regenwald. Immer wieder kommen wir ins Stocken, müssen mit der Machete Hindernisse aus dem Weg schlagen. Auf schmalen, schwankenden Baumstämmen queren wir unzählige kleine Nebenflüsse des Potaro. Rechts des Pfades erblicken wir eine kleine Rodung mit einer riesigen Diamantenwaschanlage. Wie haben sie dieses Ungetüm in die Wildnis schaffen können? Der Maschinenlärm wirkt bizarr in diesem von Vogellauten beherrschten Regenwald. Wir sehen dem fremdartigen Treiben eine Weile zu, die Arbeiter lassen sich nicht stören, würdigen uns kaum eines Blickes.

Am späten Nachmittag erreichen wir das Lager Waratok. Noch viel kleiner als Amatok, finden wir dort nur einige in den Boden gerammte Holzpflöcke unter einem düsteren Blätterdach vor. Geschickt verwandeln Frank und Melvil mit wenigen Handgriffen, einigen Tauen und mitgebrachten Planen den regennassen Platz in eine wohnliche Stätte.

„Tok“ heißt Wasserfall in der Sprache der Patamona. Überall, wo eine Ortsbezeichnung mit „Tok“ endet, ist eine dieser Naturgewalten vorzufinden. Der Wasserfall ist herrlich, um dort ein Bad zu nehmen, doch am nächsten Morgen müssen wir wieder Boot und Gepäck neben den stürzenden Wassern nach oben schleppen. Oberhalb der Fälle wandern wir weiter, immer nahe am Ufer des Potaro, zum Lager Tukai. Von einem Lager ist außer einer Rodung hier

nicht mehr viel zu sehen. Frank drückt mir seine Machete in die Hand und bittet mich, im Wald zwei Bäume für den Lagerbau zu fällen. Ich tue, wie mir geheißen, verschwinde im Wald und lege tüchtig los. Naiv beginne ich beim erstbesten Stamm mit dem Hacken. Als ich durch bin, muss ich feststellen, dass sich der Wipfel des gefällten Stammes nicht von den Ästen der Nachbarbäume lösen lässt. Ich bekomme den Baum nicht frei, auch nicht mit Mickeys Hilfe. Das passiert uns noch ein zweites Mal. Erst dann werden wir klüger und testen die Bäume schon vor dem Fällen. So fälle ich am Ende vier statt der geforderten zwei Stämme. Zu guter Letzt zaubern wir ein wohnliches Lager auf die kleine Rodung und erfrischen uns in den Fluten des Potaro.
Am nächsten Morgen überwinden wir 400 schweißtreibende Höhenmeter auf einem erstaunlich guten Pfad. Dann wird das Gelände flach, leicht abfallend. Die Erwartung steigt! Endlich sehen wir sie, zuerst fast verdeckt durch das dichte Blätterdach, dann frei und ungehindert von einer kleinen, felsigen Plattform aus – die Kaieteur-Fälle, eine der höchsten frei fallenden Wassermassen der Erde. 230 Meter stürzen hier die Fluten des Potaro aus dem Bergland Guyanas in die Tiefebene. Wir können die Augen kaum abwenden von der Pracht dieses gewaltigen Naturschauspiels und werden noch Stunden an diesem Platz verweilen.
Vor dem Sonnenuntergang erwacht die spektakuläre Szenerie noch einmal zum Leben. Der Himmel wird fast schwarz. Tausende Schwalben tauchen über den Fällen auf, wie aus dem Nichts, flattern minutenlang über der Kante, wo das Wasser in die Tiefe abbricht, um dann, alle gleichzeitig, in einem rasenden Sinkflug in ihre Nester hinter dem stürzenden Wasser einzutauchen. Alles ist wieder still, nur ein buntes Ara-Pärchen kreist noch über den Fällen.
Der Wald um Kaieteur wurde seit jeher von den Patamona-Indianern bewohnt. Vor langer Zeit drängten Carib-Indianer in das Gebiet der Patamona, es kam zu Kämpfen zwischen den beiden Völkern. Immer wieder suchten ihre Anführer nach Möglichkeiten, die Konflikte beizulegen, doch der mühsam ausgehandelte Friede war stets von kurzer Dauer. Bei beiden Völkern galt das Gesetz, wenn ein Mensch einen Wunsch mit einem großen Opfer verknüpft, dann ist diesem Wunsch zu entsprechen. Als sich die Führer der verfeindeten Völker wieder einmal zu Verhandlungen trafen, führte Kai, der Häuptling der Patamona, sein Kanu zum Fluss, bat alle, dass Frieden zwischen den Patamona und den Carib herrschen möge, und ließ sich den Fluss

Kaieteur-Fall – Guyana

hinuntertreiben, wo er mit dem gewaltigen Wasserfall in die Tiefe stürzte. Seit diesem Tag heißen die Fälle Kaieteur in der Sprache der Carib und Kaitok in der Sprache der Patamona und es herrscht Friede zwischen den beiden Völkern.

Wochen- und monatelang bin ich nun mit meinem Rucksack kreuz und quer durch den Kontinent gereist und habe die Vielfalt seiner Attraktionen genossen. Ich habe die Idylle weißer Strände und die Farbenpracht fröhlicher Fischerdörfer erlebt, bin hinabgetaucht zu den bunten Riffen und düsteren Schiffswracks in den lauen Gewässern der Karibik, bin tagelang auf Dschungel-, Wüsten- und Bergpfaden gewandert und in kleinen Schritten immer weiter in den Süden gelangt, wo ich auf die höchsten Gipfel dieses farbenfrohen Kontinents steigen will. Wie sehr ich doch dieses Wechselspiel unterschiedlichster Erlebnisse genießen kann!

CARIBBEAN ICE

Hämmernde Klänge, die vibrierende Schwüle der karibischen Nacht! Bob Marley ist tot. Tot und allgegenwärtig! Regennass schlammige Wege, kaum bewohnbare Bretterverschläge, kleine Straßenbars – alles ist erfüllt von seiner Musik. Ein Saxophon begleitet die Stimme eines Sängers hinaus in die Dunkelheit der pulsierenden Nacht. *„Stir it up, little darling, stir it up ...“* Der Herzschlag dieser kleinen karibischen Welt greift nach mir, lässt mich gänzlich in diesem Dasein aus Wärme, Ausgelassenheit und rhythmischen Klängen aufgehen. Ich genieße den lauen salzigen Atem des Windes auf meiner Haut.
Zwei Schwarze, voll mit Bier und samstägiger Lebensfreude, versuchen ungeschickt ihr Brettspiel zu koordinieren, verwickeln mich in alkoholgetränkten Small Talk. Zwei Mädchen, nicht mehr Kind und noch nicht Frau, laufen kichernd mit ihren Ginglässern hinunter ans Wasser, hocken sich dicht aneinandergeschmiegt auf ein Fischerboot, tuscheln, blicken hinauf zur Bar, suchen von dort Blicke einzufangen. Die kleinere der beiden hebt ihr Glas und prostet mir zu. Das Spielchen lässt mich kurz aus meiner Gedankenverloren-

heit erwachen, lachend erwidere ich den Gruß. Augenblicke später gleite ich wieder zurück in die alles umhüllende Musik, spüre den Takt wie die Wellen, die unweit von mir sanft in die flache Bucht branden.

Die eisige Unendlichkeit der Andengipfel liegt weit hinter mir, nur wenige Tage zwar und doch kaum begreifbar fern. Erst jetzt spüre ich die lockere Weichheit meiner Muskeln. Wochenlang waren sie angespannt gewesen, um ein bisschen Wärme im Körper zu speichern. Erinnerung und Gegenwart verschmelzen ineinander. Ich genieße diese Ambivalenz, die das Dasein erst vollkommen schön macht. Dort der eisige Kampf in einer grandiosen, alles dominierenden Bergwelt, heute das Entkrampfen eines angespannten Körpers, das Öffnen der Ventile, das Hinausgleitenlassen der Kälte, das Einsaugen der Wärme des Meeres, der Klänge, des Pulses dieser schwülen Nacht.
Unwirklich tauchen sie vor mir im Dunkel der Nacht auf, weiße und rote Flecken, gestaltlos. Langsam nehmen sie Konturen vor meinen Augen an – riesige Felder aus kleinen, mannshohen Eistürmen, dahinter steile, abweisende Felswände, die im Abendlicht ihren rötlich-goldenen Zauber auf die weiße Brandung des Wolkenmeeres ergießen. Hechelnde Atemlosigkeit wird in der eisigen Stille hörbar. Noch vor wenigen Tagen war dies die einzig denkbare Wirklichkeit in meinem Leben gewesen.

Es ist totenstill hier draußen. Der kleine Bach zu meinen Füßen gibt keinen Laut von sich. Der klare Sternenhimmel über der Wüste hält mich lange an diesem einsamen Platz. Es ist die Silvesternacht, in wenigen Stunden werden wir das neue Jahr begrüßen. Aus dem Dunkel der Nacht erstrahlt, hell erleuchtet, unser futuristisch anmutendes Mannschaftszelt in orange-farbenen Tönen – so als wäre gerade ein UFO in diesem schmalen Wüstental gelandet. Vor vier Tagen sind sie in Chile gelandet, meine fünfzehn Bergkameraden aus Europa, Zbigniew aus Polen ist der Leiter unserer Gruppe. Seit diesem Tag leben wir in der Atacama-Wüste, streunen kreuz und quer auf kaum erkennbaren Pisten in Pick-ups durch die Farbenpracht und Weite dieses einsamen Landes, bauen abends an idyllischen Plätzen unser Lager in den Wüstensand und begeistern uns an jedem Funken Leben, den wir in dieser ausgedörrten Welt entdecken können.
Fast unmerklich gelangen wir täglich einige 100 Meter höher, auf sanfte Weise gewöhnen wir so unsere Körper an die immer dünner werdende Luft. Der

Strandkneipe in Gros Islet, Saint Lucia

Bunt, warm, lebensfroh – das Flair der Karibik

fast geruhsame Campingurlaub in einer der spektakulärsten Wüstenlandschaften der Erde wird uns besser auf unsere hochgesteckten Bergziele vorbereiten als stundenlanges, hartes Training in der Heimat. Unser kleines Zeltlager liegt auf mehr als 4000 Metern Höhe, heute haben wir unseren ersten Fünftausender bestiegen – kaum mehr als eine Halbtagestour.
Das neue Jahr hält Überraschungen vom Feinsten für uns bereit. Wir erreichen eine kleine Geländekuppe, unsere Fahrer halten an. Von hier öffnet sich ein überwältigender Ausblick: Vor uns erstreckt sich in einer Senke die malerische Laguna Verde. Ihr grün-blaues Wasser wird von einem zarten weißen, salzhaltigen Saum umfasst. Ein Meer winziger, gelber Pflanzen bedeckt den schwarzen Lavaboden. Rund um den See ragen 5000 und 6000 Meter hohe Berge in den Himmel. Ihre düsteren roten und schwarzen Farben werden vom strahlenden Weiß riesiger Büßerschneefelder belebt.
Ein Platz zum Träumen, an dem wir mehrere Tage verweilen werden. Am Seeufer, immerhin 4400 Meter hoch gelegen, bauen wir unsere Zelte auf. Der eisige Wind kühlt uns schnell aus, doch unsere Zuflucht ist nicht weit. Nur wenige Meter entfernt sprudelt heißes Schwefelwasser aus der Erde und sammelt sich in kleinen Becken. „Bewaffnet" mit einigen Bierdosen tauchen wir in das fast 40 Grad warme Wasser ein.
Wenige Tage später erreichen wir die Basis des Ojos del Salado, des zweithöchsten Gipfels von Amerika und höchsten Vulkans der Erde – 6893 Meter. In zwei Tagen steigen wir durch schwarze Lavaasche hinauf zu seinem Kraterrand. Die feurige Glut ist vor Tausenden von Jahren erloschen. Nun weht eisiger Wind über die Höhen dieses Giganten. In leichter Kletterei gelangen wir hinauf auf den höchsten Punkt des Berges, der 1937 von einer polnischen Expedition erstbestiegen wurde. Erstbestiegen? Unweit des Gipfels hat man vor wenigen Jahren am Kraterrand Reste von Opferstätten aus der Inkazeit gefunden.
Nur drei Tage später stehen wir an der malerischen Laguna de los Horcones, überragt von der gewaltigen, fast 4000 Meter hohen Südwand des Aconcagua. Nun, die Südwand ist eine Nummer zu groß für uns, die werden wir bleiben lassen. Wir wollen den Berg nach Norden hin umwandern und dann auf ausgetreteneren Pfaden seinen Gipfel erreichen.
Der Berg bietet, zumindest auf den beiden Normalrouten, keine technischen Schwierigkeiten, ist beinahe eine Wanderung von der Straße bis zum Gipfel. Dennoch erreichen nur zwanzig Prozent der Gipfelaspiranten auch den

höchsten Punkt, eine Erfolgsquote, die sogar unter jener des Mount Everest liegt. Wie ist das möglich? Der Aconcagua ist hoch, fast 7000 Meter, er ist kalt und wie kaum ein anderer Berg dieser Welt extremen Höhenstürmen ausgesetzt. Viele Bergsteiger haben einen viel zu engen Zeitrahmen für die Besteigung, oft nur vierzehn oder fünfzehn Tage. Das ist nicht viel, um den Körper an die große Höhe zu gewöhnen. Wenn dann noch Stürme mit 150 km/h oder mehr jede Aktivität am Berg für Tage lahmlegen, ist ein solch knapp bemessenes Zeitfenster bald abgelaufen, viele müssen absteigen, ohne überhaupt den Gipfel versucht zu haben.

Wir haben gar nur zehn Tage Zeit, um diesen Andenriesen zu besteigen. Dennoch haben wir keine schlechten Karten. Noch vor wenigen Tagen sind wir auf dem Ojos del Salado gestanden, nur knapp 70 Meter niedriger als der Gipfel des Aconcagua. An unsere Höhenanpassung brauchen wir keine Gedanken mehr zu verschwenden, wir können direkt zum Gipfel aufsteigen und müssen nur die Wettervorhersage im Auge behalten. Ich bin heilfroh. Die Normalroute, die wir für unsere Besteigung gewählt haben, ist nicht gerade spannend, und das für die Höhenanpassung übliche, mehrfache Auf und Ab auf diesem Weg wäre langweilig, vielleicht sogar nervenzehrend geworden.
Wir kommen schnell voran, halten uns aber an die üblichen Tagesetappen. So haben wir jede Menge Zeit, die beeindruckende Bergkulisse abseits der etwas eintönigen Wege zu genießen. In zwei Tagen wandern wir durch das Horcones-Tal zur Plaza de Mulas, dem von Hunderten Zelten bevölkerten Basislager des Aconcagua auf etwa 4250 Metern Höhe. Neben den bizarren Eistürmchen eines Büßerschneefeldes baue ich mit Martin unser Zelt auf. Wir strecken uns auf unseren Matten aus und starren hinauf zu unserem Berg. Die Abendsonne überzieht den Giganten mit einem rötlich-goldenen Schleier, unsere Augen haften fasziniert an diesem Spiel der Farben.
Schon am nächsten Morgen steigen wir mit schweren Lasten 1200 Meter höher, hinauf auf eine weite, offene Ebene, die Nido de Condores genannt wird und auf der wir unser Lager I errichten. Erstmals können wir die Gewalt der „zornigen Winde“ erahnen. Es sieht hier aus wie nach einem Bombenangriff. Ein Drittel der Zelte wurde durch die orkanartigen Böen zerfetzt, Ausrüstungsgegenstände und Nahrungsmittel liegen schutzlos und windgeschüttelt im Freien. Überall scheint Müll über die weite Fläche zu wehen, doch es ist kein Müll. Es sind die Habseligkeiten der Bergsteigerschar, die ihre Zelte in

In der Atacama-Wüste

Laguna Verde - Atacama-Wüste

den „zornigen Winden“ verloren haben. Im besten Fall verhakt sich manches an Felsen oder Eisschollen, der Großteil aber weht hinunter über die Hänge, auf Nimmerwiedersehen. Wer sein Zelt und Teile seiner Ausrüstung hier oben verloren hat, muss seine Gipfelambitionen begraben.

Noch einmal steigen wir ins Basislager ab, um weiteren Brennstoff, Zelte für das Hochlager und Nahrungsmittel nach oben zu schaffen.

Anderntags steigen wir in zweieinhalb Stunden auf einem Trampelpfad vom Nido de Condores zum Campo Berlin auf, dem höchsten Lagerplatz am Aconcagua in 5900 Metern Höhe. Betreten sehen wir uns an. Das ist kein schöner Platz. Er ist eng, die Zelte kleben aneinander, überall bedeckt Müll den Boden, weit und breit sind keine Schneefelder zu erblicken, aus denen wir Trinkwasser gewinnen könnten.

Wir ziehen weiter und hoffen, höher oben einen geeigneten Lagerplatz zu entdecken. Etwa 100 Meter höher werden wir an den Piedras Blancas, den weißen Felsen, fündig. Umgeben von zauberhaften Felsformationen sind wir hier zwar nicht ganz so windgeschützt wie am Campo Berlin, dafür finden wir ausreichend Schnee zum Schmelzen vor. Wir sehen hinunter auf das Spiel der Wolken, das die große Schar der Vier- und Fünftausender umspült – eine einsame Aussichtsloge über der Welt.

Morgen wollen wir zum Gipfel. Martin und ich schmelzen unaufhörlich Schnee, um ausreichend „Saft“ für den langen Aufstieg zu haben. Wie so oft, kommt es anders als geplant. Am nächsten Morgen geht niemand zum Gipfel, wir nicht und auch sonst niemand. Ein Orkan rüttelt an unseren Zelten, wir wagen es kaum, unsere Nasen aus der windgeschüttelten Bleibe zu strecken. Warten – auf ruhigere Zeiten!

Auch am nächsten Morgen, es ist bereits der 18. Januar, herrscht alles andere als Windstille. Die Wetterprognose für die folgenden Tage verheißt noch Schlimmeres. Seit sechs Uhr morgens sind wir für den Gipfelsturm bereit, doch Zbigniew verschiebt den Aufbruch. Ratlosigkeit. Irgendetwas muss geschehen, sonst läuft auch uns die Zeit an diesem Berg davon. So gut vorbereitet sind wir gewesen, bestens akklimatisiert, sollten wir dennoch ohne Gipfel heimkehren müssen?

Um halb acht brechen wir auf. Es hat keinen Sinn, in diesen lebensfeindlichen Regionen auf ein laues Sommerlüftchen zu warten. Das kann an diesem Berg dem „Warten auf Godot“ gleichen. Auf einem einfachen Serpentinenweg erreichen wir in zwei Stunden die Independencia-Hütte in 6350 Metern

Laguna Horcones mit der
mächtigen Südwand des Aconcagua

Aconcagua im Abendlicht

Höhe. Hütte ist ein großes Wort für diese Ruine aus freiliegenden Balken und Brettern. Ivan, ein Chilene, der uns begleitet und schon mehrmals den Gipfel erreicht hat, rät uns, schon hier die Steigeisen anzulegen. Weiter oben werden wir es nicht mehr schaffen. Ungläubig vernehme ich seine Kunde. Es ist weit und breit weder Schnee noch Eis zu sehen! Als ich knapp 100 Meter höher auf einem kleinen Rücken aus der Mulde ins freie Gelände trete, weiß ich, was er gemeint hat. Gewaltige Sturmböen reißen mich fast um. Wie gut, dass wir seinem Rat gefolgt sind. In diesem Orkan hätte ich wahrlich keine Steigeisen mehr anlegen können.

Hier beginnt die lange, technisch anspruchslose Traverse zur Canaleta, einer Rinne aus Blockgestein, die zum Gipfelgrat hinaufführt. Mit aller Kraft stemme ich mich gegen den Wind, um nicht aus dem Pfad geschleudert zu werden. In der Mitte dieser Querung ragt eine kleine Felsnadel in die Höhe, die für einige Meter Schutz vor den Sturmböen bietet. Als ich in den Windschatten gerate, werde ich sofort hangabwärts zu Boden gerissen und gegen die Felsen gedrückt. Ohne es zu realisieren, habe ich mich beim Gehen so sehr gegen den Wind gelehnt, dass ich mich in den Momenten der Sturmpause gar nicht auf den Beinen halten kann. Leicht lädiert stapfe und kämpfe ich weiter. Drei unserer Kameraden machen hier in der Traverse Schluss, sie kehren um, sehen keine Chance mehr, den Gipfel zu erreichen.

Der Kampf mit den Naturgewalten kostet alle Kraft. Erst in der Canaleta findet unsere merklich dezimierte Gruppe ein windgeschütztes Plätzchen zur Rast. Noch liegt der Gipfel 350 Meter über uns, wir können ihn nur erahnen. Doch auch die steile Canaleta ist kein Ort, der die matten Glieder erfrischen kann. An kräftesparendes, rhythmisches Steigen ist hier nicht zu denken. Riesige Schritte, kleine Sprünge, Stolpern über wackeliges Blockgestein, das saugt den letzten Saft aus unseren müden Körpern.

Über mir erblicke ich einen felsigen Sattel. Dort endet das zermürbende Blockwerk der Canaleta, dort beginnt der Guanaco-Grat, der die beiden Hauptgipfel verbindet.

Die Party kann beginnen! Unendlich langsam kämpfe ich mich den sanft ansteigenden Gipfelgrat nach oben. Zwanzig kleine Schritte, hechelnd, Pause! Und doch geht alles nun innerlich beschwingt, ich genieße diese letzten 100 Meter zum Gipfel. Sechseinhalb Stunden nach unserem Aufbruch stehen wir auf dem höchsten Punkt – dem Dach Amerikas – 6962 Meter über dem Meer. Der Kontinent liegt zu meinen Füßen.

Ich bin ausgelassen wie schon lange nicht, springe auf dieser unspektakulären Gipfelfläche von einem zum anderen und lasse die ganze Anspannung der letzten Tage und Wochen voll Freude in wenigen Minuten aus mir hinausfließen. Die Unwirtlichkeit des Ortes, den Wind und die Kälte nehme ich gar nicht wahr.

Eine Stunde auf diesem Plätzchen der Sehnsucht vergeht wie im Flug. Zbigniew, selbst in bester Laune, besinnt sich seiner Verantwortung als Leiter und mahnt uns, dem Spektakel ein Ende zu bereiten und endlich abzusteigen. Partytreiben in knapp 7000 Metern Höhe, da kann einem rasch die Luft ausgehen, auch wenn man es nicht wahrhaben will, und gerade das ist das Gefährliche daran. In Hochstimmung trete ich den Rückzug in tiefere Regionen an, am späten Nachmittag erreiche ich mit meinem Kumpel Martin unsere Zelte an den Piedras Blancas.

Feurig-golden erstrahlen die uns umgebenden Gipfel im Abendlicht. Vor dem Zelt saugen wir die letzten Strahlen der untergehenden Sonne in unsere dauerkalten Körper ein. 3500 Meter tiefer erahnen wir unter einem Meer weißer Wolken die Straße zwischen Mendoza und Santiago de Chile. Dort wird in zwei Tagen unsere Besteigung des Aconcagua enden, dort werden wir zu den Annehmlichkeiten eines üppigen Lebens zurückkehren.

Die Beschaulichkeit währt nicht lange. Die Nachricht, dass in wenigen Stunden eine Schlechtwetterfront mit mörderischen Windgeschwindigkeiten über uns hereinbrechen wird, bereitet unserer wohlverdienten Ruhe ein jähes Ende. Noch einmal müssen wir unsere matten Glieder in Schwung bringen. Lager abbauen, alle Lasten in die zu unermesslicher Größe anwachsenden Rucksäcke verstauen, Abstieg. Tief in der Nacht erreichen wir das Basislager an der Plaza de Mulas.

In meiner Erinnerung werden die Schritte immer schneller und leichter, je näher wir den Häusern von Puente del Inca kommen. Das Lachen und die Lieder der Frauen und Kinder auf den Feldern, sie verklingen, verschmelzen mit den Stimmen und Rhythmen des Reggae hier an der Straßenbar. Bier, Gin, Pina Colada, alles verschwimmt, gestern und heute, nichts liegt dazwischen. Ich nippe am Glas und lasse die Gedanken treiben. Vor meinen Augen wird alles hell – gleißendes Licht, silbrig und golden und abweisend kalt strahlen die Eis- und Felsformationen meines Berges im Sonnenlicht, unendlich hoch über mir, wie unerreichbar. Langsam verblassen der Glanz und die

Farben, sie werden sanfter, verlieren sich in der Erinnerung und in den leisen Wellen, die den Bootssteg nahe der Bar umspülen. Kurz verspüre ich die klare, kalte Luft, die von den eisigen Höhen herabweht, auf meinen Wangen. Augenblicke später wird sie lau, vermengt sich mit dem dumpfen, salzigen Atem dieser pulsierenden karibischen Nacht. *„One love, one heart; let´s join together and I'll feel alright ...“*

3. Kapitel

Mount Vinson

Eiswelten unter dem Kreuz des Südens

STÜRMISCHE PFORTE DER WELTMEERE

Landung in Punta Arenas im Süden von Chile! Ich betrete eine Welt, die ich im hohen Norden meines Heimatkontinents vermuten würde und die sich doch im tiefsten Süden der bewohnbaren Erde befindet. Einfache Holzhäuser in allen Farben und ohne Schnörkel – bunte Farbtupfen in einem nebelverhangenen, rauen Land mit windgepeitschten Fjorden, schroffen Felsen und weiten Ebenen mit kargem Bewuchs aus Moosen, Flechten und Gräsern. Nur das südliche Flair einiger Altstadthäuser erinnert daran, dass Spanier vor langer Zeit dieses kalte Land für ihre Krone gewinnen wollten. Es war eine Expedition über die Grenzen der damals bekannten Welt:

Vier Schiffe ankern an einem unwirtlichen Kap im stürmischen Atlantik. Noch nie waren Europäer so weit in den Süden unserer Erde vorgedrungen, doch von Entdeckerfreude ist nichts zu spüren. Die Vorräte sind knapp geworden und nirgends findet sich ein Ort, wo man sie auffüllen könnte. Weiter im Norden, da hatten sie noch Siedlungen vorgefunden, haben Nahrungsmittel von den wilden Bewohnern erworben, Menschen mit riesigen Füßen. Nach ihnen haben sie das Land auch Patagonien genannt[1]*. Doch nun hat sich schon seit geraumer Zeit keine Gelegenheit mehr ergeben, mitgeführte Waren gegen Lebensmittel einzutauschen. Die Männer blicken hinaus auf eine weite Bucht, doch im Süden setzt sich dieses Land fort, immer weiter und weiter, ein Ende ist nicht zu erahnen. Wird denn dieser Kontinent niemals enden? Wird er in jenes geheimnisvolle Land am Ende der Welt einmünden, das die Gelehrten Terra Australis nennen? Noch nie hat es jemand zu Gesicht bekommen, riesige Berge aus Eis soll es dort geben – eine Welt, in der kein Überleben möglich ist.*
Die Stimmung der Männer ist auf dem Tiefpunkt, doch nur wenige wagen es, den Ehrgeiz ihres von Entdeckungsdrang besessenen Anführers Magellan zu bremsen oder sich gar dagegen aufzulehnen. Er führt ein hartes und grausames Regiment.

---

1 Der Name Patagonien geht auf den portugiesischen Seefahrer Ferdinand Magellan zurück, der diese spanische Expedition anführte und der den einheimischen Tehuelche-Indianern während seiner Überwinterung im Jahre 1520 im Süden des heutigen Argentiniens begegnete. Wahrscheinlich aufgrund ihrer eindrucksvollen Statur und ihrer großen Füße gab er ihnen den Namen „patagones“. Dabei dürfte er an eine fiktive Gestalt aus den damals sehr bekannten „Novelas de Caballería“ gedacht haben, nämlich an den Riesen Pathagon.

Die Schiffe brechen auf, die riesige Bucht zu erkunden. Irgendwo muss es doch Menschen und Nahrungsmittel geben. Die Hoffnung sinkt, die Küsten sind menschenleer. Ohne zählbare Erfolge erreichen sie das Ende der Bucht. Das Ende der Bucht? Da führt noch ein schmaler Wasserarm weiter Richtung Süden.
Sie segeln hinein in den nur wenige Kilometer breiten Durchlass auf der Suche nach einem sicheren Ankerplatz, wollen nichts unversucht lassen, die triste Versorgungslage zum Besseren zu wenden. Die See ist ruhig, lautlos gleiten die Schiffe durch die Meerenge. Die Atmosphäre ist gespenstisch, die düsteren Küstenfelsen rücken im Nebel zu beiden Seiten bedrohlich nahe an die Schiffe heran. Jeden Moment müsste das Ende der Bucht erreicht sein, und doch geht es immer weiter durch diese nicht enden wollende, schmale Wasserstraße.
Nirgends sind Menschen zu entdecken, nicht einmal Anzeichen einer kleinen Ansiedlung sind zu erkennen. Doch es gibt sie, sie sind überall, allen Blicken verborgen verfolgen sie das Dahingleiten der fremdartigen Gebilde aus einer fernen Welt. Nur im Dunkel der Nacht verlassen die unsichtbaren Bewohner dieses unwirtlichen Landes ihre Verstecke. An der östlichen Küste dieser Meerenge sieht man nachts überall kleine Feuer auflodern, doch in der Morgendämmerung sind wieder alle Anzeichen menschlicher Existenz verschwunden. „Tierra del Fuego" nennen die Männer auf den Schiffen diese unheimliche Welt – Feuerland.
Die Schönwetterphase findet ein jähes Ende, die Novembertage bringen Frühlingsstürme ins Land. Mit dem ruhigen Segeln ist es vorerst vorbei, die Schiffe werden wild durch die vom Wind aufgepeitschte Wasserstraße geschaukelt. Die vermeintlich schützende Küstennähe wird zur Bedrohung. Niemand weiß, wo sich gefährliche Untiefen verbergen. Nichts wie weg aus diesem engen Gefängnis tückischer Felsen! Magellans Ehrgeiz triumphiert über die Wünsche und Ängste seiner Mannschaft. Keine Umkehr, er will unter allen Umständen das Ende dieser seltsamen Bucht erkunden.
Sie finden kein Ende. Nach Wochen der Bedrohung weichen die Küstenfelsen in die Ferne, die Meerenge wird weit und weiter und mündet in ein riesiges Meer, in dem kein Land mehr zu entdecken ist. Die Wasser liegen ruhig vor den staunenden Männern, die unbekannte See wird für alle Zeiten den Namen „Stiller Ozean" tragen. Die heiß ersehnte Durchfahrt vom Atlantik in den Pazifik war gefunden, der Weg in die östliche Hemisphäre steht nun offen.
Die Versorgungslage hat sich aber um nichts gebessert. Mehr als drei Monate werden die Männer unterwegs sein, ehe sie wieder bewohnte Inseln erreichen.
Fast zwei Jahre später erreicht die Victoria als einziges verbleibendes Schiff den

spanischen Heimathafen. Nur achtzehn der ursprünglich 256 in Spanien an Bord gegangenen Männer können von ihren großen Entdeckungen auf dieser ersten Weltumseglung berichten. Alle anderen sind den Härten dieser einzigartigen Expedition zum Opfer gefallen, auch ihr Anführer Magellan selbst, oder aber sie mussten den Rest ihres Lebens in fremden Gefängnissen verbringen.

Das Land an der Südspitze Amerikas ist durch die Entdeckungen Magellans der spanischen Krone zugefallen, zumindest formal. Die Durchfahrt durch den Kontinent, die später den Namen „Magellanstraße" erhielt, gewann immense Bedeutung für die Seefahrt auf den Weltmeeren – vor allem für Spanien selbst, das seine Kolonien im Westen Südamerikas durch diese Wasserstraße versorgte. Einige Versorgungsstationen entstanden entlang dieser Meerenge, doch das unwirtliche Land wollte niemand besiedeln.
Erst drei Jahrhunderte später, als die spanischen Kolonien ihre Unabhängigkeit erkämpften, kam die Frage auf, wem nun diese kaum besiedelte Region zufallen soll. Wie könnte es anders sein, selbst um dieses ungewollte Land kam es zu Streitigkeiten. Schließlich wurde es zwischen Chile und Argentinien aufgeteilt.
Erst als die Länder Südamerikas ihre Unabhängigkeit erlangten und der Boden in der Heimat knapp und teuer geworden war, wurden diese vergessenen Landstriche plötzlich interessant für Menschen aus allen Teilen Europas: Briten, Skandinavier, Deutsche und vor allem Kroaten besiedelten die weite, kalte Pampa, die für die Schafzucht wie geschaffen war. Sie besetzten ein Land, in dem es schon Besitzer gab. Die Ureinwohner, die die neuen Grenzen und Zäune nicht respektieren wollten, wurden ihres Lebensraumes beraubt: Unbeachtet von der Weltpresse verübten die neuen Siedler einen der grausamsten Völkermorde der Geschichte. Ein Dollar Kopfgeld für einen toten Ona oder Yamana!
Nichts ist übrig geblieben von der Kultur der rechtmäßigen Besitzer dieses Landes. Es ist eine europäische Welt, der man hier im Süden Chiles begegnet. Nur die ungewöhnliche Landschaftskulisse, die fremdartigen Tiere und Pflanzen erinnern daran, dass man sich als Mitteleuropäer am fernen Ende dieser Welt befinde.
Zwischen rauen Küsten und endlosen Schafweiden mache ich mich auf, die Schönheiten dieses stürmischen Landes zu entdecken. Die Zeit der kleinen Lagerfeuer ist hier endgültig vorbei. Nur einige über die Pampa reitende Gau-

Los Cuernos im Torres del Paine-Nationalpark

Gauchos in den Bergen Patagoniens

chos mit ihren Lasttieren erinnern an längst vergangene Tage. Das 21. Jahrhundert hat Einzug gehalten in dieser verschlafenen Idylle und es zu einem idealen Reiseziel gemacht für Touristen aus aller Welt, die fremdartige Naturschönheiten in westlichem Komfort erleben wollen.
Die Pinguine, die alle durch ihr niedliches, tollpatschig wirkendes Gehabe bezaubern, scheinen die neugierigen Besucher bereits gewöhnt zu sein. Ihnen ist es besser ergangen als den Ureinwohnern Patagoniens. Sie haben kein Interesse an den neu angesiedelten Schafen gezeigt und wurden deshalb auch nicht ausgerottet. Auf der kleinen Insel Magdalena im Atlantik, die für die Landwirtschaft ungeeignet ist, haben sie ein artgerechtes Refugium gefunden, in dem sie sich auch nicht durch fotografierende Touristenhorden stören lassen.
Was für ein überwältigender Anblick! Über einem kleinen Gletschersee ragen die atemberaubenden Granittürme der Torres del Paine hoch in den Himmel, das absolute Highlight der Region, sie sind das vorrangige Ziel aller naturverbundenen Touristen, auch wenn sie für diesen elitären Aussichtsplatz einige Stunden schweißtreibenden Aufstiegs in Kauf nehmen müssen. Ich bin fasziniert von dieser spektakulären Kulisse und beschließe, diesen gewaltigen Gebirgsstock mit all seinen bizarren Felsformationen, seinen grünblauen Seen und seinen imponierenden Gletschern zu umwandern. Die weltbekannte Trekkingroute „Sendero Circuito de la Cordillera del Paine" hat zwei Gesichter. Da gibt es die abenteuerliche Seite im Norden mit schwer begehbaren, rutschigen Pfaden, großen Distanzen zwischen den Lagerplätzen und wenigen wandernden Mitstreitern, die sich über den auch im Sommer tief verschneiten John-Gardener-Pass kämpfen. Hat man die einsame und beschwerliche Nordseite hinter sich gelassen, gelangt man im Süden des Massivs in eine malerische Seenwelt, umgeben von gewaltigen Gletschern und mächtigen Granitformationen. Nach den kargen Tagen im Norden findet man hier komfortable Unterkünfte, die jeden Luxus bieten, eher Hotel denn Berghütte. Mit der Einsamkeit ist es hier natürlich vorbei. Bestens präparierte Wege führen zu malerischen Aussichtsplätzen, die man sich mit Hunderten von Naturliebhabern aus aller Welt teilen muss. Dennoch möchte ich keine der beiden Seiten dieser grandiosen Runde missen.
Ich sitze an der Mole in Ushuaia, der südlichsten Stadt der Welt, und beobachte das vorwiegend touristische Treiben im Hafengelände. In einer Reihe liegen die Kreuzfahrtschiffe hier hintereinander am Kai an den Pollern ver-

täut, nur wenige Stunden oder Tage vor dem Auslaufen. Aufbruch in den unwirtlichsten aller Kontinente, in die Antarktis! Doch es sind keine abenteuerlichen Typen, die da an Bord gehen. Fein gekleidete Damen in Designerklamotten stolzieren in High Heels auf die komfortablen Schiffe zu, ihre Begleiter transportieren das Gepäck in Rollenkoffern zu den helfenden Mitgliedern der Crew. In wenigen Tagen werden sie in der totalen Einsamkeit an Land gehen und einzigartige Naturschönheiten erleben.
Wie leicht doch alles geworden ist! Ich denke an Magellans Mannschaft, die jahrelang darben musste, um diese Weltgegend zu entdecken. Ich denke an die Pioniere der Antarktis, die auf ihrem Kampf um den Pol Jahre der Entbehrung, Scott und seine Mannschaft sogar den Tod erleiden mussten.
Das Abenteuer des 21. Jahrhunderts hat seine Krallen verloren. Auch für mich! Ich muss die Passagiere auf den Kreuzfahrtschiffen nicht beneiden. Bald werde auch ich den eisigen Kontinent erreichen, und auch ich werde nicht darum kämpfen müssen. Mit dem Flugzeug werde ich komfortabel ins weiße Herz der Erde gelangen, an Plätze, die vor weniger als vierzig Jahren noch von keinem Menschen betreten waren.

ANTARCTICA – BERGABENTEUER IN DER WEISSEN UNENDLICHKEIT

Zeitig am Morgen bin ich bereit, alles ist gepackt! Aufgeregt warte ich auf den Abflug in eine Welt jenseits meiner Vorstellung. Hastig trinke ich eine Tasse Kaffee, lasse das Telefon nicht mehr aus den Augen. Es klingelt, ich stürze zum Apparat – Ernüchterung! Eisige Windböen fegen über die Blankeis-Landebahn an den Patriot Hills, an einen Abflug in die Antarktis ist nicht zu denken. Manche haben schon fünf Wochen hier in Punta Arenas im Süden Chiles auf ihren Abflug in die Antarktis warten müssen. Trübe Gedanken geistern durch meinen Kopf. Soll ich mich davon irremachen lassen, jetzt schon Nervosität zeigen am allerersten Tag unserer Expedition? Ich versuche gelassen zu bleiben, schlendere durch die Stadt und doch hält mich der weiße Kontinent in meinen Tagträumen gefangen. In drei Stunden soll ich wieder abflugbereit

beim Telefon warten, um neue Informationen entgegenzunehmen. So finde ich mich in regelmäßigen Abständen zu den festgesetzten Zeiten in meiner Unterkunft ein, um auf den erlösenden Anruf zu warten. Eine Verschiebung folgt der anderen – Stillstand!
Die Abendstunden bringen Wetterbesserung am fernen Ende dieser Welt, das Warten hat ein Ende. Blitzschnell werden die Wartenden in Minibussen aus allen Ecken der Stadt eingesammelt. Ein einziges Flugzeug wartet auf dem verlassenen Flugfeld von Punta Arenas. Das Rot des schwindenden Tages lässt die riesige Iljuschin wie ein dunkles, geheimnisvolles Monster erscheinen, das uns in eine fremde Welt bringen soll.
Wir, gut dreißig Bergsteiger aus aller Welt, strömen zum Einstieg. Keine Gangway, keine komfortablen Sitzreihen! Die mächtigen Heckklappen stehen weit offen, so als sollen wir Winzlinge von dieser riesigen Maschine verschlungen werden. Wir klettern über eine Hühnerleiter und Unmengen von Fracht und verschwinden im schwach beleuchteten Bauch des Ungetüms. Auf den schmalen Klappsitzen an den Seitenwänden der Iljuschin schnallen wir uns fest und fühlen, dass das Abenteuer in einer unwirklichen Wirklichkeit bereits begonnen hat.
Mein Blick schweift die Sitzreihen entlang: Einige der ganz großen Namen aus der Bergsteigerwelt sitzen hier. Manche kenne ich bereits aus einschlägigen Büchern, Zeitschriften oder Filmen. In den nächsten Wochen werden sie meine Bergkameraden sein. Uns alle erwartet ein Abenteuer der ganz anderen Art – der 4892 Meter hohe Mount Vinson, der höchste Gipfel auf dem unwirtlichsten aller Kontinente.
Mitten in der Nacht landen wir auf der sechs Kilometer langen Blankeis-Runway von Patriot Hills. Nacht im eigentlichen Sinn werden wir hier aber nicht erleben, die Sonne wird auf diesem Kontinent erst Monate später wieder untergehen. Mit unseren schweren Rucksäcken zittern wir uns über die spiegelglatte Fläche und können kaum begreifen, wie unsere russischen Piloten die riesige Maschine hier haben landen können. Ein beheiztes Mannschaftszelt wird zum Zentrum des Lebens in dieser weißen Einsamkeit.
An einen Weiterflug zum Basislager des Mount Vinson ist nicht zu denken. Heftiger Wind wirbelt die dünne Schneedecke vom eisigen Untergrund in die Höhe, legt ein düsteres Antlitz über die unendliche Weite und macht einen Start der Maschinen unmöglich. Heute wird's wohl nichts mehr werden, tönt es von den Verantwortlichen in der kleinen Wetterstation. Theo und ich wol-

len nicht länger untätig bleiben und steigen hinauf in die schwarzen Berge der Patriot Hills. Ein gewagter Ausflug! Fast hätten wir unseren Weiterflug ins Basislager verpasst. Kurzfristig hat es aufgeklart, der Wind hat nachgelassen, die beiden Flugzeuge haben bereits mit den ersten Teams abgehoben. Nur knapp eine Stunde ist uns noch im komfortablen Camp vergönnt. Eine schnelle Mahlzeit, hektisches Packen unserer Rucksäcke, wir sehen die beiden Maschinen im Anflug und eilen hinüber zur Runway.

Minuten später hebt unsere Twin Otter auf Schiern von der Startbahn ab und fliegt uns ins 250 Kilometer entfernte Basislager des Mount Vinson. Schon im Anflug auf die Ellsworth-Berge erleben wir die Faszination dieser einsamen Eiswelt. Das gestaltlose Weiß um Patriot Hills weicht hier in den Bergen der kunstvollen Architektur einer überwältigenden Gletscherwelt, deren Weiß im Spiel der Sonne und im Treiben wirbelnder Schneeflocken die verschiedensten Farbtöne annimmt. Meine Augen haften an dem wogenden Meer der Eisunendlichkeit, das die gewaltigen Berghöhen umspült. Es ist lange nach Mitternacht, doch was bedeutet der Blick auf die Uhr in einer Welt, in der es keine Dunkelheit gibt und in der keine Zeitzonen fühlbar sind.

Erste Gehversuche in den Bergen: weite Gletscherhänge, ein kleiner Gipfel mit spannendem Firngrat! Ein gewaltiger Knall durchbricht die Stille, ein heftiger Schlag durchzuckt wie ein Blitz die Eisdecke und reißt uns fast von den Beinen. Im Gletschereis hat sich über Jahre und Jahrzehnte eine ungeheuere Spannung aufgebaut. Nun bringen lächerliche 500 Kilogramm, das Gewicht von uns sechs Winzlingen, das mächtige Gebilde zur Entladung und zum Bersten.

Nach unserer Rückkehr gesellt sich die Bergsteigerlegende Vern Tejas mit seiner Mundharmonika zu unserer Runde. Ob wir denn schon einen Namen für unseren kleinen Gipfel hätten? Fragend sehen wir ihn an. Seit den ersten Tagen kommerzieller Expeditionen in den Ellsworth-Bergen verbringt er jeden Winter in dieser eisigen Kulisse und nun erzählt er uns, dass bisher noch niemand auf unseren formschönen Berg hinaufgestiegen ist. Eine Erstbesteigung? Wir können es kaum glauben.

Abends einigen wir uns auf eine Besteigungsstrategie für unser großes Ziel, den Mount Vinson: Einem Tag der Höhenanpassung mit kleineren Bergtouren lassen wir einen Tag des Vorwärtskommens am Berg folgen. Wir, das sind zwei Österreicher, ein Libanese, ein Japaner und ein Kanadier. Alle sind wir auf eigene Faust ohne Expeditionsveranstalter in die Antarktis gekom-

men, haben unsere Flüge direkt bei ALE, den Betreibern des Lagers von Patriot Hills, gebucht. Nach unserer Landung haben wir fünf Führerlosen uns schnell zu einer Gruppe zusammengeschlossen. Zu unserer Überraschung werden wir im Basislager von Heather und Neil empfangen, die als Bergführer für ALE arbeiten und uns beim Aufstieg begleiten werden. Logistisch sind sie von großem Wert für uns, als Bergführer nehmen sie sich bescheiden zurück angesichts der großen Namen, die Theo Fritsche, Hisashi Hashimoto und Maxime Chaya in der Bergsteigerszene besitzen und die alle unserem kleinen Team angehören.
10 Kilometer auf mäßig geneigten Gletscherflächen sind bis zur Basis des Berges zu überwinden. Wir seilen uns an, das Terrain ist spaltenreich, wir binden uns die Schlitten an die Klettergurte und stapfen hinauf auf 3000 Meter Höhe, wo wir unser erstes Lager errichten. Auch frühere Expeditionen haben diesen Platz zu ihrer Bleibe erwählt und sie dürften hier viel Zeit verbracht haben. Kunstvolle Schnitzereien aus Eis zieren den Ort, der zudem unerwartete Leckereien unter seiner weißen Decke verbirgt. Viele Bergsteiger haben in vergangenen Monaten oder Jahren hier Nahrungsmitteldepots angelegt, die sie mit roten Fähnchen markiert haben. Nach dem Gipfelgang haben sie diese Köstlichkeiten hier im größten Kühlschrank der Welt zurückgelassen. Heather und Neil wissen bestens Bescheid, wo man zu suchen hat, um die karge Kost der mitgeführten Trockennahrung mit „frischem", zehn Jahre alten Brot oder acht Jahre altem Käse aufzubessern. Für wenige Stunden verschwindet die Sonne hinter den Bergen, es wird bitterkalt, –45 Grad. Nur in unserem Daunenzeug können wir noch Gemütlichkeit finden, diese Zeit müssen wir zum Schlafen nützen.
Bergtour auf eine Passhöhe, fassungsloses Staunen: Unter uns liegt eine endlose Eisfläche, aus der eine schwarze Felspyramide herausragt, wie von Menschenhand geschaffen – ein Geschenk der Natur, passend zum heutigen Tag: Es ist Weihnachten!
Wir steigen durch steiler werdendes Gelände. Die Schlitten haben ihre Schuldigkeit getan, nun muss alles in die Rucksäcke umgepackt werden. Die letzten 500 Höhenmeter führen durch die 50 Grad steile Head Wall hinauf auf den Sattel zwischen Mount Vinson und Mount Shinn. Hier errichten wir bei eisigen Temperaturen unser windgeschütteltes Hochlager in 4000 Metern Höhe.
27. Dezember 2004, der sechste Tag am Berg – starker Wind, die Temperaturen sind in den Keller gefallen, die Sicht ist gut. Selbst im Zelt messen wir

29 Grad unter null. Das Eisschmelzen, Anziehen, Angurten wird zur eisigen Herausforderung. Den folgenden Aufstieg, völlig eingemummt, empfinden wir dann richtig angenehm. Schon an der ersten Steilstufe kommen unsere kalten Glieder schnell auf Touren. Über ein geneigtes Schneeplateau, das von den vielen Gipfeln des Vinson-Massivs umrahmt wird, geht es immer höher hinauf. Wind und Kälte nehmen zu. Wir hüllen uns komplett in Daune ein. Wie wird es wohl am windausgesetzten Gipfelgrat werden? Der Gipfelaufbau ist steil, wir ringen nach Luft – immer mehr und in immer längeren Pausen. Mehr als sechs Stunden sind wir schon unterwegs. Wir klettern über einige Felsen und sind oben – zumindest fast. Vor uns erblicken wir den schmalen Gipfelgrat des Mount Vinson, nur wenige Meter höher und doch noch eine halbe Stunde entfernt, können wir bereits den höchsten Punkt erkennen. Leichte Kletterei an einigen felsigen Gratzacken, dann liegt uns der gesamte Kontinent zu Füßen. Petrus zeigt sich gnädig. Bei Windstille und Sonnenschein genießen wir das Dach der Antarktis, tief unter uns ragen schwarze, bizarre Felsformationen aus einem Meer weißer Unendlichkeit.
Nach unserem Abstieg ins Basislager bleiben uns noch einige Tage in diesem Märchenland. Erst wenn alle Gruppen vom Berg zurückgekehrt sind, werden die Piloten aufbrechen, um uns nach Patriot Hills zurückzubringen. Wir haben keine Eile, unsere weißen Berge zu verlassen, unternehmen noch einige Genusstouren auf namenlose Gipfel und feiern eine einzigartige, ausgelassene Silvesterparty. Zu Mitternacht stehen wir bei Sonnenschein vor dem Zelt und blicken auf diese unwirklich zauberhafte Eiswelt.
Am Neujahrstag tauchen die beiden Twin Otter am Horizont auf und landen auf den geneigten Gletscherflächen. Eine Stunde später wärmen wir uns im komfortablen Mannschaftszelt von Patriot Hills. Nach unserer Rückkehr häufen sich die Schlechtwettertage. Dichtes Schneetreiben und eisiger Wind – wir verkriechen uns im Zelt und warten sehnsüchtig auf die Landung des großen Vogels.
Erst nach fünf Tagen klart es auf, für mehrere Stunden flaut der Sturm ab. Die Iljuschin landet auf der Eisbahn von Patriot Hills. Stunden später sind wir zurück in der grün-blauen Welt von Patagonien – ein großes Abenteuer geht zu Ende!

Wanderung in den Ellsworth-Bergen

Ankunft mit der Twin Otter im Basislager

Auf dem Gipfel der Antarktis

Hochlager (Lager II) auf dem Sattel zwischen Mount Vinson und Mount Shinn

4. Kapitel

Chomolungma

Vom tiefsten Punkt der Erde auf den Gipfel des Mount Everest

EINLEITUNG

Die Lieder von John Lennon und der Geist von Woodstock, politische Diskussionen in dunklen, verrauchten Lokalen und die Befreiung von allen gesellschaftlichen Zwängen auf den blühenden Wiesen an den Ausläufern meiner Heimatstadt – die alternative Szene in Wien war meine Lebenswelt gewesen. Ein Mitläufer war ich gewesen, ein Epigone, zu jung für die echten Achtundsechziger und die Hippiegeneration. Wie sehr habe ich sie bewundert, die Freaks mit ihren langen Haaren, ihren Ketten, Armreifen und bunten Hemden. Sie sind in Indien gewesen, haben dort den bedrückenden Konventionen des alten Europas den Rücken gekehrt. Mehrmals im Monat ist er in Amsterdam abgefahren, der berühmte Hippiebus nach Delhi oder Bombay. Wie sehr habe ich mich nach einem Sitzplatz in diesem bunten, klapprigen Vehikel gesehnt! Doch ich war einfach noch zu jung dafür. Sogar die Fernfahrer auf der Asienroute habe ich um ihren Job beneidet. Als ich endlich alt genug für die Fahrerlaubnis war, habe ich gleich den Lkw-Schein mitgemacht. Man weiß ja nie, vielleicht klappt es doch einmal!
Die politischen Zustände entlang der Route wurden turbulenter, die Flugpreise billiger. Der Landweg nach Indien geriet in Vergessenheit bei den Asienliebhabern. Nach meiner Fahrprüfung habe ich nie mehr einen Lkw gelenkt, ich bin auch nie auf der Straße in die Welt meiner Jugendträume gelangt. Geblieben ist meine Sehnsucht, einmal auf der alten Hippieroute zu tingeln, den Weg zu erleben, nicht bloß das Ziel.
1984 kam ich dann doch nach Indien – mit dem Flugzeug! Wochen später wanderte ich durch das Khumbu-Tal auf den Mount Everest zu. Vom Gipfel des Kala Pattar sah ich ihn erstmals aus der Nähe, den alles überragenden Berg. Auf Einladung einer bulgarischen Expedition konnte ich mehrere Tage im Everest-Basislager verbringen. Zum ersten Mal in meinem Leben habe ich Steigeisen angelegt und mein Glück an den steilen, nur wenige Meter hohen Eiswänden der imponierenden Eistürme am Rand des Khumbu-Eisfalls versucht. Hier im Khumbu habe ich Europäer und Sherpa kennengelernt, die tatsächlich zum Gipfel hinaufsteigen wollten. Ich war fasziniert von diesen Abenteurern – mindestens genauso stark wie Jahre zuvor von den Hippie-Aussteigern, die auf dem langen Weg nach Indien die Zwänge unserer Gesellschaft hinter sich gelassen haben. Der Mount Everest sollte mich nicht mehr

loslassen. Unzählige Bücher über diesen Berg habe ich seither verschlungen, bewegende Berichte von Bergsteigern, denen es nicht bloß um einen Gipfel aus Fels und Eis ging, sondern um einen Weg an die Grenze ihres eigenen Daseins. Göran Kropps Buch „Allein auf den Everest" hat mich gefesselt. Mit dem Fahrrad ist er von seiner Heimat in Schweden zum höchsten Berg der Welt aufgebrochen, Monate später stand er auf seinem Gipfel. Welch eine Tour! Zwei meiner großen Träume hat er in ein einziges großes Abenteuer gepackt: die Reise auf dem Landweg nach Indien und Nepal und den Aufstieg auf den Gipfel der Welt. Nur die Art und Weise, wie er sein großes Ziel erreicht hat, hat mich ins Grübeln gebracht. Kein Genuss war ihm auf dieser faszinierenden Route vergönnt gewesen, es war ein extremer Kampf ohne Muße für ein extremes Ziel! Doch müssen Abenteuer und Lebensfreude tatsächlich unversöhnliche Gegensätze bleiben?

Der Mount Everest ist auf viele verschiedene Weisen bestiegen worden: auf verschiedenen Routen, zu verschiedenen Jahreszeiten, unter Verzicht auf Expeditionsstruktur und Flaschensauerstoff, solo, mit Schiern – fast jährlich kamen sensationelle Meldungen von diesem außergewöhnlichen Flecken Erde. Göran Kropp hat mit seiner unkonventionellen Art der Anreise aber tatsächlich ein neues Kapitel der Expeditionsgeschichte zum Mount Everest eröffnet.

Jetzt fehlt nur noch, dass jemand vom tiefsten Punkt der Erde bis zu seinem Gipfel hinaufsteigt, dachte ich mir. Mit mir selbst habe ich diese Idee jedoch nicht in Verbindung gebracht. Trotz der Besteigung zweier Siebentausender war der Mount Everest für mich immer außer Reichweite gelegen – einfach eine Nummer zu groß. Die Idee setzte sich fest, wurde zum Traum – zum großen Traum. Zu groß? Mir wurde klar, dass ich die Antwort auf diese Frage nie wissen würde, wenn ich nicht den ersten Schritt setze. Die überraschend großzügige Unterstützung seitens der Diabetes-Industrie bei meiner Antarktisexpedition hat mir mächtig Rückenwind verschafft, meine Träume zu leben. Eines Tages nehme ich all meinen Mut zusammen und sage mir: Ich mach das. Jetzt.

Der Bann ist gebrochen und alle stehen hinter mir – meine Freundin Sylvia, meine Familie, meine Sponsoren, die trotz der geringen Erfolgsaussichten die Kosten für dieses extravagante Abenteuer übernehmen wollen. Der Zeitpunkt ist günstig für mich. Trotz einiger Versuche ist es bislang keinem Diabetiker gelungen, den Gipfel des Mount Everest zu erreichen.

Ein neuer Rekord am Everest? Nein, mit dieser Sensationshascherei habe ich nichts am Hut, das kann mich nicht zu meinem Vorhaben motivieren. Ich will nichts als meinen großen Traum leben: den Weg vom tiefsten zum höchsten Punkt der Erde mit all seinen Schönheiten erleben. Ich will dieses Abenteuer genießen, will mir Zeit nehmen, das Leben auf dieser Reise auszukosten.

Eines Tages im September 2005 gehe ich ins Büro der Royal Jordanian Airlines und kaufe ein Ticket nach Amman – one way!

MIT DEM RAD VOM TOTEN MEER IN DEN HIMALAYA

Der vierte Tag auf Achse. Erst seit gestern bearbeite ich meinen Drahtesel und schon bin ich todmüde. Es ist bereits dunkel, der Abendverkehr der Zwei-Millionen-Stadt donnert an mir vorbei. Zwei Tage habe ich mich abgestrampelt und bin gerade einmal an der Peripherie von Amman gelandet, nur wenige Kilometer von dem Platz entfernt, wo meine Radtour begonnen hat. Erschöpft halte ich beim erstbesten Hotel, das ich von der Straße aus erkennen kann. Wunderschön und sündteuer! Den Weg ins zehn Kilometer entfernte Stadtzentrum, wo ich billiger hausen könnte, hätte ich beim besten Willen nicht mehr geschafft. Ein kurzer Spaziergang, der vergebliche Versuch, preisgünstig irgendetwas Essbares zu ergattern, wird zur Tortur für meine Beine. Wenn nicht bald meine Kilometerleistungen steigen und die Hotelpreise sinken, werde ich auf ein echtes Problem zuradeln.

Das klingt nun ziemlich mürbe und ausgebrannt, aber ich will mir die Stimmung nicht vermiesen mit den augenblicklichen Launen eines geschundenen Körpers, sondern zurückkehren an den Anfang, an den Tag, an dem alles begonnen hat.

Donnerstagabend, es ist der 13. Oktober 2005! Das Förderband am Queen Alia International Airport südlich von Amman bringt alles zutage, was ich für die nächsten vier Monate benötigen werde: einen Riesenkarton, in dem sich mein Fahrrad befindet, zerlegt in unzählige Einzelteile, und einen großen

Sack, der meine vier prall gefüllten Fahrradtaschen enthält. Ich bin aufgeregter als je sonst bei meinen Fernreisen, schließlich liegen nun ein gutes Stück Arbeit und jede Menge Unsicherheiten vor mir. Doch ganz so brutal werde ich nicht in die neue Wirklichkeit hinausgestoßen. Dr. Querner, Österreichs Botschafter in Jordanien, hat mich eingeladen, die ersten Tage meiner Reise in seiner Residenz zu verbringen. Mein Sprung ins große Abenteuer erfolgt also schaumgebremst. Die gastfreundliche Aufnahme, meine komfortable Bleibe – all das macht den Einstieg in die fremde Lebenswelt zunächst kinderleicht. Ein ruhiger Tag in Amman kommt mir gelegen. Ich kann ungestört mein Rad zusammenbauen und die Stadt besichtigen. Abends lädt mich Dr. Querner in ein traditionelles Lokal ein. In den Mauern einer ehemaligen Karawanserei trinken wir Tee, rauchen eine Shisha und lassen uns von arabischer Musik berieseln. Die Spannung der letzten Wochen entweicht, fast körperlich spürbar – ich bin unterwegs!

AUFBRUCH INS UNGEWISSE: JORDANIEN UND SYRIEN

Am Samstag geht es dann richtig los, hinunter zum Toten Meer. Aber nicht ohne Verdruss! Ich schiebe mein Rad aus der Garage und will es gerade beladen, da muss ich schon den ersten Boxenstopp einlegen. Die Luft ist draußen aus dem Hinterreifen. Was habe ich nur falsch gemacht? Ich pumpe den Reifen auf, alles scheint in bester Ordnung zu sein. Minuten später suche ich im Großstadtverkehr den Weg hinaus in die ländliche Einsamkeit. Vorbildlich ausgerüstet mit Helm und Fahrradschuhen – ein ungewöhnliches Bild für die einheimischen Radkollegen – erreiche ich ruhige Landstraßen und atme auf. Doch kaum beginne ich das vergnügliche Dahintreten bei herrlichem Wetter zu genießen, erfolgt der nächste Boxenstopp. Zwei Reserveschläuche habe ich in meinem Gepäck für die nächsten 8000 Kilometer, und der erste ist nun bereits nach 30 Kilometern fällig. Wenn es nur nicht in dieser Frequenz weitergeht! Die Hitze unterm Helm ist kaum zu ertragen, die Füße schmerzen von den Fahrradschuhen. Nichts wie weg damit! Beides werde ich fortan ungebraucht in der Fahrradtasche durch halb Asien spazieren führen.

Der erste Gipfel ist bald erradelt: eine geschichtsträchtige Anhöhe. Lange, lange ist's her, als hier, auf dem Berg Nebo, Moses nach jahrzehntelanger Rei-

se durch die Wüste in den Stunden seines Todes auf das Gelobte Land hatte blicken dürfen.
Mein erstes großes Ziel liegt tief unter mir, im Dunst fast verborgen: das Tote Meer. Eine riesige Wasserfläche, von der kein Wasser mehr abfließen kann. Nirgends auf der Landmasse dieser Erde gibt es einen Ort, der noch tiefer liegt.
In rasender Abfahrt jage ich hinunter zum eigentlichen Ausgangspunkt meiner Reise, dem tiefsten Punkt der Erde. Ein Pkw setzt zum Überholen an, der Fahrer ruft mir durch das offene Fenster zu: „Bist du der Österreicher, der zum Everest will?" Sprachlos puste ich ein „Ja" heraus und lenke mein Rad an den Straßenrand. Der Autofahrer hält an und Mustafa, ein bergbegeisterter Jordanier, erzählt mir zu meinem großen Erstaunen, dass die jordanischen Medien von meinem Vorhaben berichtet haben. Auch er selbst träume davon, einmal auf den höchsten Punkt der Erde zu klettern, etwas, was noch keiner seiner Landsleute geschafft hat.
Endlich erreiche ich die Uferstraße am Toten Meer – weit und breit kein Lebewesen! Nach einigen Kilometern fahre ich auf eine riesige Baustelle zu, in die sich drei Luxushotels grotesk einfügen. Dahinter, so weit das Auge reicht, wieder nichts. Kein wirklich guter Platz für Low-Budget-Touristen. Die Suche nach einem Zimmer bringt mich zur Verzweiflung. Der billigste der drei Nobelschuppen hat eine Bleibe für knapp 200 Euro zu bieten. Der Rezeptionist scheint die Verfallserscheinungen in meiner Mimik richtig zu deuten, blättert geschäftig in verschiedenen Ordnern, fragt seinen PC ab und jubelt mir schließlich etwas von „special offer" in die Ohren – wir sind bei 100 Euro für die Nacht gelandet. So teuer habe ich in meinem ganzen Leben noch nicht gehaust! Doch hier scheint das ein echtes Schnäppchen zu sein und es wäre wohl unhöflich, den freundlichen Mann zu enttäuschen. Ich beziehe mein Quartier und haste bei untergehender Sonne hinunter zum Wasser, dem tiefsten Punkt unserer Erde: 411 Meter unter dem Meeresspiegel. Schließlich muss ich den Daheimgebliebenen mit Fotos beweisen, dass ich auf meinem Weg zum Dach der Welt wirklich „ganz unten" gestartet bin. Ich erfahre am eigenen Leib, was es mit den Bildern aus Reiseprospekten auf sich hat, auf denen Zeitung lesende Touristen bewegungslos auf der Wasseroberfläche treiben.
Sonntagmorgens verlasse ich meinen eigentlichen Startpunkt. Mit einem Sonntagsausflug hat der heutige Anstieg zurück nach Amman allerdings wenig gemein. 1300 Höhenmeter kämpfe ich mich hinauf, zurück in die Haupt-

stadt. Mitten im Gebirge treffe ich auf eine große Tafel, auf der mir mitgeteilt wird, dass ich mich nun endlich auf Meereshöhe befinde. Inzwischen schiebe ich mein Rad. Zeitweise schaffe ich nicht mehr als sechs Kilometer in der Stunde, hocke immer öfter am Straßenrand und sinniere über den Hinweis im Lonely Planet Reiseführer, wonach Jordanien kein wirklich guter Platz zum Radfahren sein soll. Am frühen Abend erreiche ich schließlich die Vororte von Amman. Hier schließt sich der Kreis meiner ersten Reisetage.

Nun bin ich oben in den Bergen und nichts soll mich mehr bremsen, rasch nach Norden zu gelangen. Von wegen! Die Täler verlaufen hier allesamt von Osten nach Westen, hinunter ins weit unter dem Meeresspiegel gelegene Jordan-Tal. Ich aber fahre von Süd nach Nord, bin also quer zur Natur unterwegs, und das bedeutet, positiv gesehen, stete Abwechslung: Vergnüglichen kilometerlangen Abfahrten folgen sofort ebenso lange, schweißtreibende Anstiege.

Um die Mittagszeit erreiche ich nach etwa 40 Kilometern die kleine Stadt Jerash und hier wird es Zeit, erst einmal Grundsätzliches mit mir selbst zu klären. Einerseits will ich heute noch das 50 Kilometer entfernte Der'a hinter der syrischen Grenze erreichen, andererseits gibt es im Städtchen Jerash fantastische römische Ruinen zu bewundern, ganz zu schweigen davon, dass meine schlappen Beine auch nicht mehr so euphorisch in die Pedale treten wie am Morgen.

Vor zehn Jahren war Göran Kropp mit dem Fahrrad von seinem Heimatort Yttre Tvärgränd zum Mount Everest aufgebrochen. Sein Buch „Allein auf den Everest" war Inspiration für mich gewesen, aber nie wollte ich meine eigene Tour so wie er gestalten. Er hat sein gesamtes Expeditionsgepäck zunächst mit dem Rad und dann später zu Fuß transportiert, selbst bei der Besteigung des höchsten Berges der Welt wollte er keine fremde Hilfe annehmen. Jede andere Art, den Mount Everest zu besteigen, erschien ihm zu wenig sportlich, doch sein Preis war hoch. Die herrliche Strecke durch Asien zum Himalaya ist für ihn dadurch zur Mühsal geworden, zur bloßen Notwendigkeit, um sein ehrgeiziges Ziel zu erreichen. Da war keine Muße, keine Zeit, um in der fremden Welt die Schönheiten der Natur oder die großartigen Kunstdenkmäler zu erleben und die Gastfreundschaft der Menschen zu genießen. Darin will ich es meinem Vorbild Göran Kropp nicht gleichtun. Seit meinen Schultagen träume ich davon, einmal auf dem Landweg nach Indien und Nepal zu gelangen. Ich will alles sehen, alles erleben und mir ausreichend

Zeit für diese faszinierende Route nehmen. Auf keinen Fall will ich Kathmandu auf dem schnellstmöglichen Weg erreichen.
Darum lasse ich mein Rad für heute ruhen, schlendere bei herrlichem Sonnenschein durch die Ruinen des alten Gerasa. Am Abend, wenn alle Touristen das Städtchen verlassen haben, spaziere ich durch die kaum beleuchteten Altstadtgassen, genieße Hummus, Fladenbrot und Tee an einem kleinen Straßenstand, plaudere bis spät in die Nacht mit Einheimischen – und lebe!
Zwei Tage später erreiche ich Syriens Hauptstadt Damaskus. Den ganzen Tag hat es geschüttet, die Fahrt war eine wahre Schlammschlacht im Schwerverkehr. Der endlose Weg von den Vororten ins Zentrum der Millionenstadt wird zum Spießrutenlauf zwischen kreuz und quer über die Straßen rasenden Autos. Aber ich sehe erstmals auch andere Radfahrer und tröste mich mit dem Gedanken, dass diese mehrheitlich das chaotische Verkehrstreiben überleben dürften. Anders ist ihre Fröhlichkeit nicht zu erklären. Offensichtlich bin ich erst in der Anfangsphase der „Enteuropäisierung". Halb radelnd, halb schiebend mache ich mich in der Innenstadt mit meinem vom Regen getränkten Reiseführer auf Hotelsuche. Tatsächlich findet sich ein freundlicher Rezeptionist, der mir trotz Schlammspritzer im Gesicht ein Zimmer im fünften Stock zuweist, ohne Lift versteht sich. Unter diesen Umständen werde ich erst einmal auf meine Sicherheitsmaßnahme – Rad ins Zimmer – verzichten. Nachdem ich große Wäsche gemacht und dabei mein Zimmer, den Gang und einige angrenzende Räumlichkeiten unter Wasser gesetzt habe, tauche ich beschwingt und hungrig ins Altstadtgetümmel ein. Immerhin ist Damaskus eine der ältesten noch bewohnten Städte der Erde, es mangelt wahrlich nicht an kulturellen Highlights.
Mit flauem Gefühl in der Magengrube verlasse ich am nächsten Morgen die Stadt. Die erste große Wüste liegt vor mir, 500 Kilometer, mittendrin nur ein einziger nennenswerter Ort.
Seit Jahrzehnten reise ich mit dem Rucksack in alle Ecken der Erde, doch ferne Länder mit dem Fahrrad zu erleben, das ist völlig neu für mich. Als Backpacker bin ich meist mit lokalen Bussen von Stadt zu Stadt gereist, die abgeschiedene Welt zwischen den größeren Orten habe ich durch das Busfenster an mir vorbeirauschen sehen. Ich weiß, dass jetzt alles anders wird. Nun werde ich selbst Teil dieser abgeschiedenen Welt sein, sie hautnah erleben, denn die nächste Herberge wird oft viel zu weit entfernt liegen, um sie in einer Tagesetappe zu erreichen. Die Abenddämmerung wird mich an irgendeinem

Ein menschenleeres Asphaltband durchzieht die Wüste.

Beduinengehöft in der Syrischen Wüste

touristisch völlig bedeutungslosen Ort anschwemmen. Dort werde ich mich einer Welt und Begegnungen stellen müssen, die mir als Normaltourist früher weitgehend verborgen geblieben sind. Vielleicht werde ich diese Art des Reisens später als Privileg empfinden, doch jetzt, in den ersten Tagen, muss ich mich erst an den Gedanken gewöhnen, nicht zu wissen, wo ich am Abend essen und schlafen werde.

Der Mann an der Rezeption erfühlt meine Unsicherheit und verabschiedet mich mit den Worten: „Überall, wo du hinkommst, wird man dir helfen." Drei Monate werde ich durch die islamische Welt radeln und stets werden sich diese ermutigenden Worte bewahrheiten.

Ich überstehe den Großstadtwahnsinn und radle Richtung Osten. Im kleinen Ort Dumayr, dem Tor zur Wüste, kaufe ich zwei Läden leer, packe Unmengen an Getränken und Lebensmitteln in meine Radtaschen und ziehe weiter. Nach 40 Kilometern sehe ich einige Hütten und eine Tankstelle. Ein Bett? Gibt es nicht. Wirklich nicht? Gibt es doch. Die Hilfsbereitschaft der Menschen hier ist eindrucksvoll. Einer der Tankwarte verschwindet in der Moschee der kleinen Ansiedlung, kehrt mit einer Handvoll Schlüsseln zurück, probiert jeden einzelnen an einer verfallenen Hütte, bis sich die Tür öffnet. Das muss wohl vor Jahren einmal ein Büro gewesen sein, nun gammeln hier noch einige verstaubte Polstermöbel vor sich hin und träumen von besseren Zeiten. Schnell richte ich mich ein, dann kehre ich zur Tankstelle zurück, sie ist das Zentrum des Lebens in diesem einsamen Ort. Von allen Seiten werde ich eingeladen, Tee, Kaffee, Wassermelonen – ein echter Luxus, hier „in the middle of nowhere". Stundenlang sitze ich mit den Menschen hier am Feuer und radebreche mit meinen miserablen Arabischkenntnissen durch den Abend.

Am nächsten Morgen bin ich schon früh auf dem Rad. Noch sind es 170 Kilometer, zwei Tage bis Palmyra. Am frühen Vormittag donnern Busse und Lkws an mir vorbei. Alle haben sie Damaskus in den Morgenstunden verlassen. Dann wird es still, unheimlich still. Ich bin allein in dieser endlosen, menschenleeren Wüste.

„Setz dich hin, pack deine Jause aus und sieh dir in Ruhe an, wo du eigentlich bist", geht es mir durch den Kopf. Das schwarze Asphaltband durchzieht die Landschaft und verliert sich am Horizont. Es ist das einzige Zeugnis der neuen Zeit in einer seit Jahrtausenden unveränderten Welt. Tafelberge ragen überall aus dem Wüstenboden und verleihen der Weite ein farbenprächtiges

Antlitz – weiß, goldbraun, rot, schwarz. Ich kann mich kaum satt sehen. Mickrige Pflänzchen trotzen der Kargheit des Bodens.
Hin und wieder taucht während der Weiterfahrt ein Gehöft auf, sonst umfängt mich weit und breit nichts als Wüste. Die Bewohner einer dieser einsamen Siedlungen bewirten mich und laden mich ein, die Nacht in ihrem Haus zu verbringen. Mich zieht es aber weiter, ich spüre, dass ich heute gut in Fahrt bin. Um drei Uhr nachmittags fehlen mir nur noch 50 Kilometer bis Palmyra. Ich beschließe, mich durchzubeißen. Die Aussicht auf die Fleischtöpfe der Stadt geben mir zusätzliche Kräfte. Es wird stockdunkel. Ein letzter kleiner Anstieg, eine Biegung und vor mir erstrahlen die riesigen römischen Ruinen und die Burg Qalaat Ibn Maan im Scheinwerferlicht. Ein überwältigender Anblick! Minuten später hat mich der Luxus wieder. Am Samstag lege ich einen Ruhetag ein, besichtige die eindrucksvollen Ruinen und kümmere mich um mein Rad.
Syrien gilt bei uns gemeinhin als Polizeistaat, es heißt, die Polizei greife stark ins Leben des Einzelnen ein. Welche Erfahrungen werde ich wohl hier machen? Wieder liegt die Wüste vor mir, außer einigen Hütten gibt es keine Siedlungen, erst nach über 200 Kilometern werde ich Deir Ez Zor am Euphrat erreichen. Zu weit, um diese Strecke an nur einem Tag runterzustrampeln! Nach 130 Kilometern endlich ein Haus, ich halte darauf zu: eine Polizeistation. Auf meinen auf Arabisch geradebrechten Hinweis, dass ich es wohl heute nicht mehr bis nach Deir Ez Zor schaffen werde, bitten mich die Polizisten in die Station herein, machen einen Amtsraum frei, schieben ein Bett hinein und laden mich ein, die Nacht hier zu verbringen. Inzwischen heizen sie Wasser an, das ich mir dann in einem düsteren Raum mit verschimmelten Wänden über den Körper gießen kann – eine herrliche Dusche nach 130 Kilometern Wüstensand. Die Sonne geht unter. Erst jetzt darf wieder gegessen werden, denn es ist der Fastenmonat Ramadan. Am Boden ist auf Decken angerichtet und ich werde köstlich bewirtet. Und nicht nur ich. Laufend kommen Lkw-Fahrer herein, plaudern ein bisschen, trinken Tee, naschen mit. Manche tragen auch etwas zum Festmahl bei, bringen Weintrauben, Orangen und Melonen, von denen man mir den Löwenanteil zusteckt. Stundenlang plaudern wir, die Shisha, eine Wasserpfeife, wird in der Runde weitergereicht. Begleitet von Späßen und Lachen gestaltet sich der Abend zu einer Lektion in Arabisch für mich und einer Englischstunde für die vier Polizisten. Unglaublich, wie viel Spaß man miteinander haben kann, ohne dass je-

mand die Sprache des anderen versteht. So weit meine Erfahrungen mit dem Polizeistaat!
In Deir Ez Zor fahre ich über den Euphrat und erreiche bald das Gebiet der Kurden. Steile Bergstraßen habe ich hier erwartet, aber die Gegend ist nicht gebirgiger als die Niederlande. Meine Beine danken es mir. Ich komme gut voran, nur ist weit und breit keine Unterkunft in Sicht. Nach 130 Kilometern schließlich ein einsames, größeres Haus – natürlich eine Polizeistation. Ich brauche wohl kaum zu erwähnen, dass ich von den Polizisten wieder großartig bewirtet werde. Ein Polizist hat eine bekannte Familie im drei Kilometer entfernten Dorf Jirs ash Shadadi und organisiert mir dort eine Unterkunft. Im Laufe des Abends kommt die ganze Obrigkeit des Ortes bei meiner Gastfamilie vorbei, alle wollen mich sehen. Sie treiben sogar den Englischlehrer des Dorfes auf, damit die Konversation etwas flüssiger wird. Als ich am nächsten Tag meine Unterkunft und die Bewirtung bezahlen will, wird das vom Hausherrn entschieden abgelehnt.
Zwei Tage später erreiche ich Al Qamishli, nur einen Kilometer von der türkischen Grenze entfernt. Der ganze Ort ist ein einziger riesiger Basar, buntes Treiben in allen Gassen. Hier leben vorwiegend Kurden, einige von ihnen haben schon in Deutschland gearbeitet und sie alle wollen natürlich auf Deutsch mit mir plaudern.

DURCH DAS WILDE KURDISTAN – TÜRKEI

Grenzen werden hier noch ernst genommen. Ganze zwei Stunden dauert es am nächsten Morgen, bis ich in der Türkei bin. Spät komme ich also los und die Beine sind heute besonders schwer. Schon lange habe ich keinen Ruhetag mehr gehabt. Die Straße ist extrem schlecht, der Ostwind bläst mir heftig ins Gesicht und bremst meine Ambitionen. Das Pedalrittern wird heute zum Kampf bis in die Abendstunden, aber ich schaffe doch noch mein Tagesziel. Nach mehr als 100 Kilometern erreiche ich Cizre und belohne mich dort mit einem Dreisternehotel. Ich ziehe eine Viertelmilliarde türkische Lira aus dem Bankomat, das sind umgerechnet etwa 160 Euro, und werfe mit den Millionen nur so um mich. Ein Spaziergang durch die abendliche Stadt zeigt, dass sich die Lebensart der Kurden durch die Errungenschaften des 21. Jahrhunderts kaum verändert hat. Hochmoderne Geschäfte und Fassaden im

Hintergrund, aber die Männer mit ihren traditionellen Schirmmützen sitzen auf vierbeinigen Hockern vor winzigen Tischen auf der Straße, trinken Tee, rauchen und spielen Karten.

„Durchs wilde Kurdistan", so hieß eines der Bücher von Karl May, das ich vor Ewigkeiten gelesen habe, der Inhalt ist längst vergessen. Jetzt erlebe ich dieses Kurdistan als Radfahrer und spüre die Wildheit des Landes hautnah. Was folgt, sind sicher die härtesten Tage meiner bisherigen Tour, aber jede Stunde ist es wert, hierhergekommen zu sein.

Die 50 Kilometer von Cizre bis Sirnak sollten eigentlich eine gemütliche Halbtagestour werden. Doch Sirnak liegt 1000 Meter höher als Cizre, mitten in den Bergen. Die Straße steigt extrem steil an, oft muss ich mein Rad schieben und so brauche ich fast den ganzen Tag für diese lächerliche Distanz. Vielleicht sollte ich doch mit Karten reisen, die auch Höhenangaben enthalten. Oder ist es besser, gar nicht zu wissen, was einen erwartet?

Aber die Berge haben auch ihren Vorteil. Nun bin ich wirklich in dem Kurdistan, wie ich es aus den Büchern kenne. Die Landschaft wird spektakulär. Dieser Teil des Landes wird so gut wie nie von Touristen besucht. Demzufolge scharen sich immer wieder die Menschen um mich, denn hier kommt nur selten ein Fremder vorbei. Alle sind hilfsbereit, doch so gut wie niemand spricht Englisch, nicht einmal in den Hotels oder den Internet-Cafés. Hier herrscht noch ein völlig anderes Leben als in Istanbul oder an der Mittelmeerküste.

Hinter Sirnak scheint die Welt zu Ende zu sein. Auf 300 Kilometern keine nennenswerte Siedlung, kein Hotel, kein Restaurant. Winzige Dörfer, einfache Häuser und Gehöfte. Selten findet man einen Laden, wo man Kekse, Saft und Wasser kaufen kann. Mit dem Bus kann man diesen hintersten Winkel Kurdistans in acht Stunden durchfahren, man wird die Kargheit kaum spüren. Für mich sind es drei Tage, in denen ich dieses Land in all seiner Wildheit und mit der Liebenswürdigkeit seiner Bewohner intensiv erfühlen kann. Die Dörfer liegen in einer rauen Berglandschaft, getrennt durch hohe Pässe. Da geht es 1000, ja manchmal sogar 1500 Höhenmeter steil bergan. Das bedeutet stundenlanges Schieben des voll beladenen Rades, bis es auf der anderen Seite dann im Höllentempo ungebremst hinuntergeht ins nächste Dorf. Zumindest fast ungebremst, denn da sind diese regelmäßigen, unfreiwilligen Stopps, so etwa alle 20 Kilometer. Straßensperre, Militär, Ausweiskontrolle! Alle werden hier angehalten und kontrolliert. Sie sind nicht unfreundlich, die Soldaten, aber aus kleinen Schießscharten sind Gewehrläufe auf mich und auf jedermann gerichtet – keine wirkliche Wohlfühlsituation. Kinder laufen mit Plastikpistolen herum und zielen wiederum auf die Männer hinter den Schießscharten. Mit Steinen werden sie von den Soldaten vertrieben und suchen lachend und schreiend das Weite. Für mich sind diese Kontrollen ein bisschen lästig, mehr nicht. Jedes Mal verliere ich eine Viertelstunde, das ist keine Tragödie. Aber wie müssen sich die Kurden fühlen, dauerhaft kontrolliert in ihrem eigenen Land?

Man hat mich vor meiner Reise eindringlich davor gewarnt, durch dieses südöstliche Eck der Türkei zu radeln. Hier soll es nur so wimmeln von Terroristen der türkischen Arbeiterpartei PKK, eine Entführung wäre zu befürchten, besonders wenn man mit einem derart langsamen Fortbewegungsmittel wie dem Fahrrad unterwegs sei. Die meisten Menschen scheinen solche Warnungen zu beherzigen, denn mir ist in all den Tagen kein einziger Fremder begegnet.

Ich bin in diesen kleinen Dörfern, die man auf keiner Karte findet, hautnah in Berührung gekommen mit Aktivisten und Sympathisanten der PKK. Was musste ich erdulden? Sie haben mich dort, wo es keine Hotels gab, in ihre Häuser aufgenommen und mich großzügig bewirtet. Wenn ich dann etwas dafür zahlen wollte, haben sie das strikt abgelehnt. Selten habe ich so gastfreundliche Menschen kennengelernt wie hier.

Zwei Dinge haben mich in Kurdistan überrascht: die Dominanz und Allgegenwart des türkischen Militärs und die Tatsache, dass offenbar die gesamte kurdische Bevölkerung in diesen Dörfern hinter der PKK steht. Das eine scheint das andere zu bedingen. In einigen Jahren könnten diese Kurden EU-Bürger sein. Spätestens dann, so hoffe ich, können sie ihre Freunde im Nachbardorf besuchen, ohne in Gewehrläufe blicken zu müssen.

Die Landschaft wird dramatischer, das Radeln jedoch leichter. Rechts und links ragen Felswände in den Himmel, tief eingeschnitten schlängelt sich ein Fluss durch die Berge, das holprige Asphaltband schmiegt sich eng ohne große Steigungen an das Flussbett an. Schmale grüne Felder liegen wie Teppiche auf dem engen Talboden, dazwischen traditionelle kurdische Steinhäuser, Männer mit ihren Schirmmützen sitzen davor, lachende Kinder drängen sich um mein Rad.

Es ist schon dunkel, als ich nach drei Tagen Yüksekova erreiche. Endlich eine Stadt! Ich sollte mich freuen, wieder in einem weichen Bett schlafen zu kön-

nen, doch der Ort hat etwas Abweisendes an sich. Hier herrscht keine Fröhlichkeit in den Straßen. Die gespannte Atmosphäre ist auf jedem Meter spürbar. Viele wohlhabende Türken leben hier, meist Geschäftsleute, inmitten einer ärmeren kurdischen Mehrheit. Im Hotel durchsucht die Security mein Gepäck, zu groß ist die Angst vor einem Anschlag. Kein Wunder, dass an diesem tristen Ort kein Restaurant zu finden ist. Räumlichkeiten, wo man gemütlich beisammensitzen kann, scheint es hier nicht zu geben – kein Bedarf. Ziemlich hungrig kehre ich ins Hotel zurück, wenigstens kann ich dort das Champions-League-Spiel Schalke gegen Fenerbahce im Fernsehen verfolgen.
Ich bin froh, als ich am nächsten Morgen die letzten Häuser von Yüksekova hinter mir lasse und wieder in die Berge hineinfahre. Sanft ansteigend geht es auf 2500 Meter hinauf, ehe die vergnügliche Abfahrt ins große Unbekannte beginnt – in den Iran.

ZAUBER DES ORIENTS – IRAN

Frau Maria Rauch-Kallat, die damalige Ministerin für Gesundheit in Österreich, hat mir eigens ein Empfehlungsschreiben in Farsi schreiben lassen, um die Behörden zu bitten, meine ungewöhnliche Reiseart nicht zu behindern. Ich bin hier jedoch weit davon entfernt, dieses Dokument zu benötigen. Freundlich und zuvorkommend werde ich von den Beamten behandelt. „Welcome to Iran!“, höre ich von allen Seiten an diesem verschlafenen Grenzübergang.
Noch in der Abenddämmerung erreiche ich Orumiyeh. Etwas verunsichert lehne ich mein Fahrrad an einen Baum und suche meinen Reiseführer. Eine solch riesige Stadt hatte ich hier nicht erwartet. Schnell bin ich von einer Menschenmenge umringt, die meine Ratlosigkeit erfühlt hat. Jeder will mir helfen. Schließlich laufen einige durch die halbe Stadt mit mir, um mir den Weg zu einem preiswerten Hotel zu zeigen. Nach dem Abendessen zieht es mich schnell wieder in die Straßen. Die Fröhlichkeit der Menschen hält die Stadt bis spät in die Nacht am Leben. Ich lasse mich stundenlang durch den bunten Wirrwarr treiben. Egal – morgen schlafe ich aus. Ich will hier bleiben, zumindest einen Tag.
Am anderen Morgen schlendere ich durch die Stadt, die am Tag wesentlich verschlafener als in der Nacht wirkt. Wen wundert's? Es ist Ramadan. Viel

gibt es in Orumiyeh nicht zu sehen, bereichernd sind aber die vielen Gespräche mit Einheimischen. Unentwegt begegne ich Menschen, die mich spontan in den Gassen ansprechen. Ich besuche Moscheen und Kirchen, in denen reges Treiben herrscht, ich sehe gläubige Juden mit der für sie typischen Kopfbedeckung in den Straßen. Langsam beginne ich zu überlegen, welches Bild vom Iran ich hierher mitgebracht habe. Wer hat mir dieses Bild vermittelt? Ich hatte geglaubt, immun gegen die Negativpropaganda der Medien zu sein. Da habe ich mich aber gehörig überschätzt. Vieles scheint mich doch beeinflusst zu haben und die Vorurteile verschwinden erst langsam durch die überraschende Begegnung mit der Wirklichkeit aus meinem Denken. Die Menschen hier sind gebildet. Sie wissen um die negative Berichterstattung seitens der westlichen Presse. Sie sind stolz auf ihr Land, sie lieben es, hier zu leben, nicht nur die Moslems, auch die Christen und Juden. Das Bild, das der Westen von ihrem Land zeichnet, können sie nicht verstehen, es macht sie betroffen. Und mit jedem Tag mehr, den ich in diesem Land verbringe, geht es mir nicht anders.

Die Landschaft im Iran ist vorerst weniger spektakulär als in Kurdistan: eine liebliche, sanfte Weite, Schafherden und ein riesiger See! Nimmt man die Fähre über den Orumiyeh-See, sind es nur 150 Kilometer von Orumiyeh in die Millionenstadt Tabriz. Aber diese Option gibt es für mich nicht, schließlich will ich aus eigener Kraft vom tiefsten zum höchsten Punkt der Welt gelangen. Also muss ich in den sauren Apfel beißen und den See nördlich umfahren, was die Strecke um 100 Kilometer verlängert. Ich radle auf Nebenstraßen durch winzige Dörfer. So schlicht und schmucklos sie auch sind, vermitteln sie doch eine sehr ursprüngliche Atmosphäre.
Seit zwei Stunden geht es mir nicht mehr aus dem Kopf. Lange kann es nicht mehr dauern. Dann, am 5. November nachmittags, ist es so weit: Ich fahre durch den unscheinbaren Ort Siofan auf eine große Straßenkreuzung zu und biege ohne anzuhalten nach rechts ab. Nun bin ich auf der Straße meiner Jugendträume, der alten Hippieroute von Amsterdam nach Indien! Zu gern wäre ich als Jugendlicher auf dem Landweg nach Asien getingelt. Nie hat sich ein günstiger Zeitpunkt ergeben, die Sehnsucht ist geblieben. Jetzt, nach mehr als dreißig Jahren, kann ich endlich meinen alten Traum leben – mit dem Fahrrad, viel spektakulärer und intensiver, als ich es je vorhatte. Von Hippieromantik ist hier allerdings nicht viel zu spüren, alles erstickt unter

den Abgasen der unzähligen Lkws, die knapp an mir vorbeidonnern. Besonders in den Steigungen, wo ich selbst stärker atmen muss, bekomme ich diese schwarzen Wolken voll ab.
Bei Einbruch der Dunkelheit sehe ich eine breite, schnurgerade Straße vor mir – die Einfahrt in die Millionenstadt Tabriz. Ein furchterregendes Bild: Tausende Autos kämpfen mit haarsträubenden Manövern um einige Zentimeter Bodengewinn im Stau. Wie soll ich diesen Großstadtwahnsinn auf dem Fahrrad überleben? Wie soll ich da je durchkommen? Die Fahrzeuge kleben förmlich aneinander in einem Meer von Stillstand. Ich rolle auf das Stauende zu und kann es nicht fassen. Die Autos pressen sich noch enger an ihre Nachbarn heran und machen für mich, wie für ein Einsatzfahrzeug, einen Korridor frei, auf dem ich ziemlich problemlos ins Zentrum radeln kann. Uralte Gemäuer, orientalisches Basartreiben inmitten eines hochmodernen Warenangebots – die Iraner haben den Schritt ins 21. Jahrhundert problemlos geschafft, ohne ihren ursprünglichen Lebensstil und ihre Tradition aufzugeben. Noch viel deutlicher wird dies in dem kleinen Dörfchen Kandovan, dem Kappadokien des Iran. Wie im wesentlich bekannteren türkischen Pendant ist hier der Berg von unzähligen Höhlen durchzogen, in denen die Menschen schon seit Jahrhunderten ihre Behausungen eingerichtet haben. In Kappadokien siedeln die Menschen bereits in modernen Häusern, die alten Höhlenwohnungen dienen allenfalls noch als Stallungen oder Abstellräume. In Kandovan ist das noch ganz anders. Dort hat kaum jemand seine Höhle aufgegeben, dafür hat die Moderne Einzug gehalten in den urzeitlichen Behausungen: Fernsehantennen zieren die Felswände, in manchen dieser chic eingerichteten Wohnungen kann man auch im Internet surfen. Sogar die Arztpraxis ist in einer dieser Höhlen untergebracht.
Die Straße hinter Tabriz klettert auf über 2000 Meter hinauf in die Schigebiete der Millionenstadt. Von dort führt mich eine klirrend kalte Abfahrt in das hoch gelegene Städtchen Bostanabad. Hier gibt es ein einfaches Hotel, das einzige auf einer Strecke von 180 Kilometern. Also bleibe ich über Nacht. Als ich am nächsten Morgen aus dem Fenster schaue, traue ich meinen Augen nicht. Es hat geschneit, der Himmel ist verhangen. Der weiße Zauber findet nur wenig Wohlgefallen bei mir. Lange drücke ich mich um den Aufbruch herum. Schließlich siegt die Einsicht, dass dies ein verfrühter Wintereinbruch sein und es in den nächsten Wochen erst so richtig deftig auf den Straßen werden könnte. Ich lege alle verfügbaren Kleiderschichten an, ehe ich

mich auf das glitschige Asphaltband hinauswage. Dichter Schneefall, keine Sicht, rutschiger Belag, bald fahre ich auf fünf Zentimeter tiefem Schnee. Der vorbeifahrende Schwerverkehr kleistert mein Gesicht mit schmutzigen Schneebatzen zu. Im kleinen Dorf Tikme Dash rette ich mich nach nur 19 Kilometern halb erfroren in die Tankstelle. Reza, der Tankwart, bewirtet mich mit heißem Tee und bietet mir an, in seinem Haus zu übernachten. Meine Lebensgeister kehren am kleinen Ofen jedoch schnell wieder zurück und als es am frühen Nachmittag ein bisschen aufklart, sitze ich wieder auf meinem Drahtesel und schaffe tatsächlich noch vor Einbruch der Dunkelheit die restlichen 90 Kilometer bis Miyaneh. Es ist eine Fahrt aus dem Winter in den Frühling – die Stadt liegt tief unten in der Talebene.

Das Wetter hat sich endlich für mich entschieden, nur der Wind bleibt stur und bläst mir erbarmungslos auf meinem Weg nach Osten ins Gesicht. Bei herrlichem Sonnenschein radle ich durch eine bezaubernde Tallandschaft mit idyllischen Dörfern, die noch nie einen Winter gesehen haben. Das Grau-Weiß der Bergwelt wird von einer prächtigen Farbenvielfalt abgelöst. Nun verlasse ich so häufig wie möglich die abgasbeladene Hauptverkehrsroute. Kleine Straßen, erdige Feldwege – es geht langsam voran, doch das Radeln ist das reine Vergnügen. Setze ich mich an den Straßenrand und esse ein paar Kekse, so hält jeder Vorbeikommende an und plaudert einige Worte mit mir. Ein paar Brocken Farsi habe ich mir dabei schon angeeignet. Viele wollen mich zum Tee oder zum Essen einladen. Würde ich jeder Einladung folgen, käme ich auf keine 20 Kilometer pro Tag.

Auf einem einsamen Hochplateau erreiche ich Buin Zahra, ein kleines, unbedeutendes Städtchen. Hotels gibt es im Iran kaum außerhalb der großen Städte, aber diese kleinen Mozaferkhuneh, Unterkünfte für durchreisende Iraner mit einfachsten Zimmern oder Schlafsälen und einem Gemeinschaftsbad, findet man doch immer wieder. Ein winziger Laden nahe meiner Unterkunft verspricht Essbares, mein Leeregefühl im Magen zieht mich hinein. Hier, wie auch in allen anderen kleinen Orten, folgen Einkäufe immer dem gleichen Muster. Zuerst werde ich zum Tee eingeladen, dann macht die Kunde vom fremden Besuch die Runde und immer mehr Menschen strömen in das Geschäft. Englischsprechende werden aufgetrieben und dann wird bis in den späten Abend geplaudert. Irgendwann erinnere ich mich schließlich daran, dass ich eigentlich einkaufen wollte. Wenn ich dann nicht schon satt von all den Leckereien bin, die mir im Lauf des Abends angeboten wurden, kaufe

Lotfollah-Moschee in Esfahan

Höhlenwohnungen in den Felsen von Kandovan

ich noch einige Kekse oder Ähnliches und ziehe mich in mein einfaches Lager zurück.
Die kalten Tage scheinen vorbei zu sein. Teheran ist nahe, doch dem Verkehrsgewühl der 14-Millionen-Metropole will ich mit allen Mitteln entgehen. Ich umfahre die Hauptstadt im Süden. Auf einsamen Straßen geht es bei Sonnenschein dahin. Hier könnte ich richtig Tempo machen, stattdessen genieße ich das gemütliche Dahinradeln, ungestört von vorbeibrausenden Lkws. Am 13. November erreiche ich Qom, einen der heiligsten Orte der Schiiten. Der kunstvolle Schrein mit dem Grab der Fatima und Tausende Pilger prägen das Stadtbild. Nirgends habe ich so viele Mullahs an einem Platz gesehen wie hier. Die Allgegenwart der Religion ist überall zu spüren, tut aber der freundlichen Atmosphäre keinen Abbruch. Immer wieder sprechen mich Iraner an. Sie würden gern nach Europa reisen, nur um es zu sehen, nicht um dort zu leben. „Wie ist es in deinem Land?", fragen sie mich. Leider muss ich ihnen sagen, dass sie dort wohl nicht so gastfreundlich aufgenommen werden wie ich bei ihnen, dass es oft auch weit weniger sicher und friedlich zugeht wie hier. Eigentlich ist es traurig, was ich über meine Heimat sagen muss. Aber mal ehrlich: Wo kann ein Iraner in unseren Landen derartige Herzlichkeit und Gastfreundschaft erwarten, wie ich sie hier erlebe? Welche Ignoranz und Überheblichkeit des Westens, diese Menschen auf der „Achse des Bösen" anzusiedeln.

Urlaub im Urlaub – das ist meine Devise für die nächsten Tage. Teheran habe ich mit dem Fahrrad lieber ausgelassen. Sehen will ich es aber doch. Mit dem Bus fahre ich in die Hauptstadt und schlendere über die breiten Boulevards. Ich komme am Büro der nationalen Fluglinie vorbei, irgendetwas zieht mich hinein. Auch Schiraz, weit ab von meiner Route, wäre eine Reise wert. Alles ausgebucht für die nächsten Tage! Nein, es gibt doch noch einen Platz! Die Maschine hebt in zweieinhalb Stunden ab. Da kommt Leben in meine matten Glieder. Im Laufschritt geht es hurtig zur nächsten Bank, um einige Millionen Rial in die Taschen zu bekommen – kein leichtes Unterfangen in einem Land, wo man sein Geld nicht aus dem Automaten ziehen kann und jede Transaktion mit Tonnen von Papier dokumentiert werden muss. Zurück ins Flugbüro, das Ticket holen, Slalomfahrt im Taxi durch das Verkehrsgewühl zum Mehrabad Airport; jetzt kommt mir die Raserei gelegen. Wenig später lande ich im verregneten Schiraz. Natürlich führt mich am nächsten Tag

mein erster Weg in die berühmte Ruinenstadt Persepolis, Zentrum einer längst vergangenen Welt. Cyrus der Große, Darius I., Xerxes I. – von hier aus erstreckte sich ihre Herrschaft vor 2500 Jahren bis in die letzten Winkel der zivilisierten Welt. Die großartigen Reliefs der Apadana erzählen faszinierende Geschichten aus dem persischen Weltreich.
Unweit der verlassenen Metropole liegt Naqsh-e-Rostam, die Totenstätte der großen Achämeniden-Herrscher. Kunstvoll in den Fels gemeißelte Gräber und Reliefs werden immer an die Vergänglichkeit dieses ersten großen Weltreiches erinnern.
Am nächsten Tag kehre ich nach Teheran zurück und flüchte schnell aus der Hektik der Großstadt ins ruhigere Qom, wo ich mein Rad deponiert habe.
Die Fahrt nach Kaschan ist vergnüglich – keine Steigungen, den Wind im Rücken, dem Winter bin ich nun endgültig entkommen. Entspannt schlendere ich durch die kleine Stadt und entdecke kunstvoll gestaltete Bürgerhäuser einst reicher Familien. Sie sind sicher einen Besuch wert, doch kaum ein Fremder besucht sie, kaum einer hält hier an. An der Lehmziegelbauweise der einfachen Häuser erkenne ich, dass ich in eine neue Welt gekommen bin – die Wüste. Während der nächsten Wochen werde ich immer am Rand der großen iranischen Wüsten radeln.
Natanz liegt am Fuß fast 4000 Meter hoher Berge. Meine Beine bekommen diese Traumlage auch kräftig zu spüren, ich muss aus der Ebene auf knapp 2000 Meter hinaufstrampeln – und das mit vielen Abfahrten und Gegensteigungen.
Dafür gönne ich mir gleich zwei Ruhetage. Knapp 140 Kilometer trennen mich noch von der Perle des Iran – Esfahan. Die Stadt liegt nicht auf meiner Strecke zum Mount Everest, doch auslassen will ich ihre Pracht ganz sicher nicht. Das würde ich ewig bereuen. Und für solch aktive Ruhetage habe ich ja zuvor Kilometer gefressen. Die Fahrt im Savari, einer Art Sammeltaxi, wird zur Grenzerfahrung der eigenen Art. Eine kurvenreiche Landstraße durch kleine Dörfer, spielende Kinder, frei laufende Tiere vor uns auf der Straße, trotzdem legen wir 135 Kilometer in sagenhaften 55 Minuten zurück. Ich klammere mich am Sitz fest und versuche einen gelassenen Eindruck zu erwecken, während meine Ohren vom Dauerton der Hupe dröhnen. Trotzdem hat sich die Fahrt nach Esfahan gelohnt: Nirgends auf der Welt habe ich islamische Kunst in derartiger Vollendung gesehen! In der Stadt gibt es viele junge Menschen, die gut Englisch sprechen. Endlich kann ich ohne Sprachbar-

rieren kommunizieren – es entstehen lange und offene Gespräche. Manch einer übt offene Kritik an den Regierenden, doch keiner will weg von hier, sie empfinden ihre Heimat als ein lebenswertes Land, das sie mit keinem anderen eintauschen würden.

Trotz der Herrlichkeiten Esfahans bin ich froh, wieder im Sattel zu sitzen. Alles spricht für mich: die zunehmende Wärme, der beständige Rückenwind, der abnehmende Schwerverkehr. Im regelmäßigen 100-Kilometer-Takt findet man hier kleine Städte, die zum angenehmen Verweilen laden – ideale Tagesetappen, die ich bei diesen optimalen Verhältnissen meist schon zur Mittagszeit bewältigt habe. So habe ich genug Zeit, in das Leben dieser Kleinstädte einzutauchen. Es sind Orte, die kaum Fremde zu Gesicht bekommen. In komfortablen Überlandbussen fahren die Touristen in wenigen Stunden von Teheran nach Esfahan, dann nach Schiraz und Yazd, das Leben jenseits der weltbekannten Prachtbauten bleibt ihnen verborgen. Jede dieser kleinen Städte ist ein Kleinod iranischer Kultur, keine ähnelt der anderen, jede besticht durch architektonische Besonderheiten, sehenswerte Moscheen und Altstadtgassen – und durch Ursprünglichkeit.

In Esfahan habe ich erstmals in diesem Land Ansichtskarten gesehen und gleich einen ganzen Stapel davon erworben. In Ardestan gehe ich mit meinen Ansichtskarten auf die Post, um sie aufzugeben. Wortloses Staunen bei der Postcrew. Die ganze Belegschaft läuft zusammen und bewundert die schönen Fotos des Kartenstapels. Die Menschen bedanken sich bei mir, dass ich ihnen so schöne Bilder zeige, und bieten mir ein Kuvert an, damit ich diese wertvollen Stücke nicht ungeschützt herumtragen muss. Dabei will ich sie doch nur verschicken! Aber wie mache ich dies der Belegschaft klar? Mein Farsi steckt noch nicht einmal in den Kinderschuhen. Französisch, die Weltsprache der Post, das könnte die Rettung sein! Timbres! Okay? Das klappt. Aus einem Ordner werden die Tarife für Österreich und Deutschland herausgesucht. 1000 Rial, das sind 9 Cent, das klingt verdächtig niedrig. Hoffentlich ist der Schrieb nicht veraltet. Ich bekomme meine Marken, klebe sie auf die Karten und zeige mit den Händen, dass es nun ans Stempeln geht. Ja, richtig, die Postler nicken, irgendwo gab es doch auch einen Stempel. Aber wo? Als er schließlich gefunden wird, entpuppt er sich als völlig abgewetzt und hinterlässt nur noch Kreise auf den Ansichtskarten. Wir scherzen und obwohl keiner die Sprache des anderen versteht, ist die Atmosphäre total entspannt. Werden diese Dinger wohl je meine Heimat sehen? Eine Woche später durchforste ich in einem Internet-Café meine E-Mails. Eine Menge Zuschriften habe ich erhalten, und alle bedanken sich für die schönen Karten aus dem Iran.

Rekordverdächtige 181 Kilometer führen mich von Na'in in die berühmte Wüstenstadt Yazd. Bei Einbruch der Dunkelheit komme ich an und steuere gleich die bekannte Backpacker-Unterkunft Silk Road Hotel an.

Kaum schiebe ich müde mein Rad in den pittoresken Innenhof, werde ich auch schon von Dirk und Helmut angesprochen. Das Treffen ist nicht ganz zufällig, Dirk und ich haben vor unser beider Abreise mehrmals miteinander telefoniert. Dass es allerdings so prompt mit einem Treffen klappt, damit war nicht zu rechnen.

Dirk war nun auch sieben Wochen mit dem Rad in der Türkei und im Iran unterwegs gewesen: 2500 Kilometer von Kayseri bis Esfahan. Dirk ist Diabetiker, genau wie ich. Doch was seine Tour einzigartig macht: Dirk ist seit elf Jahren blind! Mit einem erfahrenen Radfahrer hat er am Tandem diese enorme und teils schwierige Strecke zurückgelegt, unterwegs haben sie meistens irgendwo wild campiert. Nun verbringt er noch drei Wochen ohne Rad als Rucksacktourist mit seinem Freund Helmut im Iran und sieht sich die kulturellen Highlights dieses faszinierenden Landes an. Sieht sich an – als Blinder? Ja, auch Dirk „sieht" die Plätze, die er besucht. Ob seine Bilder von diesen Plätzen ähnlich sind wie meine, das werden wir wohl nie genau wissen. Die Empfindungen und Erfahrungen an den Orten, die wir beide besucht haben, ähneln sich aber sehr. Dirk genießt den Iran in vollen Zügen, das stete Lächeln auf seinem Gesicht ist das beste Zeugnis dafür.

Jahrhundertelang gab es entlang der Seidenstraße so etwa alle 30 Kilometer eine Karawanserei, die Durchreisenden einen Platz zum Schlafen bot. Die meisten von ihnen sind heute verfallen oder dienen nur noch als Stallungen. Einige wenige sind aber in ihrer alten Funktion erhalten geblieben. Ich verlasse mich darauf, in einer Karawanserei 60 Kilometer südlich von Yazd übernachten zu können, doch das erweist sich als Fehlanzeige. Also muss ich weiter, die Nacht bricht bereits herein. Ich fühle mich nicht recht wohl, in der Dunkelheit könnte mich leicht einer der vorbeidonnernden Lkws übersehen. Wo mag wohl der nächste Ort sein?

Da plötzlich eine Ansammlung von Hunderten Fahrzeugen, buntes Treiben – ein Heiligtum, eine Moschee mitten in der Wüste, umgeben von Geschäften und Gasthäusern! Als ich etwas verloren mit meinem Fahrrad auf diesem heiligen Platz herumstehe, kommt einer der Verantwortlichen, führt mich in die gut beheizte Moschee und meint, ich könne hier ruhig auf den Teppichen schlafen. Ich bleibe nicht der Einzige, der diese Nacht in der Moschee verbringt. Sie ist trotz der vielen Menschen ein Ort des Friedens und der Andacht – und eben auch der Gastfreundschaft.

Die nächsten Tage verbringe ich einmal mehr mit Kilometerfressen. Stundenlang trete ich in die Pedale, sehe nichts als das schwarze Asphaltband, das sich schnurgerade durch die Wüste zieht, und versinke in Träumereien. Dann und wann werde ich durch Grüße und Zurufe von Vorbeifahrenden in die Wirklichkeit zurückgeholt. Ich fahre vorüber an einfachen Gehöften aus Lehmziegeln und an schneebedeckten Gipfeln, die hoch über dem heißen Wüstenboden aufragen.

In Mahan schlendere ich durch prachtvolle Gärten zum Schloss Bagh-e-Shahzade. Sie sind eine unwirklich grüne Insel inmitten der kargen Wüstenlandschaft und ich fühle mich wie nach Frankreich oder Süddeutschland versetzt.

Hier in Mahan bemerke ich erstmals, dass sich just an der Stelle, wo ich am Sattel aufsitze, ein Abszess gebildet hat. Ich besorge mir eine Creme und Desinfektionsmittel, am nächsten Tag sitze ich wieder auf dem Rad. 168 lange und nicht gerade schmerzfreie Kilometer führen mich über ein Hochplateau. Bei der Abfahrt bläst mir starker Wind entgegen, sodass ich selbst im Gefälle stark treten muss. Es wird finster, gerade als ich die Stadt Bam erreiche.

Breite, stolze Boulevards, mit Palmen am Mittelstreifen, dichter Abendverkehr, wie man ihn in einer 120.000-Einwohner-Stadt erwarten muss. Doch es fehlt etwas, die Straßen sind unbeleuchtet, geisterhaft huschen die Menschen durch die Dunkelheit. Einige sitzen am Straßenrand und wärmen sich an einem Feuer, das aus einem Blechbehälter lodert. Und es fehlt noch etwas! Es gibt keine Häuser. Am 26. Dezember 2003 hat hier mitten in der Stadt die Erde gebebt und fast die Hälfte der Bevölkerung, etwa 40.000 Menschen, in den Tod gerissen. Es gibt kaum eine Familie, die damals keinen Angehörigen verloren hat. Das Elend der Menschen aus Bam ist nach weniger als zwei Jahren in Vergessenheit geraten. Andere Katastrophen haben es aus dem Bewusstsein der Menschheit verdrängt.

Nur selten sieht man ein Haus, das stehen geblieben ist – und diese wenigen Erinnerungsstücke an bessere Tage dürfen wegen der Einsturzgefahr nicht betreten werden, sie warten auf den Abriss. Auch der Besuch der berühmten

Zitadelle Arg-e Bam bietet ein Bild der Zerstörung – kein Stein ist auf dem anderen geblieben. Es gibt nur einen Platz, an dem man in dieser Stadt übernachten kann: bei Akbar, der mit Containerteilen sein zerstörtes Guesthouse notdürftig ersetzt hat.
Doch das Leben ist zurückgekehrt in diese zerstörte Stadt. Sie hat Arbeitskräfte aus dem ganzen Land angezogen, die hier im Baugewerbe Arbeit finden und täglich am Neuaufbau der Stadt arbeiten. Doch es gibt noch keine fertigen Häuser. Das Leben spielt sich in Containern ab. Die Menschen leben darin, die Geschäfte sind darin untergebracht, selbst Banken. Es gibt sogar eine kleine Shopping-Mall aus Containern. Trotzdem werden die Menschen von Bam noch viele Jahre benötigen, bis sie wieder ein normales, menschenwürdiges Dasein führen können, ganz abgesehen von der Tragödie um den Verlust geliebter Menschen.

Tagelang bin ich am Rand der Wüste dahingeradelt, nun bin ich mittendrin. 340 Wüstenkilometer liegen vor mir. Menschenleer, keine Vegetation, kein Wasser, wo werde ich bleiben? Nach 112 Kilometern sehe ich ein Haus, eine einsame Polizeistation. Die Polizisten nehmen mich freundlich auf, lassen mich im Gebetsraum schlafen, bewirten mich. Lange sitze ich am Abend im Freien und betrachte den Sternenhimmel, der nur in der Wüste so großartig sein kann.
Am nächsten Tag erreiche ich nach etwa einer Stunde die Grenze zur Provinz Belutschistan. Da es hier keine Dörfer gibt, bemerke ich noch nicht, dass ich in eine andere Welt gekommen bin. Die Kolonialmächte haben hier, wie überall in der Welt, ethnische Zugehörigkeiten völlig ignoriert, sodass die Belutschen heute keinen eigenen Staat haben, sondern zum größten Teil in Pakistan leben, aber auch im Iran und in Afghanistan. Die Belutschen haben das Problem der nationalen Identität auf ihre Weise geregelt. In ihrem Gebiet herrscht Stammesrecht, die Regierungen in Islamabad, Teheran und Kabul haben dort nichts zu melden.
Immer wieder halten Autofahrer neben mir und bieten mir an, mich in ihrem Fahrzeug in die nächste Stadt mitzunehmen. Es sei viel zu gefährlich, hier allein mit dem Rad unterwegs zu sein. Mit den Händen deuten sie an, man werde mir die Kehle durchschneiden. Ich nehme diese Warnungen nicht ernst, ich will weiterradeln. Schließlich bin ich im Iran, dem neben Island sichersten Land, das ich je bereist habe! Als ich bei einem langen Anstieg in die Dun-

kelheit komme, wird mir doch ein wenig mulmig. Durchhalten! Da hält ein Fahrzeug vor mir, mehrere Männer springen heraus und laufen auf mich zu. Jetzt wird es unangenehm, schießt es mir durch den Kopf. Wird es auch, aber anders als ich denke! Es sind Polizisten, die nicht zulassen wollen, dass ich hier nächtens weiterradle und abgemurkst werden könnte. Unwirsch befehlen sie mir, mein Rad auf der Ladefläche zu verstauen und sie ins 20 Kilometer entfernte Nosratabad zu begleiten. Zähneknirschend folge ich ihren Anweisungen. Was bleibt mir übrig? In einer Art Abstellkammer im hermetisch abgesicherten Polizeiquartier lassen sie mich schlafen. Keine Möglichkeit zur Hygiene, ich spüre, dass es mit meinem Abszess immer schlechter wird.
Am nächsten Morgen muss ich erstmal wieder zu dem Ort zurückkehren, wo mich die Polizei gestern aufgelesen hat. Das klingt vielleicht nach Fanatismus, aber ich will tatsächlich jeden Meter auf meinem Weg vom tiefsten bis zum höchsten Punkt der Erde aus eigener Kraft zurücklegen! Anfangs will mir die Polizei selbst am Tag eine Eskorte mitgeben, aber nach einigen Diskussionen kann ich sie erfolgreich abwimmeln.
Die Wüstenlandschaft ist gebirgig und bizarr, Felsformationen in verschiedensten Farbschattierungen begleiten mich, durchbrochen von tief eingeschnittenen Canyons. Doch meine Genussfähigkeit ist ziemlich reduziert. Die Fahrt wird schmerzhaft, der Abszess ist offen.
Am späten Nachmittag erreiche ich Zahedan, eine riesige Stadt mitten in der Wüste Belutschistans, fernab der kulturellen Zentren des Iran. Sehenswertes sucht man hier vergeblich und die englische Sprache scheint völlig unbekannt zu sein. Wissend, dass ich für meinen Abszess medizinische Betreuung und Hygiene benötigen werde, nehme ich ein besseres Zimmer mit eigener Dusche.
Die Nacht wird zum Albtraum. In jeder Lage Schmerzen, nur humpelnd kann ich mich noch fortbewegen. An Schlaf ist nicht zu denken. Schwarze Gedanken kreisen in meinem Kopf. Ich weiß, dass ich unters Messer muss. Aufgeben und nach Hause reisen? Das wäre sicher das Vernünftigste, aber nein, das will ich einfach nicht akzeptieren. Hier im letzten Eck des Iran, mitten in der Wüste, in den OP? Kalt läuft es mir bei diesem Gedanken den Rücken hinunter!
Im einzigen Luxushotel der Stadt, unerschwinglich für mich, gibt es zwei Praktikantinnen aus dem Norden, die Englisch sprechen. Sie bitte ich um Hilfe, mir den Weg zu einem guten Spital zu erklären. Ortsunkundig, aber

hilfsbereit fragen sie sich durch. Zunächst lande ich in der Gebärklinik. Nach Stunden finde ich endlich ein öffentliches Spital. Mir dreht es den Magen um. Hier sieht es aus wie auf einem indischen Busbahnhof, die Toiletten nicht besser. Eine Chirurgin, verschleiert, untersucht mich an den intimsten Körperstellen und kommt zum erwarteten Ergebnis – Operation! Auf Farsi vereinbaren wir einen Operationstermin für den nächsten Tag. Ob das die richtige Entscheidung war, die Tour zu retten, werde ich erst später wissen.
Morgens werde ich im Spital aufgenommen. Ein junger Belutsche teilt das Krankenzimmer mit mir, seine Großfamilie ist auf Dauerbesuch. Für Untersuchungen muss ich das Zimmer immer wieder verlassen. Bei meiner Rückkehr liegt die halbe Familie in meinem Bett. Freundlich und zuvorkommend springen sie auf, machen mir Platz, damit ich ungestört ruhen kann. Ich muss lachen, hier ist wirklich eine andere Welt.
Zu Mittag komme ich in den OP, es gibt kein Einwegbesteck, aber alles ist sauber ausgewaschen. Die Chirurgin im schwarzen Schleier macht ihre Sache gut und auf mein Drängen kann ich das Krankenhaus bald mit einigen Schachteln Antibiotika verlassen. Die Wunde ist stark infiziert, sie kann nicht genäht werden und bleibt offen. Täglich wird sie ambulant versorgt. Noch weiß ich nicht, wann ich wieder aufs Rad steigen kann. Niemand kann mir etwas sagen, mein Farsi ist an seine Grenzen gestoßen. Ich will nicht zu früh aufbrechen, nichts riskieren, schließlich stehe ich noch vor großen Herausforderungen. Zudem habe ich mir einen guten Zeitvorsprung herausgeradelt, bin derzeit bei 4040 Kilometern, etwa der Hälfte der Radstrecke. Die Tage verrinnen, ich bleibe untätig in der Stadt und bin dankbar, dass das iranische Fernsehen täglich europäische Fußballübertragungen sendet.
Die Tage des Stillstands haben auch ihr Gutes. Täglich kann ich nun mit meiner Freundin Sylvia telefonieren und die Einzelheiten für die nächsten Wochen und Monate abklären. Perfekt hält sie die Fäden von Wien aus in der Hand und trifft alle nötigen Arrangements mit dem Expeditionsveranstalter Alpine Ascents, dem ich mich für die Besteigung des Mount Everest angeschlossen habe. Mir bleibt nur die Aufgabe, heil mit dem Rad und zu Fuß zur Basis des Mount Everest zu gelangen.
Ali, mein iranischer Freund aus Wien, tritt nun auch auf den Plan. In stundenlangen Telefonaten mit seiner Heimat organisiert er eine optimale Nachbehandlung für meine Operationswunde. Kurzerhand fliege ich nach Teheran und wohne dort in Alis leer stehender Wohnung. Sein Cousin Amir lässt

mir jede Hilfe zuteilwerden, um in dieser riesigen und unübersichtlichen Stadt zurechtzukommen. Nicht zuletzt führt er mich auch an die Plätze, die ich mit öffentlichen Verkehrsmitteln kaum erreichen kann. Ich habe mich in die Behandlung von Dr. Ansari, dem Vertrauensarzt der österreichischen Botschaft begeben, gemeinsam mit einem Chirurgen wird meine Wunde von ihm weiterbehandelt. Es wird täglich besser und ich hoffe, dass ich nächste Woche weiterfahren kann. Dr. Ansari weiß, dass ich in den nächsten Wochen durch eines der entlegensten Gebiete der Welt radeln werde. Von ihm erfahre ich, wie ich meine offene Wunde auf natürliche Weise auch im medizinischen Niemandsland weiter versorgen kann.
Am 19. Dezember fliege ich zurück nach Zahedan, am nächsten Morgen sitze ich wieder auf dem Rad. Mein Gepäck ist mittlerweile mächtig angewachsen. Etliche Packungen Babywindeln, jene für die großen Dicken bis 25 Kilogramm, und eine riesige Schüssel, in der ich täglich die verordneten Salzwasserbäder durchführen soll, sind hoch aufgetürmt über meine Radtaschen geschnallt. Unsicherheit begleitet mich. Werde ich die notwendigen hygienischen Bedingungen in der Wüste Belutschistans finden?

GASTFREUNDSCHAFT IM SCHATTEN DER WELTPOLITIK – PAKISTAN

Einen besseren Wiedereinstieg hätte ich mir nicht wünschen können. Stetig geht es bergab und schon nach drei Stunden erreiche ich die pakistanische Grenze.
Als ich mein Rad aus dem Grenzbereich herausschiebe, sehe ich neben den vielen Belutschen einen, der so ganz anders aussieht. Es ist Markus aus Deutschland, seit fünfzehn Monaten ist er mit dem Fahrrad unterwegs. Sein Gefährt hat er bereits auf dem Dach des Busses nach Quetta festgemacht. So gut wie kein Radfahrer fährt durch diesen Teil Belutschistans, die Strecke gilt als viel zu gefährlich. Freudig winkt er mir zu. Wir könnten gemeinsam im Bus nach Quetta fahren! – Nein, tut mir leid, so habe ich mir das nicht vorgestellt. Als er merkt, dass ich in jedem Fall weiterradeln will, lädt er kurzerhand sein Fahrrad wieder vom Bus herab und schließt sich mir an. Nun sind wir zu zweit unterwegs, für mich ist das wie ein vorgezogenes Weihnachtsgeschenk! Die Nacht verbringen wir im Grenzdorf Taftan und begreifen, dass wir nun wirklich im urtümlichen Asien angekommen sind.

In einem kleinen Gästehaus finden wir Unterschlupf. Gäste huschen mit Kalaschnikows über die Gänge, doch niemand will uns ans Leder. Überall werden wir freundlich aufgenommen, überall sind wir Mittelpunkt – plaudern, Späße, gute Laune, endlich können wir mit unseren Englischkenntnissen wieder etwas anfangen.

Am nächsten Tag folgt eine mächtige Etappe von 130 Kilometern, bis wir das erste Dorf erreichen: Nok Kundi. Hier in der Wüste Belutschistans gibt es kaum Siedlungen, nur etwa alle 100 Kilometer eine kleine Oase, einige Hütten, einige kleine Läden, ein Platz, wo wir und die zahlreichen Trucker eine warme Mahlzeit bekommen. Die alten Karawansereien, die alle 30 Kilometer im Rhythmus der Tagesetappen von Kamelen am Straßenrand auftauchen, sind meist dem Verfall preisgegeben. Die Straße wird schmal, oft ist sie unter dem Wüstensand begraben und doch sind wir auch in dieser einsamen Gegend noch immer auf der Hauptverbindungsroute zwischen Europa und Asien.

Die Berge sind in zauberhaftes Abendrot gehüllt. Wenig später ist es Nacht, ein unglaublicher Sternenhimmel leuchtet über der Wüste Belutschistans. Wir sitzen am Boden einer der wenigen Hütten, die hier zu finden sind, essen Chapati wie jeden Abend und bestaunen die Trucks, die hier Stopp machen – es sind fahrende Lichtspiele. Wir trinken mit den Fahrern Tee, plaudern und genießen es, an diesem abgeschiedenen Ort sein zu dürfen.

Habe ich nicht ein großes Projekt vor? Ist da nicht ein Zeitplan? Will ich nicht auf den Everest? All das ist hier weit weg. Hier gibt es nur das Heute. Selbst Quetta, die Hauptstadt Belutschistans, ist unendlich weit weg. Die nächsten Stunden? Nichts ist vorhersehbar. Hier in der Wüste bin ich reduziert auf das Wesentliche. Wo werde ich schlafen? Wo bekomme ich etwas zu essen? Gibt es Wasser? Und genau dieses Leben an der Basis ist Faszination pur – der Weg zum Everest Ziel lang gehegter Lebensträume.

Am folgenden Tag erreichen wir die Oase Yak Mach. In diesem Ort soll es ein staatliches Guesthouse geben, wir können es kaum glauben. Die freundlichen Bewohner führen uns zu einem verlassen wirkenden Gebäude. Die Tür steht offen. Wir betreten den Raum und müssen erstmal tief durchatmen. In dem Zimmer befinden sich einige Bettgestelle, von denen nur eines noch auf vier Beinen steht. An die Wand gelehnt sehen wir einige Matratzen, bedeckt vom Staub der Monate und Jahre. Spinnweben bilden die einzige künstlerische Ausgestaltung in diesen kargen Räumlichkeiten. Ein Nebenraum ohne Türen dürfte einmal die Funktion eines Badezimmers erfüllt haben – vor langer Zeit. Wasseranschlüsse gibt es hier keine mehr, die Toilette ist von einem Berg von Brettern und Balken bedeckt. Zu unserer Überraschung erscheint bald der Verwalter und Hausmeister dieser Herberge, ein sympathischer Belutsche, der uns sogar mit einem Gästebuch willkommen heißt. Er zeigt uns die Wasserstelle auf dem Areal und meint, wir sollen es uns gemütlich machen. Wir müssen lächeln. Dann packen wir eine der riesigen Matratzen und hieven sie vorsichtig auf das einzige funktionstüchtige Bettgestell. Nur ja nicht schütteln, sonst würden wir in einer Wolke aus Staub versinken. Die wenig einladenden Flecken auf der Matratze bremsen unsere Vorfreude auf ein wohliges Nickerchen. Markus breitet seine Zeltunterlage über unsere Schlafstelle, erst dann wagen wir es, unsere Schlafsäcke mit dem Bett in Berührung zu bringen. Schließlich verstauen wir noch unsere Räder und unser Gepäck in diesem kargen Raum, verschließen ihn mit unserem Vorhängeschloss und machen uns auf den Weg, die kleine Oase zu erkunden.

Was wird nicht alles geschrieben über die Strecke Taftan – Quetta. Angeblich kann man sie kaum überleben. Tatsache ist, dass sich die Belutschen nicht wirklich als Pakistanis fühlen. In dieser Gegend gilt das Stammesrecht, sonst nichts. Das heißt aber nicht, dass es Gästen deshalb schlecht ergeht. Im Gegenteil: Extrem liebenswert und gastfreundlich sind die Menschen dieser Region. Die meisten Belutschen sehen zum Fürchten wild aus, doch wenn sie näher kommen, verzieht sich ihr Mund, ein warmherziges Lächeln wird unter den wild wallenden Bärten sichtbar, Augenblicke später sind wir zum Tee oder zum Essen eingeladen.

Dalbandin, etwas größer als die beiden anderen Orte, erreichen wir am 23. Dezember. Hier gibt es sogar ein Hotel – Betten, Kaltwasser und einige Stunden Strom pro Tag. Als wollten wir die Gunst der Stunde nutzen, werden Markus und ich fast synchron krank, fiebern etwas und verbringen die beiden Weihnachtstage im Hotel in Dalbandin.

Moderne Technologien erlauben es heute, über den ganzen Erdball hinweg zu kommunizieren. Besonders an Tagen wie heute fühle ich jedoch, dass dies die Trennung von meinen Lieben nicht ersetzen kann – der einzige Wermutstropfen bei diesem faszinierenden Abenteuer. Wie schön wäre es jetzt, gemeinsam mit Sylvia, meiner Mutter und meinem Sohn Markus Weihnachten zu verbringen.

26. Dezember – *on the road again*. Nach 105 Kilometern erreichen wir einige Hütten, der Ort wird Padaq genannt. Wieder findet sich ein leerer Raum, auf dessen Boden wir unsere Matten ausbreiten können.
Am nächsten Morgen sind wir gerade einmal 21 Kilometer unterwegs, als wir von zwei Belutschen auf einem Motorrad angehalten werden. Sie weisen sich als Polizisten aus. Wir müssen sofort zur nächsten Polizeistation zurückkehren. Warum? Wir haben diese doch gerade erst vor fünf Minuten passiert. Offenbar ist es vor uns entlang der Straße zu Attacken mit etlichen Toten gekommen, und nun sei die Straße für jedermann gesperrt. Später sickert durch, dass es Kämpfe zwischen Regierungstruppen und der Armee eines lokalen Stammesfürsten gewesen waren und vierzehn Menschen dabei ums Leben gekommen sind. Wir verbringen den Tag und die Nacht in dieser Ansammlung von Hütten, die Khuchaki Cha genannt wird. Die Polizisten erweisen sich als großartige Gastgeber, sie bewirten uns und öffnen ein verfallenes Haus, in dem wir schlafen können. Sogar mein obligates Salzwasserbad, nackt in meiner riesigen Plastikschüssel, können sie sittengerecht arrangieren. Morgen geht es weiter? Inshallah, so Gott will!
Gott wollte! Die Straße ist wieder frei. Wir wollen Noushki erreichen, das größte Dorf entlang der Strecke, vor dem großen Anstieg in die Berge gelegen. Die Vegetation wird reicher, die Landschaft mit aufregenden Felsformationen spektakulärer. Oase reiht sich an Oase und mit ihnen die Felder. Und da sehen wir zum ersten Mal, seit wir in Belutschistan sind, Frauen, etwa 100 Meter von der Straße entfernt. Es gibt sie also doch, eingehüllt in bodenlange Schleier! In den letzten neun Tagen haben wir in Dörfern mit wenigen Hütten verweilt und dort wohl jeden Mann kennengelernt, doch nie haben wir eine Frau gesehen. Wo waren sie? Stets in den winzigen Hütten ohne Licht? Ich weiß es bis heute nicht. Endlich wissen wir, dass es sie auch in Belutschistan gibt.
Wir sehnen den Luxus von Quetta herbei – weiche Betten, warmes Wasser, Bäckereien – und dafür nehmen wir einen extrem harten Radtag in Kauf: 144 Kilometer hinauf in die fast 2000 Meter hoch gelegene Stadt Quetta, eine Fahrt durch eine faszinierende Gebirgswüste. In der Dunkelheit kommen wir dort an, wenig später beziehen wir ein wunderschönes Zimmer.
Die Stadt ist ein einziger großer Basar. Jeder bittet uns in seinen kleinen Laden herein. Es geht nicht ums Geschäft. Sie wollen mit den Fremden plaudern, sie rufen all ihre Freunde zusammen, bewirten uns mit Tee und Kuchen, manche beschenken uns sogar.

*Die Oase Khuchaki Cha
in der Wüste Belutschistans*

Silvester verbringen wir in Quetta, und der Jahreswechsel bringt uns das, was wir uns in unserer Heimat zu dieser Zeit erwarten: Schneefall.

Am Neujahrstag starten wir hinaus in eine weiße Landschaft. Es ist bitterkalt, nach zwei Stunden ist das Getränk in meiner Flasche gefroren. Wie es wohl meinem Insulin im Rucksack ergeht? Ich will es gar nicht wissen. Eine Stunde später erreichen Markus und ich den Bolan-Pass. Dort beginnt eine 70 Kilometer lange Abfahrt in den Frühling, von 1800 Meter hinunter auf 200 Meter. In den nächsten Tagen wird die Temperatur in Quetta auf minus 15 Grad absinken. Wir sind gerade noch rechtzeitig entkommen! Der Wintereinbruch ist auch der Grund, warum wir nicht die wesentlich kürzere Route über Ziarat und Loralai genommen haben. Da geht es zum Teil ohne Asphalt auf 3000 Meter hinauf – dort wären wir im Schnee erstickt oder bestenfalls erfroren.

Unsere Strecke führt nun aus der grandiosen Bergwelt in die fruchtbare Weite der riesigen Indus-Tiefebene. Es geht stetig bergab, wir sind schnell unterwegs und können es uns erlauben, immer wieder an den Rastplätzen der Trucker anzuhalten, um mit ihnen zu plaudern und Tee zu trinken. Ihre Gefährte sind eine wahre Augenweide. Schmucküberladen rollen die Könige der Straße durchs Land und bieten ein farbenfrohes Schauspiel, das von allen bewundert wird.

Nach 170 Kilometern, knapp vor der Stadt Sibi, nimmt uns die Polizei in Empfang und beordert uns ins Kommissariat. Unmengen von Papier werden beschrieben und wir wissen nicht einmal womit. Für die nächsten Tage kommen wir nicht mehr los von den Polizisten. Anfangs tauchen sie nur sporadisch auf. Sie wollen, dass wir unsere Räder auf ihre Pick-ups laden und mit ihnen zur nächsten Polizeistation kommen, wo uns der nächste Pick-up übernehmen soll. Doch das ist so gar nicht nach unserem Sinn und wir bestehen darauf, weiter auf unseren Rädern durchs Land zu fahren. Wir können uns zwar durchsetzen, aber nicht verhindern, dass immer wieder die Polizei auftaucht und uns manchmal sogar ganze Tage lang eskortiert. Machen wir Pause, steigen sie aus und setzen sich mit ihren Kalaschnikows schützend neben uns hin. „Wovor wollt ihr uns schützen? Vor diesen freundlichen Menschen?“, frage ich die Polizisten. Sie sind freundlich, aber stur. Sie müssen ihren Anweisungen von oben Folge leisten und meinen, nur so unsere Sicherheit garantieren zu können – Anweisungen aus dem fernen Islamabad. Zunächst versuchen wir, die Polizeipräsenz zu ignorieren, und halten an den Plätzen, die uns gefallen, plaudern mit den Menschen, die uns dort begegnen, aber es kann keine entspannte Atmosphäre aufkommen, wenn man ständig

in Gewehrläufe blickt. Die Eskorten mit ihrem ständigen Drängeln gehen uns zunehmend auf die Nerven, was dazu führt, dass wir mächtig Kilometer machen – wir wollen einfach weiter, weg von hier.
In Sukkur erreichen wir den Indus – flaches Land, so weit das Auge reicht. Die Gegend ist nicht mehr so einsam wie in Belutschistan, es gibt jede Menge Dörfer und Kleinstädte mit zum Teil beängstigendem Verkehrschaos, und das ist die einzig wirkliche Gefahr, die wir bisher in Pakistan ausmachen konnten. Wieder so ein Tag, an dem uns die ungebetenen Begleiter jede Rast vermiesen. Weiter, weiter, weiter! Plötzlich hat Markus genug von der Hetzjagd. Er schiebt sein Rad die Böschung hinunter, packt sein Zelt aus und beginnt, das Nachtlager aufzubauen. Blankes Entsetzen in den Gesichtern der Polizisten, das ist der Super-GAU. Mit einem Mal sind sie einfühlsam, bitten Markus fast flehentlich, noch bis zur nächsten Stadt weiterzufahren. Die Aktion zeigt Wirkung, mit der Drängelei ist es vorbei. In Bahalwapur, der ersten Stadt nach Hunderten von Kilometern, in die sich zumindest hin und wieder Touristen verirren, gelingt es uns endlich, uns von unseren Schatten zu befreien. Endlich akzeptieren sie, dass wir keine weiteren Eskorten wollen. Wer weiß, vielleicht sind sie am Ende sogar selber froh darüber.
Endlich frei! In bester Laune radeln wir nach Multan, einer Millionenstadt, die im Staub und Verkehrschaos zu ersticken droht. Kein wirklich schöner Platz zum Bleiben, aber wir brauchen einige Tage Erholung, um die Abnutzungserscheinungen in Grenzen zu halten. In den letzen sieben Tagen haben wir 935 Kilometer zurückgelegt.
Recht ereignislos verlaufen die nächsten Tage auf dem neu angelegten Highway in den Norden. Es ist eine Fahrt durch eine weite Ebene und einige wenige, recht ärmliche Städte mit der für Südasien üblichen Verkehrshektik. Im Gegensatz zu Belutschistan ist diese Gegend dicht besiedelt, es gibt keinen Moment, in dem man nicht unzählige Menschen sieht, in den verschiedensten Farben gekleidet – ein buntes Bild.
Lahore, eine Weltstadt mit neun Millionen Einwohnern, ist unser nächstes Ziel, hier wollen wir bleiben. Sie ist die fortschrittlichste der großen Metropolen Pakistans und das kulturelle Zentrum des Landes. Die Stadt mit ihren schlanken Minaretten und kunstvollen Kuppeln inmitten prachtvoller Gärten ist einfach schön, einer der wenigen Plätze in Pakistan, wo man alte islamische Prachtbauten findet, die sich in ihrer Bauweise stark von der arabischen oder persischen unterscheiden. Lahore war im 16. Jahrhundert die

Wilde Bärte und jede Menge Herzlichkeit – Belutschen in der Oase Khuchaki Cha

Schulmädchen am Imam-Platz in Esfahan

Basartreiben in Multan

Basarhändler in Quetta

prunkvolle Hauptstadt des Mogulreiches und das Zentrum der islamischen Kultur des indischen Subkontinents – für das damalige Europa ein Symbol unermesslichen Reichtums und grenzenloser Macht.
Am 14. Jänner rollen wir auf die berühmte Wagah-Atari-Border zu, den einzigen Grenzübergang, der die beiden verfeindeten Staaten Pakistan und Indien verbindet. Hier verlassen wir eine Kultur, die uns lieb geworden ist. Drei Monate intensivster Begegnung mit der islamischen Welt liegen hinter mir – eine Begegnung, die sich meist abseits der Touristenpfade abspielte und die von einer wunderbaren Gastfreundschaft geprägt war.
Es ist eine unheimlich bereichernde Zeit für mich gewesen! Ich bin schon viel gereist, doch noch nie habe ich solch lückenlose Gastfreundschaft wie in diesen fünf islamischen Ländern erlebt. Nie habe ich ein böses Wort gehört, nie wurde ich über den Tisch gezogen, es gab keine unfairen Preise, „welcome" war das häufigste Wort, das ich zu hören bekam.
Ich muss begreifen, dass Meinung gemacht wird, auch meine Meinung und meine Vorurteile. Selbst wenn ich mich für medienkritisch halte, ich kann der Meinungsmache nicht entkommen. Seit Monaten ist keiner mehr mit dem Fahrrad durch Pakistan gefahren, es gilt als lebensgefährlich – als Land der Terroristen und unregierbaren Stammesfürsten. Auch ich hatte ein flaues Gefühl in der Magengrube, als ich die Grenze vom Iran nach Pakistan überschritt. Die Pakistanis wissen, dass sie in der westlichen Welt als Volk von Terroristen gelten, und sie wissen auch, ebenso wie ich, wie ungerecht dieses Urteil ist. Immer wieder kommen sie auf diese Ungerechtigkeit zu sprechen. Es nagt an ihnen. Sie tun mir leid, nicht nur weil es diese freundlichen Menschen kränkt und ihnen Unrecht tut, sondern auch weil es dadurch wirtschaftlich bergab geht in diesem armen Land. Touristen bleiben aus, Investoren ziehen ab, das Land ist isoliert.
Meine letzten Stunden und Radkilometer in der islamischen Welt. Markus und ich sitzen am Straßenrand, von einigen pakistanischen Bauern zum Tee eingeladen. Wieder bedauern die Menschen, welch negative Meinung über ihr Volk verbreitet wird. Zur gleichen Zeit werden am anderen Ende des Landes, an der afghanischen Grenze, achtzehn Bewohner eines Dorfes, alles Zivilisten, darunter Frauen und Kinder, erschossen – von einer Macht, die die Welt mit ihrer Demokratie und die Pakistanis mit den Werten der „zivilisierten Welt" beglücken will. Fast wehmütig nehmen wir Abschied, als wir den Balken am überraschend ruhigen Grenzübergang passieren.

AM ZIEL VERGANGENER HIPPIETRÄUME – INDIEN

Nur eineinhalb Stunden sind es bis Amritsar, der heiligen Stadt der Sikhs. Wir besuchen den Goldenen Tempel und verbringen den Tag meist in der Nähe dieses großen Heiligtums der Sikh-Religion. Gemeinsam mit Tausenden von Pilgern aus dem ganzen Land, lassen wir die Atmosphäre dieses Ortes der Andacht auf uns wirken. Wir schlendern auch durch die Gassen und Plätze abseits des heiligen Ortes und begreifen, dass wir nun in einer völlig anderen Welt sind, auch wenn sich die Menschen und die Landschaft diesseits und jenseits der Grenze gleichen. Die sozialen Unterschiede sind hier in Indien viel krasser. Auf der einen Seite extremer Reichtum, daneben Menschen, die sich in und von Müllhalden ernähren. Man kann in Indien jeden Luxus bekommen, doch nur wenige können ihn sich leisten.

In vier Tagen bewältigen wir die 500 Kilometer lange Strecke von Amritsar nach Delhi. Die Straße ist gut, es ist immerhin der National Highway Nr. 1, das Wetter nicht unbedingt – es bringt Regen und eine Menge Gegenwind. Wir übernachten in Dörfern und Kleinstädten, in denen nie Fremde halten – Phagwara, Mandi Gobindgarh, Nilokheri –, und erleben die Inder als ein sehr sympathisches Volk. Sie sind hilfsbereit und immer freundlich, viele können auch gut Englisch, was den Kontakt erleichtert.

Es ist halb vier am Nachmittag, wir haben gerade noch 35 Kilometer bis Delhi und ich bilde mir plötzlich ein, es doch noch bis in die Stadt schaffen zu wollen. Markus ist skeptisch. Mangels besserer Alternativen – es gibt hier keine Unterkünfte – hat er aber keine größeren Einwände. Sehr schlau war mein Drängen trotzdem nicht. Bei Einbruch der Dunkelheit geraten wir mit unseren Fahrrädern in die abendliche Rushhour dieses uns weitgehend unbekannten Großstadtmolochs. Obwohl wir schon entspanntere Etappen erlebt haben, halten wir durch, bis wir uns knapp einen Kilometer vor unserem Ziel, der Traveller- und Hotelszene von Pahar Ganj, im nächtlichen Verkehrsgewirr verlieren. Keine Chance, sich in diesem Gewühl wiederzufinden! Jeder von uns muss nun seinen eigenen Weg gehen, jeder checkt in einem anderen Hotel ein. Beide eilen wir ins nächste Internet-Café und eine Stunde später haben wir uns via E-Mail wiedergefunden. So können wir wenigstens gemeinsam dinieren.

Am nächsten Tag lasse ich das Fahrrad stehen und mache eine Sightseeing-Tour durch die indische Hauptstadt, die ich bereits von früheren Reisen her kenne. In den 1980er-Jahren war ich dreimal in Indien. Das Reisen war damals auch nicht schwer, es war aber völlig anders als in der westlichen Welt. Das Land hat sich seither enorm weiterentwickelt. Heute bekommt man so ziemlich alles hier, westlicher Komfort ist überall verfügbar, man kann ein wirklich angenehmes Leben führen – wenn man das nötige Kleingeld hat. Dieses scheint auch vielen Indern zur Verfügung zu stehen. Vieles in Indiens Hauptstadt ähnelt heute unserer Welt. Umso krasser empfinde ich die Elendsviertel, wo die Menschen noch immer halbnackt auf und aus Müllhalden leben. Dieses Elend ist nicht verborgen, es ist überall sichtbar, selbst in hochmodernen Shopping-Malls. Die Großstädte Indiens bleiben ein Wechselbad der Gefühle. Die sozialen Gegensätze sind hier besonders spürbar, und ich bin – auf der reichen Seite – ein Teil von ihnen, was das Gewissen nicht gerade erleichtert. Hinzu kommt das dauernd herrschende Verkehrschaos mit seinem ohrenbetäubenden Lärm. Auch davon bin ich ein Teil – diesmal allerdings auf der Seite der Schwächsten. Jeder Versuch in diesem Rikscha-, Bus- und Wasserbüffel-Karren-Gewirr vorwärtszukommen, wird zur Harakiri-Aktion – nachdenken darf ich besser nicht, sonst wage ich mich mit meinem Fahrrad nicht mehr in dieses Großstadtchaos.

Die Zeit mit Markus ist vorbei, hier in Delhi trennen sich unsere Wege. Es war eine Superzeit miteinander, Markus ist ein toller Kumpel! Einen Monat sind wir gemeinsam geradelt, 2500 Kilometer von der iranisch-pakistanischen Grenze bis nach Delhi. Auch sein Ziel ist Kathmandu, doch will er sich noch wesentlich mehr Zeit nehmen als ich, um dorthin zu kommen. Am Abend des 20. Jänner müssen wir Abschied nehmen, wir trinken noch gemeinsam ein Bier, er fährt weiter nach Rajastan, ich nach Kathmandu. Nicht nur das Radfahren verbindet Markus und mich, auch er liebt die Berge und mit dem Trisul in Pakistan hat auch er bereits einen Siebentausender bestiegen. Aus einem völlig normal verlaufenden Berufsleben ist er plötzlich ausgestiegen, hat sich auf sein Rad gesetzt und ist von zu Hause losgefahren – frei in die Welt. Ein Traum, den viele träumen. Er wird auch wieder heimkehren – dann, wenn ihm danach ist.

Ich freue mich schon auf die Landstraße, wenn ich den Großstadtlärm hinter mir lassen kann, auf die ländliche Atmosphäre, die einfachen Hütten, das saftige Grün der Felder, die Wasserbüffel. Auch hier sind die Menschen arm, aber sie wissen in Würde zu leben, der menschliche Zusammenhalt ist stärker, die sozialen Gegensätze weniger spürbar.

Am nächsten Tag bin ich wieder auf der Straße – allein. Der Verkehr in den Ländern, die ich bisher auf dieser Tour bereist habe, war nicht gerade radfahrergerecht, doch hat die Rücksichtnahme der Autofahrer die mangelnde Infrastruktur vergessen lassen. Indien ist da anders, obwohl Tausende Radfahrer das ländliche Straßenbild beherrschen. Bis Delhi habe ich das auf dem gut ausgebauten Highway Nr. 1 kaum gemerkt. Aber jetzt, auf diesem rumpeligen, schmalen Sträßchen, das sich anmaßt, Highway 24 zu heißen, bekomme ich das indische Verkehrschaos voll zu spüren. Hier herrscht der totale Kampf, es regiert das Recht des Stärkeren. Zwanzig- bis dreißigmal pro Tag lande ich im Graben oder im Sand neben der Straße. Unentwegt muss man alle entgegenkommenden Autos argwöhnisch beobachten: Was könnte er jetzt machen? Gleichzeitig muss man das Terrain neben der Straße im Auge behalten. Ist es geeignet, um schnell auszuweichen oder gibt es halbmeterhohe Stufen? Die Fahrzeuge überholen ohne Rücksicht auf die Schwachen des Straßenverkehrs, immer wieder muss ich mein Rad neben die Straße lenken, stehen bleiben, neu anfahren. Anfangs entwickle ich richtige Aggressionen gegen die tonnenschweren Killermaschinen, irgendwann beginne ich mich damit abzufinden, dass die Verkehrsregeln hier eben anders sind. Die Inder auf ihren klapprigen, ganglosen Rädern tun es auch – ohne zu murren. Wenn man dann einen dieser rücksichtslosen Trucklenker an einem Rastplatz trifft, entpuppt er sich als der netteste Mensch der Welt. Man trinkt gemeinsam Tee, unterhält sich, und würde man ihn wegen seiner Fahrweise kritisieren, könnte er das sicher gar nicht verstehen – so ist Indien.
Indien hat mehr als eine Milliarde Einwohner. Der Bundesstaat Uttar Pradesh, in dem ich jetzt unterwegs bin, ist kleiner als Deutschland, dort leben jedoch 200 Millionen Menschen. Von Delhi bis Lucknow habe ich 500 Kilometer Landstraße befahren, immer waren Menschen um mich gewesen. Die Straßen sind voll mit Menschen, das Bus- und Truckgehupe ist allgegenwärtig. Ab und an braust hupend und Platz fordernd ein nobles Privatfahrzeug der Oberschicht durch die Menge. Alles springt zur Seite. Der Straßenverkehr spiegelt in vielerlei Hinsicht das soziale Gefüge der indischen Gesellschaft wider: Der größte Teil der Bevölkerung muss zur Seite springen, um nicht überrollt zu werden.
Kurz vor Lucknow komme ich an einen geschlossenen Bahnschranken und warte gut eine halbe Stunde. Auf beiden Seiten des Schrankens stauen sich die Fahrzeuge, aber nicht nur auf ihrer Straßenseite, nein über die gesamte

Gehöft in Uttar Pradesh im Norden Indiens

Straßenbreite verteilt. Leicht vorstellbar, was passiert, wenn der Schranken dann aufgeht: Außer Hupen geht erst einmal gar nichts mehr.
Lucknow ist die Hauptstadt des bevölkerungsreichen Bundesstaates Uttar Pradesh, hier leben drei Millionen Menschen. Die Altstadt Hussainabad bietet einige kulturelle Sehenswürdigkeiten, zusammen mit dem Komfort der Großstadt Grund genug für mich, hier einen Ruhetag einzulegen.
Auf dem Weg nach Osten wird die Gegend ländlicher und auch ruhiger. Kleine Gehöfte, einfache Strohhütten, ein kleiner Ziehbrunnen, Frauen und Kinder in ihren bunten Gewändern, Wasserbüffel beim Grasen, Männer auf einem Eselskarren. Das Leben wirkt beschaulich. Die Idylle verzaubert und sie ist trügerisch. Diese Bauern besitzen kein Land. Sie leben und arbeiten auf dem Boden reicher Großgrundbesitzer, sie verharren in steter Abhängigkeit und müssen täglich darum kämpfen, ihre Schüssel voll zu bekommen.
Ich bin auf dem Weg nach Faizabad, es ist Nationalfeiertag. Busse und Lkws sind von der Straße verschwunden, doch es herrscht reger Privatverkehr, die Oberschicht ist in protzigen Geländefahrzeugen unterwegs. Mit unvermin-

Elend im Schatten des Prunks – Straßenbild in Delhi

derter Geschwindigkeit rasen sie durch die Dörfer. Einer dieser Landrover kann beim Überholen im Ort nicht mehr bremsen, versucht es erst gar nicht. Eine alte Frau fliegt in hohem Bogen durch die Luft, sie ist sofort tot. Der Fahrer hält nicht einmal an. Die kastenlosen Dorfbewohner nehmen es hin. Kaum ein Aufschrei, keine Wut. Später wird man die Frau von der Straße schaffen. Die Lethargie dieser Ärmsten der Armen erinnert mich an die Antilopen im Süden Afrikas. Wird ein Tier ihrer Herde von Geparden gerissen, schauen sie nur kurz auf, laufen einige Meter und grasen weiter. Ich beginne zu begreifen, was das Wort „unberührbar" bedeutet. Gandhi mag noch so viele Denkmäler in diesem Land haben, im Leben der Menschen spielt er kaum noch eine Rolle.

„Ich will raus aus diesem Land", ist mein erster Gedanke nach diesem Erlebnis. Wenig später begegne ich wieder der liebenswerten Hilfsbereitschaft der einfachen Leute, die mich mit diesem schwer verstehbaren Land versöhnt. Mein Hinterreifen ist platt, das erste Loch seit Jordanien. Müde packe ich mein Schlauchzeug aus, da scharen sich einige Inder um mich. Sie packen an,

wollen mir helfen. Einer von ihnen scheint Experte für Fahrräder zu sein, er stellt sich wesentlich geschickter an als ich und daher lasse ich ihn zufrieden gewähren. Als ich ihm Geld für seine Arbeit geben will, lehnt er ab. Ich dränge ihm hundert Rupien auf, er verschwindet mit dem Geld. Kurz darauf kehrt er mit Süßigkeiten zurück, die er mit diesem Geld für mich und seine Freunde gekauft hat.
Zwischen Faizabad und Gorakpur wird der sogenannte Highway zum Schlaglochfeld. Es gibt kein normales Vorwärtskommen mehr, nur noch ein Rumpeln von einem Loch ins nächste. In Schlangenlinien versuche ich den Hindernissen zu entgehen – keine Chance. Ich staune, dass mein Rad dies unbeschadet übersteht, und wundere mich, dass ein Land, das mit Atomwaffen spielt, seinen Menschen keine brauchbaren Straßen bauen kann.
Hinter Gorakpur erreiche ich eine überraschend gut befahrbare Landstraße. Sie ermöglicht vergnügliches Dahinrollen durch eine liebliche Landschaft – die Sonne scheint, es herrscht kaum Verkehr, es gibt nur endlos viele Radfahrer. Man kann nebeneinander herfahren, miteinander plaudern, sofern es die Sprachkenntnisse zulassen. Auf den letzten 100 Kilometern nach Nepal bin ich nun wieder bester Dinge. Um fünf Uhr am Nachmittag erreiche ich die Grenze. Es herrscht reges Treiben, Inder und Nepali können hier ohne Formalitäten passieren. Die indische Grenzstation ist so versteckt, dass ich bereits in Nepal bin, ehe ich bemerke, dass mir noch der Ausreisestempel aus Indien fehlt. Also nochmals retour, in wenigen Minuten ist auch diese Formalität erledigt. Eine riesige Spannung legt sich in mir, als ich beim zweiten Versuch nun wirklich und legal in Nepal, dem letzten Land meiner Reise, bin.

DEN HIMALAYA IM BLICK – NEPAL

Ich liebe Nepal, seine Leute, seine faszinierende Bergwelt! Zum fünften Mal bin ich hier, meine Stimmung ist im absoluten Hoch. Minuten später rolle ich ins Städtchen Bhairawa und finde gleich ein komfortables Hotel für wenig Geld. Die Preise passen sich der Touristenflaute an. Die Außenministerien der westlichen Welt warnen seit Jahren vor Reisen nach Nepal, die Fremden, größte Einnahmequelle des Landes, bleiben aus, der herrschende Aufruhr stürzt Nepal in massive Probleme. König Gyanendra, 2001 auf dubiose Weise an die Macht gekommen, konnte nie die Herzen seiner Untertanen gewinnen. Er hat mit Repression reagiert, die in vielen Jahren mühsam erkämpften Bürgerrechte vorerst ignoriert, dann abgeschafft und das Parlament aufgelöst. Als ich in Nepal ankomme, tyrannisiert der ungeliebte König sein Volk mit einem Ausnahmezustand – Ausgangssperre von acht Uhr abends bis vier Uhr morgens, unzählige Checkpoints an den Straßen, die den Verkehr zum Erliegen bringen. Die Maoisten reagieren mit Attentaten auf Armee- und Polizeiposten und rufen, ebenso wie die anerkannten politischen Parteien, zu landesweiten Streiks auf, die das Land teilweise lahmlegen. Niemand kann zu dieser Zeit abschätzen, ob die Situation in einem Bürgerkrieg eskalieren wird.[1] Abgesehen von den Verkehrsstaus und der Ausgangssperre scheint das Leben aber normal weiterzugehen und ich fühle mich hier völlig sicher.

Am nächsten Tag radle ich durch das Tiefland Nepals, das fast auf Meeresniveau liegende Terai, eine liebliche Landschaft. Nördlich der Straße erheben sich die Vorberge des Himalaya und machen das Radeln mühsam. Die vielen Bachtäler, die nach Süden fließen, führen dazu, dass es kaum flache Straßenstücke gibt, es herrscht ein stetes, steiles Auf und Ab. Kein Wunder, dass ich es heute nicht bis zu meinem Tagesziel, der großen Stadt Bharatpur, schaffe. Ich bleibe 30 Kilometer davor im kleinen Dorf Kawasoti Tana hängen, wo es ein einfaches Gästehaus mit noch einfacheren Zimmern gibt. Das Leben spielt sich in der Wirtsstube ab. Dicht gedrängt sitze ich mit Dorfbewohnern und Gästen am einzigen Tisch, der brüllende Fernsehapparat schafft eine unbeachtete Hintergrundkulisse, wir trinken Bier, essen Dal Bhat, das nepalische Nationalgericht, bestehend aus Reis, einer Linsensoße und Gemüse, und plaudern über Gott und die Welt. Plötzlich detoniert in der Nähe eine Bombe, ein Riesenknall. Erschrocken blicke ich auf, scheine aber mit meiner Sorge allein zu bleiben. Keiner meiner fröhlich trinkenden Tischkumpanen nimmt Notiz von dem ohrenbetäubenden Krach, sie sind das gewohnt – vielleicht die Maoisten, vielleicht die Armee, egal. Bei so viel Gelassenheit lasse auch ich mich nicht länger stören und genieße mein Dal Bhat weiter.

Beim Städtchen Naraynghat verlasse ich das Terai, fahre nach Norden, hinein in die Berge. Es geht durch die malerische, tief eingeschnittene Schlucht des Narayani: wilde Sturzbäche von allen Seiten, Reisterrassen, malerische Dörfer und Gehöfte. So sehr ich das Radeln in dieser Landschaft genieße, das

1 Die politische Situation Nepals hat sich seit 2006 grundlegend geändert. Die Monarchie wurde in Folge der Proteste abgeschafft, seit 2008 ist Nepal eine Republik mit demokratisch gewählter Regierung.

dauernde Auf und Ab zehrt an den Kräften und limitiert den Tagesschnitt. Abends finde ich ein luxuriöses Resort direkt am Ufer des heiligen Flusses Trisuli. Normalerweise unerschwinglich, verschleudern die Besitzer ihre Zimmer jetzt zu Dumpingpreisen, zumal ich hier der erste Gast seit langem bin. Da kann ich nicht Nein sagen und bleibe gleich für zwei Nächte.
Der unerwartete Luxus hat mich zu unmäßiger Schwelgerei verführt. Der Körper rächt sich mit Durchfall und will mir einen weiteren Ruhetag abverlangen. Verweigert! Ich nagle mich zu mit Immodium und Tannalbin, schwinge mich auf meinen Drahtesel und mache mich auf die letzten 100 Kilometer nach Kathmandu. Es sollen beinharte 100 Kilometer werden. Von 200 Meter Seehöhe steigt die Straße auf den nächsten 85 Kilometern bis auf 1600 Meter an. Das wäre noch nicht so schlimm, wäre da nicht dieses dauernde Auf und Ab. 50 Meter rauf, 50 Meter runter, 100 Meter rauf, 90 Meter runter – kaum ein Höhengewinn. Auf dieser Strecke durch eine grandiose Landschaft legt man wohl mehrere 1000 Höhenmeter zurück.
Spät komme ich im Dörfchen Naubise an und verbringe dort eine spartanische Nacht. Alles hat schon geschlossen, die Wirtin gibt mir ein Stück trockenes, hartes Brot und eine Tasse Tee, nicht einmal Kekse bekomme ich zu Gesicht. Heldenhaft ertrage ich das alles, denn ich weiß, es kommen wieder fette Tage – und das sehr bald.
Es ist der 2. Februar, halb eins, ich kämpfe mich die letzten Kehren hinauf, vor mir liegt eine unscheinbar wirkende Passhöhe. Hinter mir fallen die Hänge Hunderte Meter ab, Reisterrassen im steilsten Gelände, einfache, braun und weiß gefärbte Landhäuser. In endlosen Serpentinen schlängelt sich die Straße den Hang herauf. Hunderte von Lkws hängen hier kilometerlang im Stau, der von den Polizeikontrollen entlang der Straße geschaffen wird.
Der Rand des riesigen Hochtales ist erreicht und damit das Ende eines zweitägigen, kräftezehrenden Anstiegs. Monatelang habe ich von dieser Passhöhe geträumt. Jetzt rolle ich einfach drüber, schalte in die nächsthöheren Gänge und genieße die Abfahrt. Bald füllt sich die Straße mit Menschen, ich bin in den Vorstädten von Kathmandu angelangt. Eine Stunde später werden mir die Straßen vertraut, hier kenne ich mich aus und brauche niemanden mehr nach dem Weg zu fragen. Ich fahre durch das halb geöffnete Tor und bin in „meinem“ Kathmandu Guest House. Vorerst ausgerollt: Das erste große Ziel meiner Reise habe ich unbeschadet erreicht – nach 7871 Kilometern!

Durbar Square in der Königsstadt Patan

Nach 111 Tagen „on the road" – meine Ankunft in Kathmandu

Junger Mönch in Kathmandu

Wie sehr habe ich diese Woche herbeigesehnt! Ich habe schon gewusst, warum ich in den letzten Tagen so mächtig in die Pedale getreten habe: Am 3. Februar kommen meine Freundin Sylvia, ihr Sohn Valentin und Heidi, unsere Freundin aus Kärnten, um mich hier zu besuchen! Aufgeregt laufe ich vor dem Flughafengebäude hin und her, schaue alle Augenblicke auf die Uhr. Vier Monate habe ich Sylvia nicht gesehen. Jetzt kann ich es nicht erwarten, sie endlich in die Arme zu schließen und ihr die Katak um den Hals zu legen, den Seidenschal, mit dem Buddhisten ihre lieben Gäste begrüßen. Vor knapp zwei Jahren habe ich nach meiner Krebsoperation alle meine Bergträume begraben. Sie war es, die sie wieder ausgegraben und lebendig gemacht hat! Immer wieder hat sie mir versichert, wie fest sie daran glaubt, dass ich eines Tages auf dem Mount Everest stehen werde. Ich will jetzt gar nicht daran denken, dass nach dieser einen Woche wieder Monate der Trennung beginnen werden. Acht Tage werden wir vier nun echte Touristen in der nepalesischen Hauptstadt sein, fein essen, ausschlafen, die Stadt besichtigen, dann kommt meine letzte und höchste Etappe. Die drei haben mein Expeditionsgepäck

Bodnath Stupa in Kathmandu

mitgebracht. Ich leite es an Jiban, den nepalesischen Expeditionsveranstalter, weiter. Er wird es Ende März mit dem Everest-Team in die Khumbu-Region fliegen lassen.

Erst nach zwei Tagen löst sich die große Müdigkeit bei mir, die Bergetappen der letzten Tage haben mich richtig geschlaucht. Wir besichtigen die Königsstädte Kathmandu, Patan und Bhaktapur, spazieren auch durch weniger touristische Gegenden, machen Ausflüge in ländliche Regionen. Die Tage verrinnen viel zu schnell, am 11. Februar müssen Sylvia und Heidi wieder in die Heimat fliegen, nur Valentin wird noch weitere zwei Wochen bleiben. In dieser Woche habe ich mächtig aufgetankt, und das werde ich auch für meine kommenden Aufgaben brauchen. Zunächst fehlen noch die knapp 200 Kilometer nach Jiri, wo die Straße endet und der Fußweg über die Berge bis ins Everest-Gebiet beginnt.

Ich habe jede Menge Zeit. In sechs Wochen erst wird mein Expeditionsteam am Airstrip von Syangboche landen, in knapp zwei Wochen kann ich es bis dorthin schaffen. Doch die täglich sich verschärfende politische Lage macht

mich unruhig. Ich will nicht daran denken, dass ein Teil meiner Route durch Kampfhandlungen unverhofft zu unpassierbarem Sperrgebiet werden könnte, ich will nicht auf den letzten Kilometern scheitern.
So starte ich schon am Morgen nach Sylvias und Heidis Abreise zum letzten Teil meiner Radtour. Die erste Tagesetappe ist eine gemütliche Fahrt durch eine großartige Terrassenlandschaft mit einer vergnüglichen, 30 Kilometer langen Abfahrt hinunter ins Tal des Indrawati auf 700 Meter Seehöhe. In Khadichaur, einem Straßendorf, das vorwiegend als Busstopp dient, finde ich eine einfache Unterkunft.
Der Ort liegt an der Straße nach Tibet, hier zweigt die berühmte Bergstraße nach Jiri ab. Gemütlich radle ich morgens über die Brücke des Bhote Kosi, doch auf der anderen Seite des Flusses ist es schnell mit der Gemütlichkeit vorbei. War die Strecke vom Toten Meer bis Khadichaur nur ein gemächliches Vorspiel gewesen? Jetzt kann's so richtig losgehen! Eine einspurige, extrem löchrige Bergstraße windet sich mehr als 2000 Höhenmeter hinauf. Schieben, schieben, ein bisschen treten, wieder schieben! Wie sieht die Umgebung hier aus? Ich weiß es nicht. Ich sehe nur die nächste Geländemarke, wo ich mich mit einer Pause belohnen will. Kalt und windig ist es oben auf der fast 3000 Meter hohen Passhöhe – willkommen im Himalaya! Endlich geht's wieder runter, im Schlagloch-Slalom genieße ich die Abfahrt, den Zauber der nach allen Seiten steil abfallenden Reisterrassen, die idyllischen, kleinen Dörfer und Gehöfte. Knapp vor der Dunkelheit erreiche ich nach 56 Kilometern mit der berauschenden Durchschnittsgeschwindigkeit von 6,3 Kilometern pro Stunde Charikot, wo es einfache Unterkünfte, Nudelsuppe und die Übertragung der Olympischen Spiele im Fernsehen gibt.
Der nächste Tag beginnt mit einer wilden Abfahrt in die Schlucht des Tamba Kosi bis hinab auf 900 Meter Seehöhe. Was kann mich nun erwarten? – Ein 26 Kilometer langer Anstieg hinauf auf 2700 Meter! Kaum erwähnenswert, dass ich auch an diesem Tag das Rad mehr geschoben als gefahren habe. Ich bin ziemlich platt, da komme ich um eine Kurve, sehe ein paar Hütten und die Passhöhe. Auf den letzten 13 Kilometern meiner Gewalttour, eigentlich eine vergnügliche Abfahrt durch blühenden Rhododendron, sorgen keifende, hinter mir herhetzende Hunde für einige ungewollte Sprinteinlagen.
Am 14. Februar um 16:40 Uhr erreiche ich in Jiri das Ende der Straße – nun heißt es wirklich ausgerollt, nach 8068 Kilometern!

PFADE ZU DEN BERGEN DER GÖTTER

ZU FUSS VON JIRI IN DIE EVEREST-REGION

Östlich, nördlich und südlich von Jiri erstreckt sich, teils mehrere 100 Kilometer weit, eine dicht besiedelte Gebirgslandschaft mit unzähligen Dörfern an steilen Hängen, getrennt durch hohe Pässe und tiefe Schluchten. Es gibt dort keine Straßen, die Dörfer sind nur über ein dichtes Netz von Fußwegen erreichbar. Das Gebiet ist so unzugänglich, dass sich dorthin weder Polizei noch Armee verirren. Es wird von den Maoisten kontrolliert, die seit Jahren einen erbitterten Kampf gegen die absolutistisch regierende Monarchie führen. In solchen Regionen haben sie ihr sicheres Rückzugsgebiet, von dem aus sie operieren können.

Valentin ist unabhängig von mir nach Jiri gekommen, er wird mich auf dem ersten Teil meiner Wanderung begleiten. Mit einem winzigen, halb leeren Tagesrucksack ist er in Kathmandu gelandet, hat sich erst dort, in den Billigläden von Thamel, für umgerechnet vierzig Euro eine komplette Trekkingausrüstung besorgt, um mit mir durch die Berge zu wandern. Man braucht hier nicht die sündteuren westlichen Markenwaren, es geht auch so.

Sonnenschein, der Weg ist gesäumt von blühendem Rhododendron, wir sitzen auf der Anhöhe des Mali-Danda-Passes und sehen dem bunten Treiben zu. Das ist also der Nepali-Highway hinauf in die Hochtäler des Sherpa-Volkes – kein Motorenlärm, kein Hupkonzert, keine Abgasschwaden: ein einfacher Fußweg. In den nächsten Tagen bis Lukla werden wir 7000 Höhenmeter aufsteigen und am Ende nur 900 Höhenmeter gewonnen haben – es wird ein stetes, meist steiles Auf und Ab sein, wie schon zuvor bei meinen letzten Radtagen. Aber genau das macht den Reiz der Route aus: Die hohen Pässe und tiefen Schluchten trennen hier nicht nur einzelne Dörfer, sie trennen oft auch verschiedene Volksgruppen, Kulturen, Lebensweisen und Sprachen.

Alles scheint auf den Beinen, doch nur wenige Menschen gehen den gesamten Weg, die meisten werden in einem der nahen Dörfer oder Gehöfte bleiben. Viele kommen vom Einkaufen aus Jiri, eine Familie schafft ihren halben Hausrat über die Passhöhe, alte Frauen mit Skistöcken besuchen Verwandte im Nachbardorf. Durch Kiefernwälder und Terrassenfelder steigen wir hinab ins Tal in das kleine Dorf Shivalaya. Dort geht es erstmals ans Eingemachte:

1000 Höhenmeter steil bergauf, über Geröll und große Felsbrocken, ein Weg aus dem Frühling zurück in den Winter. Das Braun-Weiß der Lehmziegelhäuser weicht dem Grau solider Steinhäuser, das Grün saftiger Feldterrassen macht einem mystisch wirkenden, nebeldurchzogenen Wald Platz. Auf der Höhe des Deurali-Passes wehen uns Schneeflocken ins Gesicht. Hier verlassen wir das Gebiet hinduistischer Gottheiten und steigen hinab in eine Welt allgegenwärtiger buddhistischer Frömmigkeit.

In Bhandar finden wir neben dem Kloster bei Ang Dawa eine einladende Unterkunft. Bald verlassen wir den Gastraum und setzen uns in die rauchige Küche, wo sich die Wirtsfamilie aufhält. Diese Leute haben eine Menge Geld in ihre Lodge investiert, es gibt alles, was das Westlerherz begehrt: kleine gemütliche Zimmer mit echten Betten, warmes Wasser zum Duschen und die Qual der Wahl auf einer zweiseitigen Speisekarte. Dennoch werden wir bis Lukla keinen einzigen Fremden treffen. 30.000 Trekker pilgern jährlich in die Everest-Region, die meisten von ihnen fliegen jedoch nach Lukla und starten dort ihre Wanderung. Einige Tausend waren es trotzdem immer gewesen, die die attraktive Verlängerung der Tour von Jiri aus gewählt haben. Heuer waren es insgesamt erst acht, die vor uns diesen Weg gegangen sind. Alles wartet auf die Wandertouristen, doch sie kommen nicht. Das Gebiet ist fest in der Hand der Maoisten. Unbegründete Ängste vor Bedrohung, Raub oder gar Lebensgefahr hält Fremde davon ab, in dieser reizvollen Region zu wandern. Eine wirtschaftliche Katastrophe für die ansässigen Bauern, die sich durch den Umbau ihrer Häuser zu Lodges einen lukrativen Nebenerwerb schaffen wollten.

Es geht tief hinunter ins Tal des Gatta Khola, Kiefernwälder säumen das Ufer reißender Bäche, bald erreichen wir den kleinen Ort Kinja. Der Ort scheint eine Maoisten-Hochburg zu sein, überall findet man Hammer und Sichel an den Wänden. Heute ist dort Markttag, alles ist auf den Beinen. Wir genießen das Treiben und bleiben lange im Ort, vermutlich zu lange.

Gerade als wir bei einer leckeren Nudelsuppe in einer Lodge sitzen, rottet sich eine Gruppe vorwiegend junger Männer vor unserer Tür zusammen. Einer von ihnen trägt eine Uniform, das unverkennbar langweilige Grün des „großen Vorsitzenden“ Mao Zedong. „Jetzt ist es so weit, jetzt sind wir dran“, raunen wir uns gegenseitig zu und löffeln scheinbar ruhig weiter. Wird nun der Super-GAU eintreten, vor dem die Außenministerien der westlichen Welt so eindringlich warnen?

Vorerst tut sich nichts, sie warten, genau wie wir. Offensichtlich fühlen sie sich noch nicht stark genug, warten auf weiteren Zustrom, der auch tröpfchenweise eintrudelt. Dann endlich steckt einer von ihnen seinen Kopf zur Tür herein und fragt höflich: „Dürfen wir hereinkommen?"
„Na klar", ist meine Antwort, „ es ist ja genug Platz für alle da". Sie schieben eine junge Frau, offensichtlich ein Maoisten-Lehrmädchen, zur Tür herein. Leise folgen ihr die anderen, grüßen kurz und nehmen auf den zahlreichen Sitzgelegenheiten Platz. Schweigen. Fünf Minuten, zehn Minuten, fast eine Viertelstunde! Schließlich fasst sich das Lehrmädchen, die einzige mit Englischkenntnissen in der Runde, ein Herz und fragt schüchtern: „Wisst ihr, warum wir gekommen sind?"
„Ja sicher", antworte ich, „ihr seid die Maos, ihr braucht unser Geld, also sagt schon, wie viel?" Wir spüren die Erleichterung auf ihren Gesichtern. Endlich ist es heraußen und sie haben es noch nicht einmal selber sagen müssen. 5000 Rupien, knapp 60 Euro, müssen wir pro Person bezahlen, um unseren Weg weitergehen zu können. „Eure Preise sind ganz schön geschmalzen", meine ich. Das ist ja schon fast so schlimm wie bei uns in Österreich, wo das Finanzministerium die Wegegebühr mittels Autobahnvignette eintreibt, sage ich im Scherz zu Valentin. „Okay, wir zahlen, aber wir wollen eine Rechnung, eine für Valentin und eine für mich."
Jetzt entspannt sich die Situation vollends, der Generalsekretär der Kommunistischen Partei wird herbeigerufen und erscheint auch wenig später mitsamt seinem Quittungsblock. Darauf ist die Summe von 5000 Rupien schon im Vordruck vermerkt. Wir zahlen, der Generalsekretär unterschreibt auf beiden Rechnungen, sodann wir selbst. Wir plaudern noch eine Weile, schließlich schüttelt uns jeder die Hände, bedankt sich und verschwindet schnell zur Tür hinaus. Das Bestehen auf einer Rechnung ist essenziell, denn der nächste Mao-Überfall kommt bestimmt! Dann braucht man nur seine Rechnung vorzuweisen und kann ungehindert weiterziehen.
Das bunte Markttreiben und das Intermezzo mit den Maoisten hat uns viel an Zeit gekostet. Noch liegt ein Anstieg von mehr als 1000 Höhenmetern vor uns. Erleichtert – um 60 Euro – verlassen wir das gastliche Kinja. In Sete führen einige Männer aus dem Volk der Sherpa eine Lodge, wo wir Unterschlupf finden. Ein kleiner Junge, ein von den Sherpa adoptiertes Waisenkind, sitzt neben uns auf der Bank. Im Schein der Petroleumlampe schreibt er seine Hausübungen. Er ist glücklich, in die Schule gehen zu dürfen und hier nur

einen Schulweg von zwei Stunden pro Tag zu haben. Einige seiner Klassenkollegen müssen doppelt so lange gehen, um zur Schule zu kommen.
Wir steigen über einen windigen Bergkamm zum 3530 Meter hohen Lamjura-Pass auf. Der Rhododendron ist in dieser Höhe noch nicht in Blüte, so wirken die kahlen, von Nebelfetzen überzogenen Bäume wie ein von Elfen und Gnomen bewohnter Geisterwald. Vom Wind zerzauste Gebetsfahnen wehen auf der frostigen Anhöhe und rufen ihre stummen Bitten den Göttern auf den eisigen Höhen des Himalaya zu.
Das Gelände ähnelt unseren Almböden in den Alpen. Entlang von Berghängen geht es über blühende Wiesen, Schmetterlinge flattern umher, es riecht nach Frühling. Erstmals tauchen die imponierenden Eiswände von Tamserku und Kantega auf, zwei hohe Sechstausender im Khumbu, der Mount Everest verbirgt sich in fernen Wolken. Alles ist weit und frei, der Pfad über Kilometer hinweg einsehbar. Der Nahverkehr in benachbarte Dörfer ist fast völlig verschwunden, Touristen gibt es auch keine, nur einige Schulkinder mit ihren Uniformen und einem Stapel Hefte in der Hand verzögern lachend und spielend ihren Heimweg.
Dennoch gleicht der Pfad zuweilen einer Ameisenstraße, dann wenn Hunderte von Trägern, unter ihnen auch Frauen und größere Kinder, mit Tonnen von Lkw-Ladungen auf ihren Rücken, sich Meter um Meter in die Hochtäler des Himalaya hinaufkämpfen. Sie sind die Helden des Nepali-Highways. In geflochtenen Körben transportieren sie riesige Lasten über die holprigen Pfade. Sie versorgen die Dörfer entlang der Route mit allen lebensnotwendigen und auch weniger notwendigen Gütern. Die meisten von ihnen wollen hinauf in den Hauptort der Sherpa-Region, nach Namche Bazar, wo sie am berühmten Samstagsmarkt die besten Preise für ihre Waren erzielen können. Diese Träger sind selbstständige Unternehmer. Je mehr sie auf ihren Rücken oder, besser gesagt, auf ihre Stirn laden, desto mehr verdienen sie. Die Körbe liegen nämlich nur auf dem Rücken auf und werden mittels eines Bandes getragen, das mit der Stirn gehalten wird. Meist bilden sie Gruppen, die sich gegenseitig unterstützen können und oft für mehrere Jahre zusammenarbeiten. Unfassbare 90 bis 110 Kilogramm tragen diese meist schmächtigen Männer tagelang durch das Gebirge. Wie Bergsteiger in großen Höhen kommen sie sehr langsam, aber stetig voran. Etwa hundert Schritte, dann eine Rast im Stehen. Alle Träger führen einen T-förmigen Stock mit sich. Beim Gehen im teils schwierigen Gelände hilft er ihnen, das Gleichgewicht zu halten, beim

Rasten klemmen sie ihn unter den Korb und können so entlastet im Stehen Pause machen. Bei allen Lodges und Teehäusern gibt es kleine Mauern, wo sie die Körbe in 70 bis 80 Zentimeter Höhe abstellen können. Vom Boden würden sie diese Lasten wohl kaum in diese Höhe bringen.
Es entsteht so etwas wie Verbundenheit, wenn man sich tagelang auf demselben Weg befindet, sich immer wieder begegnet, innehält, ein wenig plaudert. Das ist so bei uns in den Alpen und das ist auch hier im Himalaya nicht anders. In Nuntala, am Ende des vierten Trekkingtages, habe ich Kisan zum ersten Mal getroffen. Ich habe ihn für einen Lodge-Besitzer oder den Dorflehrer oder einfach für den Sohn einer wohlhabenden Familie des Ortes gehalten. Seine offene Art, sein freundliches und doch selbstbewusstes Auftreten, seine saubere Kleidung, sein perfektes Englisch, all dies ließ mich ihn der gebildeten Oberschicht zuordnen. Aber da lag ich völlig falsch. Kisan lebt nicht in Nuntala, er gehört zur Hundertschaft der Träger. In den nächsten Tagen werden wir ihm immer wieder begegnen. Mit dem Morgengrauen macht er sich auf den Weg. Irgendwann während des Tages holen wir ihn ein. Wenn wir dann schon am frühen Nachmittag unser Tagwerk beendet haben und im Freien den Tag ausklingen lassen, sehen wir ihn in der Abenddämmerung müde und doch fröhlich mit seiner riesigen Last ankommen.
Hinter Nuntala führt der Weg ein letztes Mal steil bergab, weit tiefer hinunter, als unser Ausgangspunkt Jiri liegt. In 1500 Metern Seehöhe queren wir auf einer Brücke das enge Tal des reißenden Dudh Kosi, der von den Gletschern des Mount Everest und des Cho Oyu gespeist wird. Ich brauche diesem Fluss nur zu folgen, um zum Ziel meiner Träume zu gelangen. Doch das hat noch Zeit! Wir sind noch in einer völlig anderen Welt – Hitze, subtropisches Klima, sogar Bananen wachsen hier. Wenige Stunden später kratzen wir schon wieder an der 3000-Meter-Marke. Nebelfetzen hetzen über die Passhöhe des Khari La, verbreiten eine verfrühte Abendstimmung inmitten blühender Rhododendren. Im kleinen Dorf Puiyan finden wir eine Bleibe. Die Nähe des stark frequentierten Flughafens von Lukla ist hier schon deutlich zu spüren. In der Lodge gibt es einen DVD-Player. Auf dem Bildschirm läuft eine Nepali-Soap, so seicht, dass wir sie in der uns unbekannten Sprache einwandfrei verstehen. Auch hier lässt der Fernseher jegliche Kommunikation verstummen. Immerhin bewirkt das Gerät aber, dass sich das halbe Dorf vor ihm versammelt.
Schon am Vormittag des sechsten Tages erreichen wir Lukla, den Ort, wo die meisten Expeditionen und Trekkinggruppen ihren Ausgang nehmen. Viel

Reges Treiben auf dem Nepali-Highway

Valentin auf dem Weg nach Lukla, die Lastenträger werden bis Namche Bazar aufsteigen.

Sherpani in Namche Bazar

Blick auf den Tamserku beim Aufstieg nach Namche Bazar

hat sich hier in den letzten 22 Jahren verändert. Damals gab es hier drei Häuser und eine Schotterpiste, die als Runway für die Flugzeuge diente. Sie war umgeben von einem Stacheldrahtzaun, der von den Fluggästen auf einer Holzleiter zu überklettern war. Nun hat sich hier schon ein kleines Städtchen gebildet. Auf der Runway, sie ist längst asphaltiert, grasen keine Esel mehr, auch Hühner sind hier nicht mehr anzutreffen. Selbst die Wäsche wird nicht mehr zum Trocknen auf dem Flugfeld ausgelegt. Die kurze, stark geneigte Startbahn bietet aber weiterhin ein dramatisches Bild: Hunderte Meter bricht sie an ihrem Ende ins tief eingeschnittene Tal des Dudh Kosi ab. Lukla hat mächtig für die Touristenscharen aufgerüstet. Es gibt Unterkünfte mit hohem Komfort, jede Menge Geschäfte, eine deutsche Bäckerei und sogar ein Internet-Café.

Hier heißt es für mich, von Valentin Abschied zu nehmen. Er muss wieder zurück in die Heimat. Am nächsten Morgen begleite ich ihn zum Flughafen. Sein einziges Gepäcksstück ist sein hölzerner Wanderstab, den ihm ein Sherpa überlassen hat, den Rest hat er im Handgepäck, was die Soldaten, die das Einchecken überwachen, zunächst gar nicht glauben können. Ich warte, bis seine Maschine hinter den Berggraten verschwindet, dann schultere ich meinen Rucksack und steige allein hinauf nach Namche Bazar. Allein? Zwölf bis fünfzehn Maschinen landen täglich in Lukla und schwemmen gut 200 Trekker an Land, die sich nun gemeinsam mit mir den langen Anstieg hinauf mühen. Mich stören die Massen nicht. Es sind meist unterhaltsame Leute, die die gleichen Ziele wie ich verfolgen. Ich neide es keinem, der das Gleiche sehen will, was ich erleben darf. Überrascht muss ich feststellen, dass ich vielen nicht unbekannt bin. Sie sprechen mich auf meine Tour an. Die Medien in der Heimat haben offensichtlich rege über mein Vorhaben berichtet.

Vorbei an Mani-Steinen und Gebetsmühlen führt der Pfad abwechselnd durch kleine Dörfer, durch Rhododendren-, Kiefern- und Tannenwälder. Immer wieder quere ich auf luftigen Hängebrücken den wildromantischen Dudh Kosi, der Talschluss wird von den mächtigen Schneeflanken des Tamserku überragt – welch ein imposantes Bild!

Ein letzter, steiler Anstieg führt hinauf nach Namche Bazar. Die nicht akklimatisierten Neuankömmlinge aus Lukla kämpfen hier ebenso hart wie die Träger mit den ungeheuren Lasten in ihren Körben. Alle wollen es noch vor dem Abend in das mit allen Annehmlichkeiten ausgestattete Sherpa-Dorf schaffen. Morgen ist Markttag! Die Träger wollen dort ihre Waren feilbieten, die Touristen sich das bunte Treiben nicht entgehen lassen. Noch ehe ich eine Unterkunft gefunden habe, bleibe ich in der deutschen Bäckerei hängen. Kaffee, Zimtschnecken und Apfelkuchen – die nächsten Tage versprechen Gutes! Ausschlafen bis neun Uhr, Frühstück in der Sonne, dann stürze auch ich mich noch ins Marktgewühl. Hier treffe ich wieder auf Kisan und seine Freunde, sie bieten ihre Waren an, lachen, plaudern, feilschen. Es ist schon spät, der Käuferstrom verebbt langsam. Lange unterhalte ich mich mit Kisan und erfahre viel von ihm über das Leben dieser namenlosen Helden.

Kisan lebt im kleinen Dorf Chitre, kaum eine Stunde zu Fuß von Jiri entfernt. Mit seinen 21 Jahren ist er schon verheiratet und Vater einer sechzehn Monate alten Tochter. Seit Jahren versorgen er und seine Freunde die Menschen der Solu-Khumbu-Region mit Lebensmitteln, Kleidung, Schuhen und sogar HiFi-Geräten. Am liebsten tragen sie ihre Lasten bis hinauf nach Namche Bazar, denn dann können sie pro Kilogramm den größten Gewinn machen. Zehn Tage benötigen sie für diese Strecke, für die ich als Trekker mit 20 Kilogramm Gepäck sieben Tage brauche. Die Ausrüstung der Träger ist extrem dürftig. Zum einen wird reduziert so gut es geht, da alles getragen werden muss, zum anderen können sich diese Menschen keine bessere Ausrüstung leisten. Alle bewältigen sie die schwierigen Wege in falschen Converse-Schuhen, ohne Sohlenprofil, manche müssen sich sogar mit Flipflops begnügen. Wenn es möglich ist, versuchen Kisan und seine Freunde Namche Bazar stets am Freitag zu erreichen. Denn dann können sie am wöchentlichen Samstagsmarkt ihre Waren selbst verkaufen. Das bringt bis zu 100 Rupien pro Kilogramm an Gewinn, etwa 1,15 Euro. Für jene Waren, die sie am Markttag nicht verkaufen können, haben sie ein kleines Lager in Namche Bazar angelegt.
Diesmal hat Kisan 95 Kilogramm in den 3450 Meter hoch gelegenen Ort hinaufgeschleppt. Dennoch ist er nur wenige Stunden nach mir dort oben angekommen – getragen hat er täglich von den ersten Sonnenstrahlen bis zur Dunkelheit. Wenn alles optimal läuft, könnte er so 9500 Rupien, etwa 110 Euro Gewinn machen. Davon muss er während der zwei Wochen, die er von Jiri nach Namche Bazar und wieder zurück unterwegs ist, auch seinen Lebensunterhalt bestreiten. Etwa 5000 Rupien muss er dafür aufwenden, so kann er nach zwei Wochen mit bis zu 4500 Rupien, etwa 53 Euro heimkehren. Das ist viel Geld für einen Nepali in derart kurzer Zeit und zehn bis zwölf solcher Touren kann er pro Jahr machen.

„Diesmal laufe ich nicht nach Jiri zurück“, erklärt er mir und seine Augen leuchten auf. In Lukla wird er auf eine deutsche Trekkinggruppe warten, für die er als Träger arbeiten wird. „Das ist gutes Geld und leichte Arbeit.“ 500 Rupien erhält er dort pro Tag, sogar 900, wenn er für sein Essen und Schlafen selbst aufkommt – viel mehr Geld, als er bei seiner üblichen Trägerarbeit verdienen kann. Zudem sind die Lasten für Träger von Trekkinggruppen auf 20 bis 30 Kilogramm limitiert. Damit fliegt einer wie Kisan förmlich über die Wege. Nur die Kälte, die wird ihm zu schaffen machen, denn er wird keine andere Ausrüstung haben als jene, mit der er nach Namche Bazar aufgestiegen ist – keinen Schlafsack, keine Decke, keine warme Bekleidung, kein solides Schuhwerk. Mit den Trekkinggruppen muss er doch in Höhen von über 5000 Metern aufsteigen, da werden die Nächte empfindlich kalt. Trotzdem sieht Kisan seine Arbeit mit Touristen als absoluten Traumjob an – ein- bis zweimal pro Jahr kann er diesen Glücksfall genießen.
Kisan hat nur wenige Jahre die Grundschule besucht. Sein wirklich erstaunlich gutes Englisch hat er ausschließlich durch seine Arbeit mit Touristen erlernt. Schreiben kann er Englisch allerdings nicht. Gerne würde er als Trekkingguide fix für eine Agentur arbeiten, aber dafür benötigt man nun auch schon in Nepal eine Lizenz. Auch ein halbjähriges College in Kathmandu würde er gern besuchen. Aber das kostet 18.000 Rupien, mit Lebenshaltungskosten in der Hauptstadt ist er schnell bei 50.000 Rupien, etwa 600 Euro angelangt, ohne in dieser Zeit etwas zu verdienen. Solche Träume muss er als junger Vater wohl weit, weit wegschieben. Seiner Fröhlichkeit scheint dies aber keinen Abbruch zu tun. Am Ende des Markttages verstaut er seine Waren im Lager, lachend laufen er und seine Freunde hinunter nach Lukla. Ein neuer Tag – ein neues Glück!
Ich steige den Hang nördlich des Dorfes hinauf. Nach vierzig Minuten erreiche ich den kleinen Airstrip von Syangboche. Nach einigen tragischen Unfällen hat man an diesem Ort schon seit Jahren kein Flugzeug mehr gesehen, doch für Hubschrauber bietet das Gelände weiterhin eine sichere Landemöglichkeit. In einigen Wochen wird hier mein Expeditionsteam landen und, so hoffe ich, auch mein Gepäck. Es ist der 25. Februar. Der lange Weg vom Toten Meer findet auf dieser unscheinbaren Piste in den Bergen des Himalaya ein vorläufiges Ende. In den letzten Märztagen will ich von hier aus mit meinem Team zum letzten und härtesten Teil meiner Tour aufbrechen. Noch bleibt jede Menge Zeit bis zum Eintreffen meiner Bergkameraden. Die „Pflicht“ ist

geschafft, nun kommt die Kür. Kaum ein Ort eignet sich dazu besser als Namche Bazar. Vier Wochen Urlaub in den Bergen, ohne fixes Ziel, ohne jeden Stress, nichts, was es noch zu vollenden gilt!
Die Wanderungen in der Umgebung von Namche Bazar werden zum „Konditortrekking". Die Nachfrage nach leckeren Mehlspeisen hat überall *German Bakeries* entstehen lassen, die ich nun der Reihe nach abklappere. Mit gutem Gewissen! Die auf der Radtour verloren gegangenen Kilos müssen nun wieder angefuttert werden, denn mit Untergewicht brauche ich im Everest-Basislager erst gar nicht aufzutauchen.
Nach einigen Tagen reiße ich mich von der Schlemmertour los und mache mich auf den Weg ins hoch gelegene Gokyo. Ich könnte die Strecke von Namche Bazar aus gut in einem Tag bewältigen, doch damit würde ich meiner vorsichtig aufgebauten Höhenanpassung nichts Gutes tun. Von 3400 Meter auf 4800 Meter aufzusteigen und dann auch noch dort oben zu schlafen, da ist die Höhenkrankheit nicht mehr fern. So strecke ich den Weg, mache drei Tagesetappen daraus, was zur Folge hat, dass ich wenig gehe, viel in der Sonne liege, lese und mit großem Einsatz am Gewichtszuwachs arbeite.
Schon nach zwanzig Minuten tauchen sie in der Ferne auf, der heiligste Berg des Sherpa-Volkes, die Ama Dablam, dahinter Chomolungma[2], wie die Sherpa und Tibeter den höchsten Berg der Welt nennen, und Lhotse. Bald verlasse ich den Hauptweg, der die große Trekkermehrheit zum Everest-Basislager führt, und erreiche über die 4000 Meter hohe Passhöhe von Mong eines der spektakulärsten Hochtäler der Welt. Der Pfad führt durch Mischwälder, steil fällt er zum Flussbett des Dudh Kosi ab. Taleinwärts steigt der Weg nun stetig an, bald erreiche ich die Baumgrenze, mit jedem Schritt wird die Bergwelt imposanter.
In Machhermo bleibe ich über Nacht. Die Sommerweiden der Yaks verweilen noch im Winterschlaf, doch die ersten Sherpa sind schon auf dem Weg, um ihre Unterkünfte für die Wandertouristen bereit zu machen. Kurze nächtliche Schneeschauer verwandeln das enge Tal in eine Märchenwelt, bestreut mit feinem Zuckerguss. Am Morgen währt der Zauber nicht lange, der son-

2 Chomolungma ist die Kurzform von Chomo Miyo Lang Sangma. Der Mount Everest ist nach Ansicht der Buddhisten der Sitz von Chomo Miyo Lang Sangma, einer der fünf „Schwestern des langen Lebens", die auf den fünf höchsten Gipfeln des Himalaya wohnen. Chomo heißt Göttin und die Göttin Miyo Lang Sangma gibt den Menschen Nahrungsmittel. Der Berg trägt nicht nur den Namen dieser Göttin, er wird mit ihr identifiziert.

nengewärmte Boden lässt das dünne Weiß schnell wieder verschwinden. Ein kurzer Anstieg hinter Machhermo führt in eine Landschaft von atemberaubender Schönheit: das abweisende Schwarz steil aufragender Felswände, das zarte Grün der verwaisten Sommerweiden, kleine Gletscherseen so weit das Auge reicht und die Eisgipfel der Sechs-, Sieben- und Achttausender, die die Khumbu-Region so berühmt und einzigartig machen. Ich kann mich gar nicht sattsehen, so überwältigend sind diese Eindrücke.

Schon vor elf Uhr erreiche ich die Sommeralm von Gokyo, pittoresk am Ufer des kristallklaren, teilweise mit einer dünnen Eisschicht bedeckten Gokyo Tso gelegen. Das Wetter scheint zu halten, noch am Nachmittag steige ich auf den Gokyo Ri, den 5360 Meter hohen Aussichtsberg über den Yakweiden. Lange bleibe ich auf seinem Gipfel sitzen, lasse mich von den bunten Gebetsfahnen umwehen, genieße die Sonnenstrahlen im Windschatten. Der unscheinbare Hügel besitzt Weltruhm, kaum ein Ort dieser Erde bietet ein derartiges Bergpanorama. In unmittelbarer Nähe erblicke ich die mächtige Südwand des Cho Oyu, hinter einer Kette von Sechs- und Siebentausendern die Gipfel von Lhotse und Makalu, überragt von der schwarzen Pyramide des Chomolungma, des höchsten Berges der Welt – vier der vierzehn Achttausender zum Greifen nahe! Faszination pur, ich kann mich nicht losreißen von „meinem“ Berg, versuche die Aufstiegsroute auszumachen. Unglaublich steil und abweisend erscheint sie von hier.

Chill-out in Gokyo – das ist das Programm für die nächsten Tage! Erholung in knapp 5000 Metern Höhe, lockere Tageswanderungen, ideal für die Anpassung an die sauerstoffarme Luft, die mich in den nächsten Monaten erwarten wird.

Oft werde ich wohl nicht mehr in diese aufregende Gegend kommen. Ich nutze die Tage und wandere zum Talschluss des Dudh Kosi, vorbei an malerischen, von der Trekkerwelt vergessenen Gletscherseen zur 3000 Meter hohen Südwand des Cho Oyu, die von meinem Landsmann Edi Koblmüller vor fast dreißig Jahren zum ersten Mal durchstiegen wurde. Weglos klettere ich auf den Ngozumpa Tse. Etwas höher als der Gokyo Ri, bietet er noch großartigere Ausblicke auf die mich umgebenden Berggiganten.

Ich will jeden Winkel der Khumbu-Region erkunden. Nur das Khumbu-Tal selbst, der Weg zum Mount Everest, dieser Pfad ist für mich noch tabu. Ihn will ich erst mit meinen Bergkameraden gehen, und dann bis zu seinem höchsten Ende.

Über den 5430 Meter hohen Renjo-Pass steige ich ins benachbarte Tal des Bhote Kosi. Ich bin der Erste in diesem Jahr, der diesen Übergang in Angriff nimmt. Dementsprechend schwer fällt mir die Wegfindung. Mühevoll stöbere ich kleine Steinmännchen im Schnee auf, taste mich von einem zum nächsten, bis ich schließlich die kleine Scharte finde, die über weite, sanfte Hänge zum Tal des Bhote Kosi hinunterführt. Alles scheint hier noch zu schlafen. Lungden, die einzige Lodge auf diesem Pfad, ist noch geschlossen, die Sommerweiden werden erst nach dem Yakauftrieb zum Leben erwachen. Niemand begegnet mir auf meinem Weg, erst am Flussufer des reißenden Bhote Kosi treffe ich auf Menschen.

Es sind keine Sherpa, es sind Tibeter mit ihren in die Haare geflochtenen roten Bändern. Sie kommen vom Samstagsmarkt in Namche Bazar und treiben ihre Yaks über die vergletscherte Passhöhe des Nangpa La zurück nach Tibet. Seit Hunderten von Jahren versorgen sie die Menschen des Solu Khumbu mit Salz. Auch die chinesische Machtübernahme in Tibet hat diesem Handel über unbewachte Grenzen kein Ende setzen können oder wollen. Auf das Salz aus Tibet sind die Sherpa heute nicht mehr angewiesen. So sind es vorwiegend billige chinesische Textil- und Hi-Fi-Produkte, die auf dem Rücken der Yaks den Weg zu den Marktständen von Namche Bazar finden.

Nirgends kann ich eine Schlafmöglichkeit aufspüren. Ich wandere weiter und immer weiter. Am späten Nachmittag gelange ich nach Thame, endlich ein Ort zum Bleiben. Die Tage verrinnen in Beschaulichkeit. Bald wird die Ruhe ein Ende haben, bald geht es los. Gespannte Erwartung!

EXPEDITION ENDPUNKT

ERSTE SCHRITTE UND DER LANGE WEG ZUM BERG

Die Rotorblätter werden langsamer, der Motorenlärm verstummt, die Luke geht auf. Da steigen sie alle aus, meine Kameraden am Mount Everest. Der Berg wird uns für Wochen zusammenschweißen, die Erlebnisse vielleicht für ein Leben lang.

Natürlich weiß ich schon einiges über sie, schließlich ist in den letzten Wochen jede Menge Information vom Expeditionsveranstalter Alpine Ascents in meiner Mailbox gelandet. Unsere beiden US-amerikanischen Bergführer verlassen zuerst den riesigen russischen Helikopter.

Dave Morton, ein großartiger Felskletterer, hat sich auch schon des Öfteren an eisigen Flanken bewährt. Zweimal ist er bereits auf dem höchsten Gipfel der Welt gestanden, er wird unsere Expedition leiten.

Vern Tejas ist eine Bergsteigerlegende. „Mister Denali" wird er jenseits des Großen Teiches genannt. Die erste Solo-Winterbesteigung an diesem kältesten aller Sechstausender geht auf sein Konto, fünfmal hat er den Mount Everest erstiegen. Er ist der einzige Mensch der Welt, der die Seven Summits innerhalb eines Jahres gleich zweimal bestiegen hat. Endlos lang ist die Liste seiner einzigartigen Gipfelerfolge.

Suzanne Nance, Fitnesstrainerin aus Chicago, Kay LeClaire, eine zum Bergsport abgewanderte Krankenschwester aus Washington State, und Chris Nichols, Rechtsanwalt und Ultramarathonläufer aus Utah, folgen den beiden aus dem Bauch der Maschine. Seit Jahren sind sie in den Bergen der Welt unterwegs und haben schon jede Menge anspruchsvoller Gipfel bestiegen.

Die beiden europäischen Ärzte, Alistair Sutcliffe aus England und Jacques Pirenne aus Belgien, stehen mit ihren Bergerfolgen den amerikanischen Kameraden etwas nach, doch auch sie erbringen die vom Expeditionsveranstalter geforderte Siebentausender-Erfahrung.

Komplett sind wir damit jedoch noch lange nicht. Gut eine Stunde vergeht, ehe der zweite MI-17 Helikopter im Tal auftaucht und in Syangboche landet. Behände klettern nun die wahren Helden des Everest aus dem russischen Ungeheuer: das Team der Sherpa. Oder sollte ich sie die Heldenmacher nennen? Ihre Namen sind in der Bergsteigerszene weitgehend unbekannt, doch ohne

ihre überlegenen Fähigkeiten in der Höhe und ohne ihre Unterstützung würden es nur wenige Westler auf die höchsten Gipfel der Welt schaffen.
Wir werden unsere nepalesischen Bergkameraden erst später wirklich kennenlernen, denn sie begleiten zunächst die Yaktreiber, die mit ihren Lasttieren und Tonnen von Gepäck ins Basislager des Mount Everest ziehen. Wir können ihnen nicht folgen. Wir brauchen Zeit, um uns an die Höhe und ihre dünne Luft zu gewöhnen, und das wird dauern. Nur Lhakpa Rita Sherpa, unser dritter Bergführer und gleichzeitig Sirdar, Leiter der Sherpa-Mannschaft, bleibt bei unserer Gruppe.
Beschaulich lassen wir unser ehrgeiziges Vorhaben angehen. Die ersten Tage wiederholen fast das „Konditortrekking", das ich hier vor einem Monat veranstaltet habe. Auf fast identischen Pfaden besuchen wir die gleichen Bäckereien. Wiedersehensfreude! Ich habe an diesen lukullischen Orten nicht wenige Rupien für Unmengen von Kalorien gelassen, man kennt mich noch, ich genieße den Stammkundenbonus.
„Socialising" ist das Schlagwort der Stunde und die einzige Tätigkeit, die wir in dieser Phase des Nichtstuns ernsthaft betreiben. Wir plaudern viel auf den wenig anspruchsvollen Wegen, teilen unsere Erlebnisse und Erfahrungen mit den anderen, werden zu Freunden.
Am 1. April kommt erstmals Bewegung in unser verschlafenes Team. Während unsere Sherpa zum Mount Everest eilen, bewegen wir uns gemächlich in die Gegenrichtung. Wir wandern flussaufwärts durch das Tal des Bhote Kosi und entfernen uns von den berühmten Aussichtspunkten auf die Gipfel der Welt. Abseits der beiden großen Trekkingrouten bietet dieses Tal die zauberhaftesten Dörfer der gesamten Khumbu-Region. Dörfer, die sich mangels der Touristenströme kaum verändert haben, seit Jahrhunderten in ihrer Ursprünglichkeit verharren.
Nach vier Stunden erreichen wir Thame, die „größte" Bergsteigermetropole dieser Welt. Nur wenige hundert Seelen zählt diese Gemeinde, doch dieses Dorf kann mehr Achttausender-Besteiger aufweisen als jeder andere Ort der Erde. Tenzing Norgay, gemeinsam mit Edmund Hillary Erstbesteiger des Mount Everest, stammte aus Thame, auch Lhakpa Rita, unser Sirdar, und der Großteil unseres Sherpa-Teams kommen aus diesem Dorf, und dann natürlich der große Nationalheld der Nepali – Apa Sherpa. Fünfzehn Mal ist er auf dem Gipfel des Mount Everest gestanden, öfter als jeder andere Mensch auf dieser Welt. Am Abend gesellt er sich zu unserer Runde. Gerne hätte ich ein

Dorf Thame

Gebetsfahnen auf dem Weg zum Mount Everest

Foto mit ihm, ich lasse es aber bleiben, ihn danach zu fragen. Es wird ihm wohl auf die Nerven gehen, wenn ihn jeder Tourist darum bittet. Mein Problem löst sich wie von selbst, denn plötzlich kommt er auf mich zu. „Ich habe gehört, du kommst vom tiefsten Punkt der Welt. Würdest du ein Foto mit mir machen?"

Meine Bergkameraden wirken zufrieden, endlich kommt Bewegung in ihr beschauliches Tun, nur meine Stimmung kühlt merklich ab. Seit Tagen huste ich mir die Lunge aus dem Leib, ständig habe ich leichtes Fieber. Bin ich nicht vor kurzem noch bestens akklimatisiert förmlich über die Trekkingpfade geflogen? Wie gewonnen, so zerronnen! Binnen weniger Tage habe ich durch meine Krankheit die Höhenanpassung verloren. Jetzt muss ich froh sein, mit meinen noch nicht akklimatisierten Kameraden Schritt halten zu können. Finstere Gedanken!

Die Nacht hat das Land in zauberhaftes Weiß gehüllt. Hoch über dem Dorf liegt, malerisch in die Felsen gebaut, die 400 Jahre alte Thame Gompa. Wir steigen zum Kloster hinauf, bestaunen die prächtige Gebetshalle und emp-

Segnung durch Lama Geshe

fangen die Segnung des Lama Rinpoche für unsere Begegnung mit Miyo Lang Sangma, der Göttin des Mount Everest.

Ehe wir Thame verlassen, lädt uns Lhakpa Ritas Mutter in ihr Haus. Alle ihre Söhne haben es an den höchsten Bergen zu Wohlstand und Ruhm gebracht. Die Familie ist sicher nicht arm, doch scheint niemand hier Interesse zu haben, mit Hilfe des Geldes die traditionelle Lebensform gegen Modernität zu tauschen. Im Inneren des Hauses hat sich wohl wenig verändert in den letzten hundert Jahren. Diese Menschen haben ihre Lebensmitte gefunden, zufrieden verharren sie darin. Einflüsse von außen können kommen und werden nicht abgelehnt, wirklich gebraucht werden sie aber auch nicht. Ihr Glaube scheint viel zu dieser ruhigen Ausgeglichenheit beizutragen.

Wir wandern nach Khumjung. Chörten, Mani-Mauern, bunte Gebetsfahnen und Felszeichnungen begleiten den Weg, darüber die schneebedeckten Gipfel der Götter. Jeder Meter ist von der Gläubigkeit der Sherpa erfüllt, Buddhas Auge begleitet jeden unserer Schritte. Auch wir werden von der Spiritualität dieser Religion erfasst, können und wollen uns der allgegenwärtigen Frömmigkeit nicht mehr entziehen. Segnungen, Weisheiten und Gebete, die den Sherpa wichtig sind, werden auch uns wichtig. Auf unserem Weg nach Pheriche besuchen wir das berühmte Kloster Tengpoche, von Lama Geshe, einer der geistlichen Autoritäten des Khumbu, empfangen wir den Segen für unseren Aufstieg auf den Gipfel der Welt.

Für mich wird es täglich härter, mit meiner Expedition mitzuhalten. Ich bin frustriert – vor einem Monat rannte ich die Berge nur so rauf und runter und jetzt werfen mich Wanderungen im Pensionistentempo um. In Pheriche legt mein Team einen Ruhetag ein, doch dies ist für mich zu wenig. Je höher ich komme, desto schwieriger wird es, mich in Ruhephasen auch wirklich zu erholen und meine Krankheit abzuschütteln. Am 6. April wandert meine Gruppe ohne mich weiter, ich bleibe vorerst in Pheriche. Nach drei Nächten in meiner gastlichen Lodge fühle ich mich besser. Nun will ich es genau wissen. Der 5100 Meter hohe Nangkar Tshang ist mein Ziel, mal sehen, wie weit ich komme. Nach etwas mehr als zwei Stunden stehe ich tatsächlich auf seinem Gipfel – nicht schlecht für 850 Höhenmeter, mein Stimmungsbarometer klettert nach oben. Ich will weiter, auch wenn das Fieber beharrlich wiederkehrt. Hinter Dugla führt ein steiler Pfad hinauf auf eine Rampe, ein Platz, an dem man nicht vorbeilaufen kann. Ein Gedenkstein reiht sich an den anderen, niemand soll die Menschen vergessen, die am Mount Everest ihr Leben gelassen haben. Lange verweile ich an Scott Fischers Gedenkstein, dessen lebensfrohen Abenteurergeist ich einst so bewundert habe. 10. Mai 1996 – die tragischen Ereignisse dieser Nacht an der Gipfelpyramide des Mount Everest bewegen mich von Neuem.

Das Tal wird enger, ich wandere auf der Moräne entlang des Khumbu-Gletschers. Meine Aufregung steigt. Vor mir taucht die weltbekannte Bergkulisse auf – Pumori, Lingtren, Khumbu Tse und rechts die zwei Großen, Nuptse und Chomolungma. Vor 22 Jahren war ich hier schon einmal entlanggegangen, ich erkenne sie alle wieder.

Kilometerlang zieht sich das Eis des Khumbu-Gletschers durch das enge Tal, bedeckt mit nur mühsam begehbarem Moränenschutt. Steile, kaum erkletterbare Wände ziehen zu den Sechs- und Siebentausendern hinauf, die das Tal begrenzen.

Nur am Talschluss findet sich rechts ein begehbarer Ausweg, der sagenhafte Khumbu-Eisfall, ein steiler, unheimlich zerrissener Gletscher, der dauernd in Bewegung ist. Unterhalb des Eisfalls liegt auf dem flachen, schuttbedeckten

Eis des Khumbu-Gletschers eine weit verstreute Zeltstadt: das Everest-Basislager. Die Kulisse ist kaum zu überbieten.

BERÜHRUNG MIT DEM MYTHOS EVEREST

Elf Expeditionen werden in diesem Jahr erwartet, die Ansammlung von Zelten wird bald zu Khumbus größter Ortschaft anwachsen. Tage der Ruhe, ich genieße sie, flaniere von Camp zu Camp und muss erkennen, wie klein die Bergsteigerwelt an diesen hohen Gipfeln ist. Überall treffe ich alte Bekannte: großes Hallo, alte Geschichten und neue Träume – Depression und Lagerkoller kann ich mir hier gar nicht vorstellen.

Am 11. April feiern wir mit unserem Sherpa-Team die Puja-Zeremonie. Miyo Lang Sangma, die Göttin des Everest, wird um Gnade gebeten. Ein kleiner Altar wird von unseren nepalesischen Freunden errichtet. Jeder von uns nimmt etwas von seiner Ausrüstung und legt es unter den Altar. Zudem bringen wir Gaben für die Göttin, das Beste, was wir haben – Bier, Coca-Cola, Chips und Kekse. Es ist ein freudiges Fest, das von allen ernst genommen wird. Kein Sherpa würde seinen Fuß in den Eisfall setzen, ohne die Puja mitgemacht zu haben. Einige der Sherpa sind ehemalige Mönche, Fur Kancha ist es immer noch. Sie dürfen diese Zeremonie halten und leiten. Das Murmeln ihrer Gebete entrückt uns in lang vergessene Andächtigkeit. Wir, die Fremden, sind keine Buddhisten, doch wir sind alle berührt von dieser toleranten Religion, von ihrem geistigen Oberhaupt, dem Dalai Lama, von den einfachen Lebensweisheiten und dem spirituellen Einssein mit einer uns kaum begreifbaren Natur. Am Ende genießen wir ausgelassen die für die Gottheit bestimmten Opfergaben, vom Altar aus werden Gebetsfahnen in alle Richtungen weit über unser Lager hinweg gespannt. Sie werden uns fortwährend daran erinnern, dass wir hier keinen Berg besiegen können, dass wir nur die Gnade erhalten, uns an seinen Flanken zu bewegen.

In den nächsten vier Tagen kommen wir erstmals mit unserem Berg in Berührung. Wir steigen in den von Mythen umwobenen Khumbu-Eisfall ein – eine faszinierende Landschaft aus teils überhängenden Eistürmen, kleinen Gletscherseen und einem Labyrinth von Gletscherspalten, das nur mittels luftig gelegter Leitern überwunden werden kann. Wir üben an senkrechten Eiswänden, zittern uns auf waagrecht gelegten Leitern über Spalten, deren Grund wir nicht mehr sehen können. All das soll uns für den Berg der Berge vorbereiten.

Mount Everest und Nuptse vom Trekkingberg Kala Pattar aus gesehen

Blick vom Basislager auf den Khumbu-Eisfall

Fieberhaft arbeiten die „Eisfalldoktoren“ daran, die Route durch das Gletscherlabyrinth zu vollenden. Dieses kleine, aus drei Sherpa bestehende Team wird von allen Expeditionen für ihre Arbeit bezahlt. Die Eisfalldoktoren suchen einen Weg durch dieses Chaos aus Eistürmen und Spalten und versichern ihn mit Fixseilen und Leitern. Da der Gletscher dauernd in Bewegung ist, können Teile der Route über Nacht wieder verschwinden. Deshalb steigen die Eisfalldoktoren täglich durch den Gletscherbruch und betreuen ihr fragiles Werk. Ohne ihre Arbeit würde vermutlich niemand aus dem Basislager diese erste große Hürde am Berg bewältigen. Oberhalb des Eisfalls arbeiten dann die Expeditionsteams zusammen an der weiteren Sicherung der Aufstiegsroute.

Vor 22 Jahren wurde mein Diabetes diagnostiziert. Mein Arzt wollte mich damals ermutigen und meinte, dass ich mit einem streng disziplinierten Leben durchaus fünfzig Jahre alt werden könnte. Wenige Monate davor war ich hier im Basislager gewesen, habe erstmals diese märchenhafte Bergkulisse erlebt. In meinen Träumen habe ich sie immer wieder aufgesucht, an eine reale Rückkehr war mit meinem Diabetes jedoch jahrelang nicht zu denken. Die empfohlene strenge Disziplin habe ich nicht lange durchgehalten, doch nun ist der 13. April 2006, nun bin ich fünfzig und ich bin zurückgekehrt in diese Bergwelt meiner Träume, mit Zielen, die noch Tausende Meter höher liegen. Ausgelassen feiern wir meinen Geburtstag im Mannschaftszelt. Sylvias Geburtstagsgeschenk, die Kupfermünze mit den Fäden des Glücks, wird mich auf die eisigen Grate Chomolungmas begleiten.

Am Ostersonntag wandern meine Freunde talauswärts über den Gletscher in die winzige Siedlung Gorak Shep und besteigen den Kala Pattar, den berühmten Aussichtsberg auf den Mount Everest, Ziel und Endpunkt der meisten Trekkingtouren. Mit dem schwachen Trost, vor zwei Jahrzehnten schon auf diesem Gipfel gestanden zu haben, bleibe ich wieder einmal zurück und suche stattdessen verzweifelt im Medical Tent nach einem Wundermittel gegen mein Siechtum. Der bellende Husten hat auch meinen Magen-Darm-Frieden mächtig ins Wanken gebracht. Ich bin nun an einem Punkt, an dem es nur noch besser werden kann. Und das muss auch so sein, denn die Zeit wird allmählich knapp. In zwei Tagen wollen wir aufsteigen und mehrere Nächte über 6000 Meter verbringen.

Ich spüre den Druck, der auf mir lastet, auch wenn ich versuche, ihn abzuschütteln. Die österreichischen Medien berichten von meinem Vorhaben,

Bergsteiger- und Diabetikerforen diskutieren über meine Tour, jeder erwartet den großen Erfolg von mir. Gerne wäre ich still und leise aufgebrochen, doch dies war unmöglich, wollte ich doch auch die Interessen meiner Sponsoren wahren.
Frühmorgens am 18. April liegen unsere Aufstiegspläne unter 35 Zentimetern Neuschnee begraben. Gewitter und Schneestürme haben die ganze Nacht gewütet und das Basislager in eine verschlafene Tiefschneelandschaft verwandelt, aus der es in den nächsten Tagen nicht erwachen wird. Die mühsam angelegte Route durch den Eisfall ist nicht mehr auffindbar. Es folgen weitere Tage des Wartens, in denen ich oft mit meinem alten Kumpel Walter Laserer aus Gosau herumhänge, der mir vor Jahren das Skitourengehen beigebracht hat.
In den Morgenstunden des 21. April bricht unser Team bei Dunkelheit und beißender Kälte in den Eisfall auf. Endlich ist es so weit! Wir sind nicht allein in diesem Wirrwarr aus Eistürmen, Gletscherspalten und Leitern. Auch andere Teams nützen die Chance des sich bessernden Wetters, viele Sherpa sind, bedeutend schneller als wir, mit Lasten im Eisfall unterwegs.
Wir klettern durch ein Chaos von Eisblöcken, Popcorn genannt, auf eine kleine Rampe. Rast in den ersten wärmenden Sonnenstrahlen! Da verbreitet sich das Gerücht, dass im oberen Teil des Eisfalls einige Eistürme eingestürzt und Sherpa zu Tode gekommen sind. Fassungslosigkeit! Eben haben wir das Leben noch genossen, Augenblicke später herrscht Verzweiflung. Dave und Lhakpa eilen voraus zur Unglücksstelle. Wir kämpfen uns hinter den beiden her, so schnell es geht. Vielleicht können wir dort oben noch etwas ausrichten. Welch naive Vorstellung! Die Natur hat mit Brachialgewalt zugeschlagen. Eismassen von der Größe mehrerer Häuser sind hier in eine weite Senke gestürzt, nicht einmal den kleinsten der Blöcke können wir auch nur einen Zentimeter von der Stelle rücken. Chancenlos! Wir müssen die Wahrheit akzeptieren. Zehn Sherpa waren in dieser Senke unterwegs, als zwei Eistürme in sich zusammenstürzten und eine riesige Eiswand zum Einsturz brachten. Gewaltige Eisblöcke stürzten auf die Gruppe herab und begruben drei von ihnen, ohne dass noch irgendetwas von ihnen zu sehen war. Vier weitere Sherpa wurden durch kleinere Eisgeschoße verletzt, auch Kami Rita aus unserem Team. Sie alle konnten, schwer geschockt, den Abstieg ins Basislager aus eigener Kraft bewältigen.
Es herrscht Bestürzung und Ratlosigkeit! Dave entscheidet, weiter zu Lager I aufzusteigen. Das Ende des Eisfalls liegt nur 70 Meter über uns, der Abstieg

Auf schwankenden Leitern geht es über das Spaltengewirr des Western Cwm.

Im Khumbu-Eisfall

ins Basislager wäre zu dieser vorgerückten Stunde für uns zu gefährlich. Wenig später klettern wir aus dem Gewirr von Spalten und Eisblöcken hinaus auf weite Schneeflächen. Wir haben den Western Cwm erreicht, das höchste Tal dieser Welt, begrenzt von den mehr als 2000 Meter hohen Wänden des Nuptse, des Lhotse und des Mount Everest. Für die Schönheit der Kulisse haben wir keine Augen. Still rasten wir am ersten sicheren Platz seit Stunden, das Gesicht in unsere Hände vergraben. Sonnenschein und herrliches Wetter scheinen die Grausamkeit des Berges verbergen zu wollen. Wir denken an Dawa Temba Sherpa, Lhakpa Tsheri Sherpa und Phinzo Sherpa. Sie werden diese Sonne nicht mehr fühlen können.
Physisch und psychisch am Ende trotten wir weiter, wortlos, überwinden noch manch schaurig tiefe Gletscherspalte auf schwankenden, horizontal gelegten Aluleitern, bis wir spät einige Zelte erreichen, die unser Sherpa-Team hier vor Tagen aufgestellt hat – Lager I in 6000 Metern Höhe.
So erwartungsvoll haben wir unseren ersten Aufstieg am Berg herbeigesehnt, doch Freude kommt bei keinem von uns auf, zu sehr beschäftigen uns die tragischen Ereignisse des letzten Tages. Nach einem aktiven Ruhetag in der Umgebung von Lager I steigen wir nach zwei Nächten in sechs Stunden zu Lager II am Ende des Western Cwm in knapp 6500 Meter Höhe auf. Hier hat unser Sherpa-Team für uns ein komfortables Lager mit Mannschaftszelt aufgebaut. Wir bleiben zwei Nächte und versuchen, uns an die große Höhe anzupassen. Für mich geht das nicht ohne Probleme ab. Meine Wehwehchen, die ich aus dem Basislager mitgebracht habe, wachsen hier in der Höhe zu beschwerlicher Größe heran. Bedrohlich erhebt sich hinter dem Lager die fast 2000 Meter hohe Lhotse-Wand. In ihrer Mitte wird Lager III entstehen. Am 25. April steigen wir in knapp sieben Stunden vom Lager II ins Basislager ab.
Nun gibt es einige Tage der Ruhe, ehe wir unseren zweiten Akklimatisationsgang starten, um zu Lager III in der Lhotse-Wand aufzusteigen. Ich schwächle im Basislager umher, will endlich frei sein von den dauernden Hustenanfällen, will auch nicht das Toilettenzelt zu meiner zweiten Heimat erwählen. Die Pharma-Speisekarte habe ich schon rauf und runter genossen, alles umsonst. Nun entschließe ich mich, nichts mehr von all den Mittelchen zu futtern. Diese Heilmethode zeigt endlich Wirkung und ich kann beschwerdefrei meinen zweiten Ausflug auf den Everest starten.
Der Aufstieg in die Lager I und II geht nun schon um einiges leichter und schneller. Wir lassen zwei Ruhetage in unserem Komfortlager folgen, einen

geplanten und einen ungeplanten. Auch das Schlafen läuft nun wie am Schnürchen hier in 6500 Metern Höhe. Am 3. Mai versuchen wir uns erstmals an der berühmten Lhotse-Wand, oder zumindest fast. Der Mund bleibt mir offen stehen, das Herz sinkt tief in die Hose, denn die Wand beginnt mit einer fast senkrechten Stufe aus Blankeis. Wie soll ich da nur drüberkommen? Ein eisiger Wind fegt vom Südsattel mit gewaltiger Kraft losen Schnee in den Einstieg. Bald müssen wir einsehen, dass wir heute nicht weiterkommen – Aufschub und Rückkehr zu Lager II!

Am nächsten Tag wird es dann ernst. Wieder weht kalter Wind herab, aber wir können nicht warten, bis er sich legt. Große Teile dieser steilen Wand sind blankes Eis, Durchschnittsneigung 50 Grad, kurze Passagen mit bis zu 80 Grad. Meter für Meter geht es, gesichert an Fixseilen, hinauf auf 7350 Meter Höhe. Einige Zelte kleben stark geneigt und mit Fixseilen verankert an einem etwas flacheren Absatz dieser gewaltigen Wand. Ausrutschen darf man hier nicht! Kein Schritt ohne Selbstsicherung in diesem luftigen Lager, auch jedes Gepäck- und Ausrüstungsstück muss hier mit Karabinern fixiert werden. Wir kochen uns im Zelt eine Nudelsuppe und löffeln sie lustlos aus. Der Appetit fällt fast auf null. Warum passiert mir das nie zu Hause? Das Schlafen beschränkt sich auf Dösen, mehr ist in dieser Höhe fürs Erste nicht drin, für keinen von uns.

Gerade 1500 Höhenmeter fehlen uns noch zum Gipfel, der vorgelagerte Südgipfel wirkt schon zum Greifen nahe. Gerne wollten wir hier weitersteigen, doch das würde uns nicht gut bekommen. Also alles retour! In zwei Tagen steigen wir ins Basislager ab.

Als wäre es nicht genug, so viel an Höhe verloren zu haben, geht es noch tiefer. Auch im Basislager ist wirkliche Erholung nicht möglich. Selbst bei Ruhe und Gopals herzhafter Küche bauen unsere Körper stetig ab. Vor zehn Jahren hat der berühmte kasachische Bergsteiger Anatoli Boukreev hier einen Geniestreich gelandet. Vor seiner historischen Doppelbesteigung von Everest und Lhotse ist er für einige Tage in die Dörfer des Khumbu hinabgestiegen, um dort noch einmal richtig aufzutanken, was in über 5000 Metern nicht mehr möglich ist. Viele Expeditionen haben seither seine Strategie übernommen, so auch wir.

Wer wirklich „dicke Luft" atmen will, der muss tief hinunter. Genau das tun wir. In zwei Tagesetappen kehren wir zurück in das Dörfchen Deboche, versteckt gelegen in den Wäldern unter dem berühmten Kloster Tengpoche. Wir

sind auf 3700 Metern Höhe, alles ist grün, der Rhododendron steht in Blüte, wir liegen in der Sonne und das Leben schießt förmlich ein in unsere matten Glieder. Es gibt Pizza, Spaghetti, Bier, und das nicht zu knapp. Nur zwei Tage bleiben wir hier, es reicht, um uns zu neuen Menschen zu machen. Energiegeladen verlassen wir am 11. Mai unseren gastlichen „Urlaubsort“ und erreichen nach drei Tagen wieder das Basislager. Unsere Akklimatisation ist abgeschlossen, nun sind wir bereit für größere Taten. Die Wettergurus haben jetzt das Sagen, sie müssen entscheiden, wann es wirklich nach oben geht.
Die Wetterprognose stellt Dave vor eine schwierige Entscheidung. In den nächsten vier Tagen werden optimale Bedingungen für einen Gipfelangriff herrschen. Danach soll Wind und Schneefall einsetzen, der die Erfolgsaussichten täglich verschlechtern wird. Am 21. Mai erwarten die Meteorologen, dass der Höhepunkt der Schlechtwetterfront den Berg erreichen und für mehrere Tage, vielleicht für eine Woche, jeden Gipfelversuch unmöglich machen wird. Dave hat die Wahl, so schnell wie möglich, also morgen, mit dem Aufstieg zu beginnen und, wenn alles optimal läuft, am 20. Mai den Gipfel zu erreichen, oder aber etliche nervenzehrende Tage im Basislager zuzuwarten, in der Hoffnung, dass sich nach der Schlechtwetterfront und noch vor Eintreffen des Monsuns eine weitere Chance auf den Gipfel auftut.
Nur wenige Tage im Jahr ist der Mount Everest wirklich besteigbar. Fast alle Bergsteiger nützen diese kurze Periode im Mai, in der relative Ruhe auf der Gipfelpyramide zu erwarten ist. Bis in die ersten Maitage hinein ist der Jetstream auf die höchsten Gipfel des Himalaya gerichtet und fegt orkanartige Winde gegen seine Erhebungen. Im Basislager und selbst im Western Cwm kann wunderbares Wetter herrschen, ein Blick hinauf zur schwarzen Felspyramide des Everest verrät jedoch, was dort oben los ist. Beständig hält sich eine vom Wind aufgewirbelte Schneefahne über dem Gipfel, die kein Überleben dort oben zulassen würde. Danach drängt der aus der Bengalischen Bucht herannahende Monsun den Jetstream Richtung Tibet ab. Ehe der Monsun nun mit voller Wucht auf die Himalaya-Hauptkette trifft, gibt es einige windschwache Tage in der Gipfelregion.
In dieser Zeit drängt alles nach oben. Der 11. oder 12. Mai wären heuer ideale Tage für einen Aufbruch nach oben gewesen. Diese Phase haben wir durch unseren Aufenthalt in Deboche verpasst.
Dave hat entschieden: Morgen früh um drei Uhr brechen wir auf. Dave will unser Team in Position bringen. Im komfortablen Lager II sind wir dem Gip-

fel um zwei Tage näher und können flexibler auf die Wetterentwicklung reagieren. Dort ist es auch noch möglich, mehrere Tage ohne große physische Schwächung zu verweilen. Weiter oben ist ein solches Warten auf optimale Bedingungen nicht mehr möglich. In Höhen über 7000 Metern kann der Mensch nur wenige Tage überleben. Es bleibt dann nur die Wahl zwischen schnellem Aufstieg oder endgültigem Abbruch.

Die berühmte Ruhe vor dem Sturm! Aufregende Stunden! Chomolungma ist weit mehr als ein gewaltiger Gigant aus Fels und Eis. Für viele Menschen aus aller Welt ist er zum Mythos geworden – ein Mythos, der von den Abenteuern, Ängsten, Entbehrungen, Erfolgen und auch Tragödien all derer lebt, die an seinen Flanken nach oben streben. Eine unendliche Geschichte! Nun hören wir auf, über ihn zu lesen, zu grübeln und zu träumen, nun werden wir ihn fühlen, werden selbst ein Teil dieses Mythos sein.

Es ist Muttertag! Ich weiß, dass ich meiner Mutter mit der Ankündigung unseres Aufstiegs Zeiten voller Sorge bereiten werde, und dies gerade an jenem Tag, an dem so viele Menschen in aller Welt ihren Müttern Freude bereiten wollen. Es nagt an mir.

Markus, mein Sohn, kämpft in diesen Tagen um einen Gipfel der anderen Art. Er schreibt seine Reifeprüfung. Ich kann hier nur an ihn denken, seine große Herausforderung muss er alleine meistern.

Nach dem Abendessen bildet sich eine Warteschlange vor dem einzigen Satellitentelefon unserer Crew. Jeder will sich für die nächsten Tage von seinen Lieben verabschieden. „Heute Nacht steigen wir auf.“ Bange Glückwünsche begleiten uns in den Schlaf.

DER AUFSTIEG AUF DEN GIPFEL DER WELT

15. Mai, vier Uhr morgens – noch liegen Dunkelheit und eisige Kälte über dem Basislager. Es ist so weit, wir wollen ganz hinauf auf das Dach der Welt. Kein Training mehr an Eiswänden, keine Akklimatisationstouren – nur noch hinauf, jetzt oder nie. Wer wird mir glauben, dass nichts härter ist an diesem Berg als dieses nächtliche „Anlassen“ des Körpers. Ist der Anstieg später auch noch so anstrengend, wenn die Körperfunktionen bereits in Fahrt sind, ist alles viel leichter. Das Öffnen des wohlig warmen Schlafsacks, das Anziehen unzähliger Kleidungsschichten, jedes Berühren der Zeltwände führt zu einem feinen Eisregen auf der noch nackten Haut. Das Frühstück wird hinun-

tergewürgt – schmecken kann es in dieser Höhe und bei diesen Temperaturen sowieso nicht. Zwei Liter Tee bereite ich zu, dann lege ich den Klettergurt an. Inzwischen ist es Tag geworden, ich kann die Stirnlampe wegpacken. Die Kälte wird aber noch mehrere Stunden den Berg überziehen. Zuletzt wartet die größte Herausforderung, das Anlegen der Steigeisen – ohne Handschuhe! Das Ganze muss schnell gehen, sonst erholen sich die klammen Finger für Stunden nicht.

Nur wenige Minuten benötigen wir bis zum Einstieg in den Khumbu-Eisfall. Dort warten bereits Reporter und Kameramann der BBC, um mit mir ein letztes Interview zu machen. Die Tatsache, dass ich meinen Anstieg am tiefsten Punkt der Erde begonnen habe und zudem Diabetiker bin, hat sich im Basislager herumgesprochen und das Interesse der Filmcrew geweckt.

Vor mehr als sieben Monaten habe ich meine Heimat verlassen, nun liegt die härteste Woche vor mir. Wird mich hier die Wirklichkeit eines allzu hochgesteckten Zieles einholen? Werde ich hier, an diesem zum Mythos verklärten Giganten, meine Grenzen erfahren?

Ein letztes Mal arbeiten wir uns hinauf durch dieses Labyrinth aus Eistürmen und Gletscherspalten. So schnell wie möglich wollen wir dieses gefährliche Paradies hinter uns lassen.

Über uns ein mächtiges Donnern! Von der Westschulter des Everest geht eine Lawine ab, sie wird im Eisfall abrupt gestoppt. Eine Wolke aus feinem Schnee bedeckt den Himmel. Sekunden später stehen wir als Schneemänner da. Niemand ist zu Schaden gekommen – Aufatmen, befreites Lachen, wir steigen weiter. Über dem Popcorn benannten Gewirr aus Eisblöcken kommen wir in jene Landschaft aus bedrückend hohen Eistürmen, in der vor knapp einem Monat drei Sherpa ihr Leben lassen mussten. Leise, so als ob wir die Eisgiganten nicht in ihrem Schlaf stören wollten, kämpfen wir uns durch diese unheimliche Szenerie hinauf. Durchatmen, als wir nach gut vier Stunden die Kante erreichen, wo das Gletschereis des Western Cwm in die Tiefe des Eisfalls abbricht.

Die ersten Sonnenstrahlen erreichen uns hier bei der Rast und in Minuten sind wir „aufgetaut". Schicht um Schicht wird die Kleidung abgelegt, später wandern wir freizügig im Unterhemd über das sanft ansteigende Gletschereis mit seinen atemberaubenden Querspalten. Das Steigen wird nun bedeutend leichter, die Szenerie bleibt spektakulär. Die Gipfelgrate der drei Berggiganten Nuptse, Lhotse und Everest bilden ein gewaltiges Hufeisen, das dieses

höchste Tal der Welt um mehr als 2000 Meter überragt. Noch nie hat ein Bergsteiger dieses Hufeisen begangen, eine der letzten großen alpinistischen Herausforderungen. Die fast 2000 Meter hohe Lhotse-Wand bildet den Talschluss des Western Cwm, aus unserer Perspektive wirkt sie unbezwingbar steil. Wieder gilt es, die schaurig tiefen Gletscherspalten auf horizontal gelegten Aluleitern zu überwinden. Ich werde mich wohl nie daran gewöhnen, es ist jedes Mal ein Adrenalinkick. Zum Teil sind drei oder vier solcher Leitern bloß durch Reepschnüre miteinander verbunden. Stets muss ich mich von Neuem überwinden, mich über diese schwankenden Behelfe zu tasten.
Um elf Uhr rasten wir bei den Zelten des lawinengefährdeten Lagers I in 6000 Metern Höhe und entscheiden uns für den Weitermarsch. Nach gut zehn Stunden erreichen wir Lager II am Ende des Western Cwm.
Zwei Etappen an einem Tag, das verlangt nach einem Ruhetag. Und wir können ihn genießen, die Sonne heizt das Zelt auf über 40 Grad auf. Einzig mit der Unterhose bekleidet, liegen wir auf unseren Schlafsäcken, die Zelteingänge weit geöffnet, nur so können wir die gewaltige Hitze ertragen. Noch hat kein Team die Nacht auf dem Südsattel verbracht, um diesen herrlichen Tag für den Gipfelangriff nützen zu können. Nur von der tibetischen Nordseite werden über Funk etliche Gipfelerfolge gemeldet. Ich schließe die Augen und döse hinein in ein Meer aus spannungsgeladener Hoffnung. Mein Blick gleitet hinaus durch das offene Zelt, hinweg über das schlafende Lager und die sanft geneigten Eisflächen des Western Cwm bis zum Ufer des gewaltigen Wolkenmeeres über dem Khumbu-Tal, aus dem die Gipfelpyramiden von Pumori und Lingtren herausragen. Stundenlang kann ich die Herrlichkeit dieser Landschaft in mich einsaugen. Unzählige Berichte habe ich schon über diesen Aufstieg gelesen. Meist standen unmenschliche Qualen, stete Todesgefahr und die Grenze des Menschenmöglichen im Vordergrund. Hatte ich erwarten können, dass ich hier so viel an Genuss und Lebensfreude finden werde?
Unser letztes wirkliches Abendessen vor dem Gipfelsturm verläuft in einem völlig anderen Ambiente. Während der letzten zwei Stunden ist die Temperatur um 65 Grad gesunken. Fest in Daune gepackt und eng aneinandergekuschelt, zittern wir die Köstlichkeiten in uns hinein und empfangen die letzten Instruktionen für den Aufstieg durch die Lhotse-Flanke. Kay fühlt sich schlecht, hustet stark und entscheidet, morgen zum Basislager abzusteigen und damit ihre Gipfelambitionen aufzugeben. Wir fühlen mit ihr, können

verstehen, wie schlimm es sein muss, nach all den harten Wochen der Vorbereitung, das nahe Ziel aufgeben zu müssen. Doch Kay ist beharrlicher als wir alle, sie wird wiederkommen und bei ihrem vierten Anlauf, am 23. Mai 2009, den Gipfel erreichen.

17. Mai – nach zweistündigem Zustieg stehen wir am Fuß der Lhotse-Wand. Die Sonne steht bereits über dem Western Cwm und taucht alles in wohlige Wärme. Bei Windstille ist es viel leichter, sich über die fast senkrechte Eisstufe in die Wand zu hieven. Der Schneefall der letzten Wochen hat hier kaum Spuren hinterlassen, Blankeis überzieht die steile Wand. In 7300 Metern Höhe erreichen wir einen fast flachen Absatz. Hier haben die meisten Expeditionen ihr Lager III errichtet. Eng aneinandergereiht stehen die Zelte, alle in einheitlichem Gelb. Unser Tagesziel liegt noch gut 50 Meter höher, oberhalb einer kräfteraubenden Steilstufe aus blankem Eis. Zerfetzte Zeltreste vergangener Expeditionen hängen lose an alten Seilen über dem Abgrund. Zwei Meter neben der Aufstiegsroute bedeckt eine Plane den Leichnam des Tschechen Pavel Kalny, der vor wenigen Tagen aus der oberen Lhotse-Flanke 300 Meter in die Tiefe gestürzt ist. Chilenische Bergsteiger, die wie er den Lhotse besteigen wollten, fanden ihn noch lebend in der Wand. Sie brachten ihn zu den Zelten im Lager III. Dort ist er wenig später verstorben.

Bedrückt steige ich die letzten Meter hinauf. Stark geneigt kleben unsere Zelte hier am Hang, kaum einen Meter entfernt von einer tiefen Spalte. Ich werfe meinen Rucksack ab und fixiere ihn, wie auch mich selbst, mit einem Karabiner an einem quer über die Wand verlaufenden Fixseil. Ohne Selbstsicherung will ich mich hier nicht im Freien aufhalten. Es ist noch zeitig am Nachmittag, wesentlich früher als bei unserem letzten Eintreffen an diesem Platz. Die Sonne steht hoch über der imposanten Pyramide des Pumori, auf dessen Gipfel ich nun schon hinunterblicken kann. Ich habe keine Eile, ins Zeltinnere zu verschwinden.

Hier oben bietet sich meinen Blicken erstmals mehr Himmel als Erde. Tief unter mir bedecken massige Kumuluswolken die tiefen Einschnitte des Khumbu-Tales und des Western Cwm. Die hoch über dem Horizont stehende Sonne spielt mit diesem bewegten Meer. Ständig entstehen neue Muster aus Schatten und blendendem Weiß, eine gewaltige Brandung aus Wolken, die mit 100 Meter hoher Gischt auf die Steilabstürze des Nuptse und des Everest trifft. Erst als die letzten meiner Freunde die Zelte erreichen, muss auch ich die Galerie über der Welt verlassen und mit den anstehenden Arbeiten begin-

Aufstieg durch die Lhotse-Wand (oben und unten)

nen. Wieder bin ich mit Vern im Zelt und es dauert einige Zeit, bis wir unser Nachtlager gemütlich gestaltet haben. Die Hitze der letzten Tage hat unter dem Zeltboden eine Mulde gebildet, in die wir uns auf engem Raum hineinrollen können. Auf diese Weise können wir heute den Kampf gegen das Abrutschen, den wir beim ersten Aufenthalt in diesem Zelt ständig führen mussten, vermeiden. Dafür wird das Abstandhalten vom Zeltnachbarn zum Dauerstress. Die Sonne verschwindet in der Brandung des Wolkenmeeres, es wird eisig, nichts wie rein in die wohligen Schlafsäcke. Mit klammen Fingern geht es ans Kochen. Nudelsuppe und Tee – ein karges Mahl, doch feste Nahrung bringen wir hier nicht mehr hinunter.

Wir schlafen tiefer und sind besser erholt als vor zwei Wochen, beste Laune also beim Start in den neuen Tag. Bei sonnigem Wetter setzen wir unseren Aufstieg durch die Lhotse-Wand fort. Zur Thermosflasche gesellt sich eine Sauerstoffflasche in unserem Rucksack, das Spiel mit der „englischen Luft" soll nun beginnen, wir sollen das artfremde Atmen erlernen. Der Südgipfel des Mount Everest rückt mit jedem Schritt näher. Die Luft ist hier schon so dünn, da soll ich meine Atmung mit einer Maske behindern? Alles in mir sträubt sich, das schreckliche Ding anzulegen. Schließlich überwinde ich mich, spiele mit dem Flow, nasche mal ein bisschen mehr, dann wieder weniger, dann wieder mehr. Nach zwei Stunden habe ich genug von dieser Spielerei, streife die Maske ab und drehe den Regler auf null. Genug geübt für heute! Es werden noch härtere Zeiten kommen, in denen ich gierig an der Flasche nuckeln werde.

Langsam, ohne große Schwierigkeiten geht es Meter um Meter hinauf. Das Gelände ist hier bedeutend einfacher als im unteren Teil der Wand, flacher und daher auch mit einer brauchbaren Schneeauflage über dem eisigen Untergrund. In 7900 Metern Höhe queren wir die Lhotse-Flanke ohne nennenswerten Höhengewinn, bis uns eine riesige Felsnase den Weg versperrt – der Genfer Sporn. In leichter Felskletterei hieve ich mich auf die andere Seite dieser Felsrippe und stehe plötzlich in einer gänzlich veränderten Wettersituation: Ein Sturm erfasst uns, sodass ich mich kaum mehr auf den Beinen halten kann. Da hier die Fixseile enden, ist nun extrem sauberes Steigen angesagt. Ein Fehltritt würde 1300 Meter tiefer enden. Unser Tagesziel, der Südsattel, ist zum Greifen nahe. Doch ich kann nichts von einem Lager erkennen. Der Orkan fegt den Schnee über die Passhöhe und verbirgt alles hinter einem grau-weißen Schleier. Schließlich finden wir die gelben Zelte, die unsere

Sherpa-Freunde für uns am Südsattel aufgestellt haben – Lager IV, das höchste Camp am Berg, 7960 Meter über dem Meeresspiegel. Schnell richten sich Vern und ich in einem der windgeschüttelten Zelte ein.
Ich lege mich im Schlafsack zurück, die Müdigkeit entweicht langsam aus meinem Körper. Dreißig Stunden wollen wir hier am Südsattel warten und ruhen, ehe wir in der nächsten Nacht den Aufstieg wagen wollen. Das ist der Plan. Doch es kommt ganz anders. Hektische Unterredungen der Expeditionsleiter am Südsattel! Bergsteigerlegende Guy Cotter kommt mehrfach in unser Zelt. Telefonate in die USA, nach Indien und in die Schweiz, mit den kompetentesten Wettergurus der Welt. Die Vorhersagen sind deprimierend. Schon jetzt bläst der Wind mit 60 Stundenkilometern über den Südsattel, in der Nacht soll er noch wesentlich stärker werden. Und für morgen sehen die Vorhersagen ganz düster aus.
Dave entscheidet sich für alles oder nichts. Noch in dieser Nacht, nach nur wenigen Stunden Ruhe, soll der Aufstieg zum Gipfel beginnen! Ich spüre, wie sich alles in mir verkrampft, wie meine Hunderte Male vorgefühlte Aufstiegsstrategie aus dem Gleichgewicht gerät. Nein, ich fühle mich noch nicht bereit für den Aufstieg. So sehr habe ich mich eingestellt auf die Stunden der Ruhe, dass ich völlig unfähig bin, die innere Uhr noch einmal umzustellen. Der Aufstieg vom Basislager zum Südsattel, die Zeiten der Anstrengung und der Erholung, dieser Rhythmus passte haargenau zu meinem Körper, und wohl nicht nur zu meinem. Doch nun wird diese erfolgreiche Aufstiegsstrategie durch die düsteren Wetterprognosen gebrochen.
Dave muss diese Entscheidung treffen, er muss alles riskieren, um nicht jede Chance auf einen Gipfelerfolg durch Zögern zu verspielen. Unsere persönlichen Chancen sind gesunken. Es wird eine beinharte Selektion an der windumtosten Gipfelpyramide geben. Werden die Stärksten bis nach oben gelangen können?
Es ist neun Uhr abends, der Orkan rüttelt an unserem Zelt. Keine Zeit für Mußestunden. Für das Anziehen und Bereitmachen, eine Tätigkeit, die im Basislager wohl kaum mehr als zwanzig Minuten in Anspruch nimmt, müssen wir heroben zwei Stunden rechnen. Einige Löffel Nudelsuppe, eine halbe Tasse Tee, knapp vor elf Uhr dränge ich hinaus in eine menschenfeindliche Welt. Nur mit Mühe gelingt es mir, in diesem Sturm die Steigeisen zu fixieren und den Sauerstoff korrekt einzustellen. Die Finger sind in diesen wenigen Augenblicken völlig klamm geworden.

Dave meldet Ellie per Funk unseren Aufbruch, binnen Minuten sendet sie die Meldung via Internet euphorisch in die Welt hinaus. Ihre Euphorie ist die einzige in dieser Nacht. Dumpf stapfe ich durch den Schnee auf ein fernes, unerreichbares Ziel zu. Mein Oberkörper ist krumm nach vorne gebeugt, als ob ich mit einem unsichtbaren Stock den Anstieg bewältigen wollte, um die wenigen freien Stellen meines Gesichts vor den messerscharfen Eiskristallen zu schützen, die der Sturm über die Flanke herunterfegt. Nur wenige Minuten nach dem Aufbruch kommt ein Licht auf mich zu. Es ist Suzanne. Sie gibt auf. Ihre Chance auf den Gipfel ist dahin. Ich kann auch ohne Worte ihre Enttäuschung fühlen. Jahrelang hat sie auf diesen Tag hingearbeitet. Ihr großes Ziel, die Seven Summits, war zum Greifen nah, und nun scheitert sie am allerletzten, wenn auch härtesten aller Anstiege. Wer in dieser Nacht umkehrt, wird sobald keine zweite Chance mehr bekommen.

Schritt um Schritt – langsam, aber beständig an Höhe gewinnen, das ist die einzige Strategie, der wir jetzt folgen können. Längst ist mir meine gekrümmte Haltung zu mühsam geworden. Aufrecht stapfe ich am Ende der Lichterkette und ertrage emotionslos den Eisregen auf meinem Gesicht. Mein Denken ist noch klar, doch für Gefühle ist mein Geist zu abgestumpft. Alles in mir scheint automatisiert. Ich will nicht aufgeben, solange mich mein Körper dazu nicht zwingt. Gerade in den letzten Jahren habe ich so oft erlebt, dass ich mich mit meinen Kräften völlig am Ende fühlte und mein Körper dann doch noch riesige Reserven mobilisieren konnte. Nicht der Körper, der Kopf entscheidet, wann der letzte Tropfen Sprit verbraucht ist!

Es ist Viertel vor eins, der Höhenmesser zeigt 8150 Meter. Es wird knapp. Um zwölf Uhr mittags muss jeder umkehren, egal wo er sich gerade am Berg befindet. Andernfalls könnte es, besonders bei den herrschenden Wetterverhältnissen, äußerst schwierig werden, lebend und ohne körperliche Schäden zum Südsattel zurückzukehren. Elf Stunden verbleiben für 700 Höhenmeter, ein Anstieg, der mit jedem Schritt schwieriger wird.

Während ich mich langsam an das unbehagliche Ambiente gewöhne, tritt abermals eine unerwartete Wende ein. Dave bricht den Aufstiegsversuch ab – Rückkehr zum Südsattel! Hunderte von Gedanken strömen auf mich ein. War der Abbruch wirklich notwendig gewesen, jetzt, wo sich die misslichen Bedingungen zumindest nicht mehr verschlechtert haben? War dies unsere einzige Chance am Mount Everest gewesen, oder wird sich auf wunderbare Weise noch eine zweite Möglichkeit bieten? Meine Gedanken sind beschwert

und düster, doch mein Körper fühlt Erleichterung, als es endlich abwärts geht.
Durch die treibenden Schneewände hindurch kann ich Lichter unter mir erkennen. Einige Sherpa haben Lampen an den Zelten angebracht, um allen am Berg die Position des Lagers anzuzeigen. Diese Orientierungshilfe verschwindet jedoch immer öfter, je näher wir zum Südsattel kommen, schließlich fällt sie vollends aus. Der Sturm, der auf die mächtigen Felswände trifft, wird wie bei einer Düse durch den schmalen Einschnitt zwischen Everest und Lhotse gepresst und verwandelt sich dort zum Orkan. Die Zelte, nicht mehr als 300 Meter entfernt, sind in dem Schneegestöber nicht mehr auszumachen. Graupelgeschosse zerstechen mein Gesicht und lassen die wenigen freien Hautstellen eisig und hart werden. Binnen weniger Minuten sind wir im Whiteout. Nicht einmal meine Kameraden, die nur wenige Schritte neben mir mit dem mächtigen Groll Chomolungmas kämpfen, kann ich in diesem Schnee- und Eissturm erkennen. Ich spüre, welcher Gewalt ich hier ausgeliefert bin, in welches Inferno sich dieser Berg verwandeln kann. Jetzt kann ich begreifen, wie es möglich gewesen war, dass hier vor zehn Jahren eine Gruppe von Bergsteigern ihr ersehntes Ziel, den Südsattel, zwar erreicht und dann doch nicht zu den Zelten gefunden hat. Eine der großen Tragödien an diesem Berg! Mir würde jetzt wohl das Gleiche widerfahren. In diesen Momenten erkenne ich, welch perfekt eingespieltes Team die uns begleitenden Sherpa bilden. In Sekunden haben sie das gesamte Team zu einer Kette zusammengeschlossen und, für mich unerklärlich wie, den Weg zu den Zelten gefunden, die wir erst aus einem halben Meter Entfernung erkennen können.
Der gescheiterte Gipfelangriff hat Kraft gekostet. Erschöpft schlüpfen wir in unsere Schlafsäcke und schlafen sofort ein. Ja, ich schlafe wirklich und ich schlafe wunderbar, entgegen all den Berichten, dass dies in Höhen von 8000 Metern unmöglich sein soll. Nach fünf Stunden wache ich erholt und energiegeladen auf. Was werde ich mit diesen neu gewonnenen Kräften anfangen können? Langsam wird mir bewusst, dass heute Abend unsere letzte Chance auf den Gipfel sein wird, doch die Wettervorhersage ist weiterhin schlecht. Die Sauerstoffreserven würden für eine weitere Nacht nicht ausreichen, der Südsattel würde zur Todesfalle werden. Kein Mensch kann mehrere Nächte in 8000 Metern überleben, nicht einmal in Ruhe. Doch so weit ist es noch lange nicht!

Vern und ich liegen ruhig in unseren Schlafsäcken, plaudern ein bisschen, trinken schluckweise Tee, suchen uns zu entspannen. Dave kommt einige Male in unser Zelt und berichtet von seinen Gesprächen mit den großen Wetterpropheten. Die Zeichen stehen auf Sturm, im wahrsten Sinn des Wortes. Überraschenderweise flaut der Wind dann während des Tages ab, die Hoffnung auf eine falsche Prognose steigt.

Ich packe meine Kamera ein und schlendere über den Südsattel – ein Spaziergang in 8000 Metern Höhe. Die Gipfelpyramide liegt ruhig vor mir. Erschreckend und faszinierend zugleich! Noch vor wenigen Stunden waren wir der Gewalt dieses Berggiganten hoffnungslos ausgeliefert, jetzt kann ich nur erahnen, wo wir in der vergangenen Nacht so hart mit dem Sturm kämpfen mussten. Wir wissen, wem wir unsere sichere Rückkehr auf den Südsattel verdanken. Unsere Sherpa sind die wahren Helden an diesem Berg, die uns sicher durch den Sturm zu den Zelten geführt haben, und die Einzigen, die im Einklang mit der oft launischen „Göttinmutter der Erde" leben können. Sollte uns Chomolungma doch noch gnädig sein und uns den Weg zu ihrem Gipfel möglich machen, dann werden es aber die Namen von uns Westlern sein, die in den Medien auftauchen. Die Namen derer, die wirklich aus eigener Kraft den höchsten Punkt erreichen und uns den Weg dorthin ebnen, Namen wie Tsering, Mingma oder Fur Kancha werden, wenn sie überhaupt Erwähnung finden, wie stets in den achtzig Jahren der Besteigungsgeschichte, nur Randnotizen sein.

Die Stunden verrinnen, der erwartete Sturm bleibt aus. Dave will auf keinen Fall unsere letzte Gipfelchance ungenützt verstreichen lassen und entscheidet sich für einen frühen Aufbruchtermin. Um 20 Uhr erwartet er alle startklar vor ihren Zelten. Alle schaffen es, alle außer mir. Niedriger Blutzucker! So kann ich nicht loslegen. Hastig stopfe ich noch Kohlehydrate in mich hinein. Alles geht unendlich langsam. Eine halbe Stunde später bin auch ich bereit. Mingma hat auf mich gewartet, meine Freunde sind schon weit voraus. Ich fühle mich stärker als gestern und komme gut voran. Nach knapp einer Stunde finde ich ohne große Anstrengung Anschluss an meine Kameraden, bleibe aber am Ende der sich lautlos nach oben mühenden Lichterkette.

Vorne haben sich fünf von uns, etwas schneller als der Rest, bereits abgesetzt. Nun kämpfen sich zwei Gruppen im Schein der Stirnlampen Meter um Meter höher, in der immer steiler werdenden Eiswand des Triangular Face. Ich gehe extrem defensiv, will mich nicht verausgaben, will nicht auf Grund einiger schneller Schritte an einen Punkt kommen, wo der Körper plötzlich nicht mehr weiterkann. Achtzehn Kilogramm wiegt mein Rucksack, zwei volle Sauerstoffflaschen habe ich im Gepäck, dennoch spüre ich bei diesem Kriechtempo kaum die Last auf meinem Rücken.

Alle achtzig, neunzig Minuten hält die Gruppe für eine kurze Rast. Zum Sitzen ist das Gelände zu steil, wir erholen uns stehend und würgen ein dickflüssiges Kohlehydratkonzentrat mit einigen schon bedenklich abgekühlten Schlucken aus der Trinkflasche hinunter.

Bei einer dieser Pausen funkt Dave Ellie im Basislager an und berichtet, dass wir schon seit mehr als zwei Stunden auf dem Weg zum Gipfel sind. Wenige Minuten später geht auch diese Nachricht ins Netz. Wie ich später zu meinem Erstaunen erfahre, haben viele meiner Freunde, aber auch Diabetiker und Berginteressierte, die ich gar nicht kenne, die folgende Nacht vor ihren Monitoren verbracht, um die Neuigkeiten vom Everest live mitzuerleben. Und es sollte eine spannende Nacht werden!

Kräftesparend versuche ich in der Menschenkette mitzuschwimmen. Meine Sinneswahrnehmungen reduziere ich auf ein Minimum, auf das Wesentliche. Mein Horizont ist eng. Meine Augen sind auf den Boden gerichtet, ich sehe nur die Beine meines Vordermanns und beobachte in dumpfer Eintönigkeit, wie sich die überdimensionalen Expeditionsschuhe mit knirschenden Geräuschen zentimeterweise nach oben schieben. Nur selten hebe ich den Kopf, um das Geschehen zu erfassen – eine Lichterkette in einer nicht enden wollenden Wand.

Um halb zwei in der Nacht betreten wir einen flachen Absatz, den Balcony in 8430 Metern Höhe. Hier können wir erstmals wirklich rasten, hier kann ich mich in den Schnee fallen lassen. Auf meinem Rucksack liegend ist es viel leichter, etwas Stärkendes zu mir zu nehmen, auch wenn der Appetit nun völlig fehlt. Ich würge einige dickflüssige Kohlehydrate hinunter und versuche so viel wie möglich zu trinken – welch eine Qual! Dreizehn Menschen, dicht beieinander, kaum ein Wort wird gewechselt. Die Kulisse ist gespenstisch schön. Aus dem Schwarz des Nachthimmels hebt sich majestätisch die weißgraue Silhouette des höchsten Berges ab, zum Greifen nah. Meine Augen folgen dem Südostgrat, der in den markanten Südgipfel ausläuft, dahinter sehe ich einige Zacken – eine davon muss der Hauptgipfel sein. Noch 420 Meter!

Lichter bewegen sich in weiten Abständen entlang des Grates. Die Gruppe des Indian Border Service ist vor uns vom Südsattel aufgebrochen und hat nun schon einen mächtigen Vorsprung. Lange beobachte ich fasziniert, wie sich die leuchtenden Punkte langsam nach oben schieben. Ich könnte ewig hier bleiben und gebannt auf den Gipfel der Welt blicken, doch nach vierzig Minuten Pause muss ich mich aus der Beschaulichkeit losreißen. Nun schließe ich die volle Sauerstoffflasche an die Atemmaske an, die halb leere bleibt hier am Balcony zurück. Die Sherpa tragen für jeden von uns eine weitere Sauerstoffflasche hinauf auf den Südgipfel. Im Abstieg wollen wir dann den Restsauerstoff der zurückgelassenen Flaschen verbrauchen.

Über dem Balcony erreichen wir bald den eigentlichen Südostgrat. Rechts davon sieht das Gelände einfach aus, doch hier ist der Schnee locker und hüfttief. Dadurch werden wir immer wieder auf die eigentliche Gratschneide abgedrängt, wo das Klettern schwieriger ist. Die Schritte werden langsamer. Immer wieder braucht jemand eine kurze Rast, es geht stockend voran. Mühsam ist es, die kurzen Felspassagen und eisigen Steilstufen zu erklettern – Atemlosigkeit.

Im Schein der Stirnlampen kann ich dem Aufstieg meiner Kameraden folgen. Ihre Bewegungen wirken bizarr, abgehackt, es erinnert an alte Filme. Der Mangel an Sauerstoff treibt sonderbare Blüten.

Ein faszinierendes Bild reißt mich aus meinen wirren Wahrnehmungen. Ein dünner goldener Streifen wird im Osten am Horizont sichtbar. Langsam wird er breiter – es wird Tag über Tibet! Das Sonnenlicht gibt den Blick auf eine grandiose Bergwelt frei. Endlich ist die Nacht vorbei, bald wird es wärmer werden. Der Gipfel des Lhotse liegt bereits unter mir, ich blicke hinab auf den vierthöchsten Berg der Welt. Wie hoch mag ich hier schon sein?

Der Südostgrat ragt steil auf, der Südgipfel liegt irgendwo weit darüber, meinen Augen verborgen. Die Zeit verrinnt und nach oben hin scheint kein Ende in Sicht. Plötzlich wird der Anstieg sanfter. Zuerst spüren es meine Beine, dann nehmen es auch meine Augen wahr. Meine Freunde, nur wenige Meter vor mir, ersteigen gerade eine markante, stark überwechtete Erhebung im Südostgrat. „Der Südgipfel", raunt Mingma mir zu. Ich kann es kaum fassen! Weit über mir habe ich ihn vermutet und nun stehe ich, ganz unvermittelt, wenige Schritte davor. Augenblicke später bin ich oben auf diesem kleinen, kaum erkennbaren Gipfel – 8751 Meter!

Wahnsinn! Wie gebannt stehe ich auf dieser zweithöchsten Anhöhe der Erde vor einem Bild unglaublicher Schönheit, Entschädigung für all die Mühen des nächtlichen Aufstiegs. Ein messerscharfer Firngrat, der zu beiden Seiten

Zustieg zum Hillary Step

Blick vom Südgipfel auf den Gipfelgrat des Mount Everest

Tausende Meter in die Tiefe abbricht – ausgesetzt führt er hinauf zum höchsten Punkt der Erde – greifbar nahe. Mitten im Grat eine felsige Steilstufe – der legendäre Hillary Step. Die Südwestwand befindet sich noch im Schatten. Ein dunkles Dreieck liegt tief unter mir über den Eisgipfeln des Himalaya. Seine Spitze ragt über den Horizont hinaus in den Himmel – der Schatten des Mount Everest. Die Sonne über Tibet taucht die Kangshung-Wand in zauberhaftes Gold. Riesige Wechten hängen über ihrem fast senkrechten Abgrund. Fast 5000 Meter unter mir, meist verborgen unter den Schaumkronen eines gewaltigen Wolkenmeers, erstreckt sich die unendliche Weite Tibets. Welch eine Gnade, auf diesem herrlichen Grat klettern zu dürfen!

Ich steige wenige Meter hinunter in eine kleine Scharte, der zweite Platz auf diesem langen Anstieg, wo wirkliches Rasten möglich ist. Auf den Monitoren meiner Freunde in der Heimat erscheint die Meldung, dass die gesamte zweite Gruppe den Südgipfel erreicht hat. Dave, Chewang, Kami Rita, Chris und Ali sind schon weit voraus. Für sie kann es nicht mehr weit zum Endpunkt sein. Wieder kämpfe ich mit zwei Schokoladeschnitten und dem klebrigen Gel. Trinken sollte ich auch. Hätte ich doch meine Thermosflasche dabei! Aber die hat bereits bei den eisigen Temperaturen des ersten Gipfelversuchs den Geist aufgegeben. So nippe ich widerwillig am eiskalten Wasser, das ich in einer gewöhnlichen, nicht isolierten Trinkflasche in der Innentasche meiner Daunenjacke bis hier hoch getragen habe.

20 Meter unter mir liegt der Körper eines Bergsteigers. Es muss der Neuseeländer Rob Hall sein, der vor zehn Jahren hier an unserem Rastplatz eine Nacht überlebt hat und dann doch nicht mehr der Sturmhölle an der Gipfelpyramide entkommen konnte. Es gelang damals über Funk und Satellitentelefon eine Verbindung zwischen Rob und seiner schwangeren Frau Jan Arnold herzustellen, eines der bewegendsten Gespräche der Bergsteigergeschichte.

Um sieben Uhr raffen wir uns ein letztes Mal auf. Ich spüre die wärmende Sonne, es scheint ein wunderschöner Tag zu werden. Trotz Atemlosigkeit empfinde ich die pure Faszination auf diesem exponierten Grat! Nie hätte ich gedacht, dass Bergsteigen in 8800 Metern Höhe noch Spaß machen kann.

Vor mir ragt ein etwa 12 Meter hoher Felsen steil in die Höhe. Rechts davon, in der Wechte, scheint es einfach, ihn zu umgehen. Doch dieses Wagnis will ich nicht eingehen. Ein Sturz in die 3500 Meter hohe Kangshung-Wand ist das Letzte, was ich hier erleben will. Ein Gewirr von Fixseilen hängt über die Felsen herab, die meisten alt, wohl nur ein oder zwei stammen aus diesem Jahr. Ich kann sie nicht unterscheiden, ziehe an mehreren von ihnen, dann greife ich willkürlich nach einem dieser Seile, hänge mich ein und klettere den Felsen hinauf. Nur an wenigen Unebenheiten im Fels finden die Zacken der Steigeisen Halt. Ich gerate außer Atem. Es folgt ein luftiger Schritt nach links, hinaus in die Südwestwand, und dann geht es noch einmal für wenige Meter über ein steiles Felsstück zurück auf den vereisten Firngrat. Der ist hier fast ebenso steil wie die Felsen. Kein Platz zum Rasten, Abstürze rechts, links, hinter mir, nichts wie weiter. Am Ende der Steilstufe schnaufe ich minutenlang durch. Der nach rechts drehenden Spur kann ich nur wenige Meter folgen, doch die großen Steilheiten scheinen nun hinter mir zu liegen. Ich schaue zurück. Die letzten 20 Höhenmeter waren so steil, dass ich die Felsen nicht mehr einsehen kann. Ich frage Tsering, der auf mich gewartet hat, ob dies der Hillary Step gewesen sei. Er nickt. Wow! Jetzt liegt sie hinter mir, die letzte große Hürde auf dem Weg nach oben! Oft habe ich in den letzten Monaten mit mulmigem Gefühl an diese legendäre Kletterstelle denken müssen, Schwierigkeitsgrad III in 8800 Metern Höhe. Nun bin ich über diese Schlüsselstelle hinweg, die Fixseile haben das Klettern gewaltig erleichtert.

Meine Augen folgen der Spur auf dem ausgesetzten Grat zurück zum Südgipfel, ein Bild zum Schwärmen. Dahinter ragt der Lhotse in den Himmel, so nah, dass ich bis ins Detail der Aufstiegsroute durch seine schmale Gipfelrinne folgen kann. Der Anstieg wird sanfter, die Fixseile enden. Ich greife zum Eispickel, denn das Gelände bleibt ausgesetzt. Wieder und wieder arbeite ich mich eine kleine Erhebung hinauf, blicke erwartungsvoll nach oben und stelle enttäuscht fest, dass vor mir nichts anderes als einer der vielen Vorgipfel liegt, der den lang ersehnten Blick auf den höchsten Punkt verdeckt.

Ich begegne Dave und Chris, die bereits vom Gipfel absteigen. „Fünfzehn Minuten, und du hast es geschafft." Fünfzehn Minuten! Was für eine Zeitspanne, gemessen an einem sieben Monate dauernden Anstieg! Trotzdem kann ich mein Ziel noch immer nicht sehen.

Nochmals überwinde ich einen dieser kleinen Gratzacken und erblicke, in nur 80 Metern Entfernung, eine weitere, noch höhere Erhebung. Dort leuchtet weit verstreut im Schnee das Bunt buddhistischer Gebetsfahnen! Ich weiß, was das bedeutet, und kann meine Emotionen kaum bändigen – die letzte Erhebung auf dieser Welt! Wie lange habe ich auf diesen Augenblick

Die letzten Meter zum Gipfel, links im Hintergrund der Lhotse

Meine Freunde auf dem Gipfel

gewartet? Monatelang habe ich immer wieder genau diese Momente vor meinen geistigen Augen ablaufen lassen – ich erklettere eine schneebedeckte Anhöhe und sehe, greifbar nahe vor mir, die Gebetsfahnen auf dem Gipfel des Mount Everest. Meine Freunde bewegen sich langsam auf den Gipfel zu, ich bleibe stehen, nicht weil ich rasten will, die Erschöpfung ist verflogen! Ich zögere diese Momente hinaus, ich will diese letzten Minuten auskosten, voll und ganz. Noch sechs, sieben Höhenmeter, dann liegt der größte Anstieg dieser Erde hinter mir – 9261 Meter. Die letzten Schritte spüre ich kaum noch, so stark strömen die Emotionen in mich ein. Ich erreiche die Gebetsfahnen, Lhakpa greift zum Funkgerät. Minuten später geht eine Meldung übers Internet hinaus in die Welt:

May 20 – 8:50 am
And the second group arrives at the summit!!! Now standing on the top of the World are Lhakpa, Vern, Jacques, Geri, Suzanne, Tsering, Mingma and Fur Kancha. The weather is still excellent …

Auf dem Gipfel des Mount Everest: Mingma, Fur Kancha, Geri (v. l. n. r.)

Wir fallen uns in die Arme, klopfen uns auf die Schultern, die Gefühle bringen die Luft zum Vibrieren. Jacques, der Arzt aus Belgien, hatte stets bewundert, dass ich mit meinem Diabetes diesen Aufstieg wage. „You wrote history", raunt er mir ins Ohr. Da spüre ich, wie meine Augen unter der Skibrille feucht werden, ich bin total überwältigt.

Bewegende Augenblicke, viel zu kurz. Nur langsam sickern all die Eindrücke in mein Bewusstsein. Ich setze mich auf den höchsten Punkt, neben mir das gerahmte Bild des Dalai Lama im Schnee. Lange sehe ich hinunter nach Tibet, folge mit den Augen dem Nordostgrat und suche nach Bergsteigern, die auf dieser Route herauf wollen. Vergeblich! Wir sind für heute die Letzten, die den Gipfel erreicht haben.

Ich lasse den Blick in alle Richtungen schweifen und habe Angst, nicht all die Schönheit in mich aufnehmen zu können, die mich umgibt. Zum ersten Mal kann ich die Krümmung der Erde erkennen. Ein Meer aus Wolken bedeckt die Niederungen rundum. Überall ragen Sechs-, Sieben- und Achttausender aus dieser Decke heraus. In der Ferne, tief unter mir, der flache Gipfel des

Blick auf den Makalu
vom Gipfel des Mount Everest

Cho Oyu – vor Wochen stand ich an seiner Südwand, der Gipfel lag damals 3000 Meter über mir. Im Osten ragen Lhotse und Makalu aus einer grandiosen Berglandschaft von Sechs- und Siebentausendern heraus. Die Wolken, die an diese Berggiganten herandrängen, wirken wie Schaumkronen einer gewaltigen Brandung. Ein bewegtes Meer, das meinen Gipfel umtost, einen Gipfel in völliger Ruhe, von der Sonne beschienen, windstill. Ich mache Fotos in alle Richtungen, um diese Momente für immer zu speichern.
Da stehen sie ausgelassen auf dem höchsten Punkt der Welt, ihre Sauerstoffmasken haben sie abgenommen, unsere vier Helden Lhakpa, Mingma, Tsering und Fur Kancha. Zusammen bringen sie es auf mehr als zwanzig Gipfelerfolge. Auch wenn unsere Sherpa-Freunde in dieser Nacht bei diesem wunderbaren Wetter verhältnismäßig leichtes Spiel hatten, wir wissen, was wir ihnen verdanken. Ohne sie wären wir nie auf den Gipfel unserer Träume gekommen! Sie haben für uns die Sauerstoffflaschen und auch andere Lasten heraufgetragen, die kritischen Passagen mit Fixseilen entschärft, ihnen ist das beherzte Eingreifen im Schneesturm der vorletzten Nacht zu verdanken. Wir haben uns sicher und geborgen gefühlt, mit dieser erfahrenen Crew aufsteigen zu dürfen. Vern genießt still seinen Triumph, zum sechsten Mal steht er auf dem Dach der Welt. Mister Denali ist jetzt Mister Everest!
Und da sind noch wir drei – Suzanne, Jacques und ich – wir haben vermutlich die größte Freude: Das erste, vermutlich einzige Mal in unserem Leben stehen wir am Traumziel vieler Bergsteiger. Auch für Fur Kancha ist es ein besonderer Augenblick. Der junge Mönch aus Thame steht auch zum ersten Mal auf dem Thron Miyo Lang Sangmas, für ihn der Beginn einer großen Sherpa-Karriere.
Ich freue mich riesig für Suzanne. Sie war eigentlich schon draußen, nachdem sie ihren ersten Gipfelversuch vorzeitig abgebrochen hatte. Dann hat ihr unser Pech mit dem Wetter eine zweite Chance aufgetan, und jetzt steht sie mit uns hier oben.
Ich denke an Sylvia, die so viel dazu beigetragen hat, dass ich jetzt an meinem Traumziel angelangt bin. Sie hat nicht nur die lange Trennung akzeptiert, sie hat im Hintergrund allein all das geleistet, wofür andere einen ganzen Betreuerstab benötigen. Sie muss mit mir auf mein Gipfelfoto! Ich habe ihr Foto und ihre Kupfermünze sorgsam verpackt auf den höchsten Punkt der Erde gebracht. Mit klammen Fingern schäle ich beides aus der Hülle, Lhakpa hält die Momente mit meiner Kamera fest. Ich sinke in den Schnee. Ewig

könnte ich hier sitzen und genießen, doch mir sind nicht mehr als vierzig Minuten hier oben vergönnt. Lhakpa drängt zum Aufbruch.
Der längste Anstieg auf dieser Erde hat sein Ende gefunden, wirkliche Befreiung werde ich erst im Basislager verspüren. Der gefährlichste Teil der Besteigung liegt noch vor mir, der zweieinhalbtägige Abstieg. Erschöpfung und nachlassende Konzentration muss ich in mir niederringen, ich darf mir keinen Fehltritt erlauben.
Es ist halb zehn. Ich stehe auf, schultere meinen Rucksack, steige langsam und bedächtig den Grat hinunter. Kein Blick zurück, ich werde nicht wiederkommen.

22. Mai – der letzte Tag am Berg! Der Abstieg auf den Südsattel und durch die Lhotse-Wand hat alles von mir gefordert – ich bin total erschöpft. Die Nacht in Lager II hat mich erlöst – dicke Luft, leichtes Atmen, mein Körper ist voll neuer Energie. Befreit wandere ich über die weiten Gletscherflächen des Western Cwm, wenige Stunden trennen mich vom heiß ersehnten Basislager. Vor 22 Jahren habe ich vom Gipfel des Kala Pattar Chomolungma erstmals aus der Nähe gesehen. Damals hat mich Miyo Lang Sangma in ihren Bann gezogen. Wenige Monate später bin ich Diabetiker geworden. Alle Hoffnungen auf eine Rückkehr schienen zerronnen. Unzählige Bücher habe ich über diesen Berg gelesen, habe ihn immer wieder aufgesucht, indem ich die Abenteuer anderer an seinen Graten und Eiswänden verschlungen habe, nie hat mich die Göttin losgelassen. Ein letztes Mal geht es nun durch den durch den nahenden Sommer aufgeweichten Khumbu-Eisfall, die ungeheure Anspannung der letzten Wochen entweicht binnen Minuten. Miyo Lang Sangma hat mich frei gegeben – für immer!

5. Kapitel

Kilimandscharo

Im Rausch der Farben Afrikas

PERLEN DER VERGESSENHEIT

Addis Abeba ist eine faszinierende Stadt, doch nach wenigen Tagen in Äthiopiens Metropole treibt es mich hinaus in die beschauliche Ursprünglichkeit Afrikas. Gambela, weit im Westen, nahe der Grenze zum Sudan. Eigentlich hat diese Ecke des Landes nichts Herausragendes zu bieten, dort gibt es keine kulturellen Denkmäler, keine spektakuläre Naturkulisse, dort im Tiefland fehlt sogar das angenehme Klima des Abessinischen Hochplateaus, und gerade deshalb will ich hin. Von dort werde ich irgendwie in kleinen Etappen mit Bussen und Sammeltaxis in die Hauptstadt Addis Abeba zurückkehren – ohne Zeitplan, ohne europäische Hast, ohne Absicht, etwas Bestimmtes zu besichtigen. Einfach nur das Leben in Afrika spüren.

Die kleine Maschine setzt zur Zwischenlandung in Jimma an. Das Handgepäck der wenigen verbleibenden Passagiere mit Destination Gambela wird penibel kontrolliert. Der Beamte entdeckt meine Spritzen und mein Blutzuckermessgerät. Er erkennt sofort ohne erklärende Hinweise, dass ich Diabetiker bin, und bringt seine Bewunderung zum Ausdruck, dass ich trotz dieser Krankheit sein Land bereise. In London Heathrow werde ich später größere Schwierigkeiten mit meinem Equipment haben. Ich werde es mir dort aber nicht nehmen lassen, die britischen Kontrollorgane auf den überlegenen Ausbildungsstand ihrer Kollegen auf äthiopischen Provinzflughäfen hinzuweisen.

Eine Stunde später landen wir in der feuchtheißen Savanne bei Gambela. Was hatte ich erwartet? Zumindest eine kleine Stadt in den Tropen, Umschlagplatz und Handelszentrum an der Straße in den Sudan. Weit gefehlt! Gambela ist nicht mehr als ein afrikanisches Dorf mit einem kleinen Markt, der die Menschen aus den winzigen Siedlungen der Umgebung anzieht.

Für zwei Dollar finde ich ein Zimmer im einzigen Hotel des Ortes. Dieses muss ich allerdings mit jeder Menge Kleinvieh teilen – Spinnen, Insekten, Kakerlaken. Sie stören mich nicht sonderlich. Es sind eher die unsichtbaren Bewohner – Wanzen, Flöhe und Moskitos, die mir größeres Kopfzerbrechen bereiten. Diensteifrig rückt der Manager des Hauses mit einer riesigen Spraydose an. Das Manöver bleibt wirkungslos – die Dose ist leer.

An sich steht es mir nicht im Sinn, meinen Schlafplatz zu vergiften, doch bald stellt sich für mich die berühmte Frage nach dem geringeren Übel. Ich schlendere hinunter zur Tankstelle und erwerbe eine dieser hier allseits beliebten

Giftdosen, für die man in unseren Landen vermutlich einen Waffenschein benötigen würde. Nachdem ich alle Ecken meines Zimmers damit ausgespritzt habe, verschwinde ich gleich wieder für einige Stunden, schließlich will ich nicht dasselbe Schicksal erleiden wie meine ungebetenen Zimmergenossen.

Schon beim Verlassen meiner Unterkunft weiß ich, dass ich mit der Wahl meines Reiseziels richtig gelegen bin. Mein Streifzug durch die vom Regen aufgeweichten Erdstraßen Gambelas eröffnet mir die ganze Farbenpracht Afrikas. Das Markttreiben klingt jetzt in den Nachmittagsstunden zwar schon langsam ab, doch der Platz bleibt das Zentrum des Lebens in diesem kleinen Ort. Überall finden sich die Menschen zu regen Unterhaltungen zusammen, in die ich allerorts einbezogen werde. Kinder brausen auf ihren Fahrrädern oder mit selbst gebastelten Gefährten durch die Menschenmenge, nicht ohne den einen oder anderen Crash zu verursachen – sie ernten dabei nichts als gute Laune und schallendes Gelächter.

Leihräder in Gambela? Das kann es nicht geben. Oder doch? Am nächsten Morgen, als ich durch das bunte Markttreiben flaniere, sehe ich einen Jungen auf einem für ihn viel zu großen Erwachsenenrad zwischen den Ständen herumflitzen. Ich biete ihm einige Birr, wenn er mir sein Rad für die Nachmittagsstunden überlässt. Er kann sein Glück kaum fassen.

Mit wenigen Tritten in die Pedale bin ich draußen aus Gambela, radle hinaus in die Weite der von Feuchtigkeit dampfenden Savanne. Ich folge schmalen Fußpfaden und erreiche bald eine kleine Ansammlung bescheidener Rundhütten. Die Bewohner laufen aufgeregt herbei, scharen sich um mich, ohne mich zu bedrängen, wie das anderswo an manchen touristischen Plätzen üblich ist. Die Menschen hier besitzen nicht viel, doch die spärlichen Köstlichkeiten, die sie in ihren Hütten finden, bieten sie gleich dem unerwarteten Gast aus der Fremde an. Ich beherrsche nur wenige Worte Amharisch, doch diese reichen aus für stundenlange Konversation. So bleibe ich bis in den späten Nachmittag bei den Dorfbewohnern, werde von ihnen in ihre Hütten geführt, sehe ihnen bei ihrem Tagwerk zu und streune mit den Kindern über die Felder und auf einige umliegende Felsen. Erst die nahende Dunkelheit zwingt mich zur Rückkehr nach Gambela. Die Kinderschar begleitet mich mit lautem Gejohle ein Stück des Weges, bis ihnen die Puste ausgeht.

Die Augen des Jungen leuchten, als er die Leihgebühr für sein Rad in Händen hält. Ob ich denn nicht morgen auch sein Fahrrad benötigen werde? Warum

nicht! Früh am nächsten Morgen treffe ich ihn am Markt und leihe mir erneut sein Rad. Ich verlade es auf den Bus nach Itang und will von dort die 60 Kilometer lange Piste nach Gambela zurückradeln. Das Gepäck ist auf dem Busdach verstaut, die Passagiere warten geduldig auf ihren Sitzen, doch nichts bewegt sich. Irgendwann heißt es, dass der Bus überhaupt nicht nach Itang abfährt. Ein Ortskundiger treibt einen Lkw auf, den wir gemeinsam mit unserem Gepäck beladen. Der Fahrer kurvt eine Weile auf den Erdstraßen von Gambela herum, hält an einigen Hütten, spricht mit einigen Männern und kommt schließlich zur Einsicht, dass auch er nicht nach Itang fahren wird. Doch es wäre nicht Afrika, wenn das Unmögliche nicht doch noch möglich wird. Ein Pick-up taucht auf, dessen Fahrer uns glaubhaft versichert, noch heute nach Itang zu fahren. Nochmals umladen! Da die Zahl der Passagiere nicht kleiner geworden ist, müssen wir in diesem Minigefährt nun um jeden Quadratzentimeter kämpfen.
Schnurgerade zieht sich die vom Regen aufgeweichte Piste durch die Wildnis, ein rot-brauner Streifen in der gelb-grünen Savanne. Ich radle einsam vor mich hin. Stundenlang sehe ich kein Dorf, begegne keinen Menschen, auch kein anderes Fahrzeug ist zu sehen. Nur die faszinierende Lautkulisse erinnert mich daran, dass ich durch eine belebte Welt fahre, in der es überall Augen gibt, die meinen Bewegungen aus dem Dickicht tropischer Vegetation folgen. Die Piste verläuft am Rand des Gambela National Parks, der nicht umzäunt ist. Überall leben hier Elefanten, Büffel, Löwen und Paviane. Ich bekomme sie nicht zu Gesicht, doch ihre mögliche Nähe erfüllt mich mit einem spannungsgeladenen Prickeln, das erst an den ersten Hütten von Gambela nachlässt.
Noch in der Dunkelheit der ausklingenden Nacht finde ich an der Tankstelle von Gambela meinen Bus nach Metu. Es regnet in Strömen. Jeder Zusteigende bringt ein Stück der matschigen Umgebung mit in den Passagierraum, das Innenleben des Busses gestaltet sich bald zu einer wahren Schlammschlacht. Der guten Laune auf den dicht besetzten Sitzreihen tut dies aber keinen Abbruch. Hier kennt jeder jeden, doch niemand kennt mich. So werde ich schnell zum Mittelpunkt des Interesses, von allen umsorgt, befragt und bewirtet. Zwei junge Burschen mit Englischkenntnissen übersetzen stolz und lautstark für alle, die es hören oder nicht hören wollen, was ich so von mir gebe. Die Piste schlängelt sich in endlosen Serpentinen hinauf auf das Abessinische Hochplateau. An den wenigen Rastplätzen wetteifern die Passagiere

Marktszene im Dorf Boubon

Auch ohne Speisewagen wird man in Afrikas Zügen bestens versorgt.

Marktszenen im Süden Äthiopiens (links, oben und unten)

Frauen am Dorfbrunnen

darum, wer mich zum Essen einladen darf. Es gibt immer Injera Kai Wot, weiches gesäuertes Fladenbrot aus Teffmehl mit einer würzigen Soße. Die Eintönigkeit der Kost stört mich nicht, ich liebe dieses äthiopische Nationalgericht.

Am Nachmittag erreiche ich mein Reiseziel, die Stadt Metu, und muss mich von meinen gastfreundlichen Reisegefährten verabschieden. Ich kann es nicht fassen! Das soll die Hauptstadt einer Provinz mit fünf Millionen Einwohnern sein? Metu ist, wie Gambela, kaum mehr als ein Dorf. Die Häuser liegen an einer von Morast und Pfützen aufgeweichten Erdstraße, befahrbare Seitenwege kann ich nirgends erkennen. Strom gibt es tagsüber nur im Krankenhaus, dem einzigen in dieser riesigen Provinz.

Auch an Unterkünften ist dieser Ort nicht gerade reich gesegnet. Es gibt nur ein einziges Hotel, das auch gleich als Restaurant und Bordell fungiert. Ein Zimmer kostet einen Dollar, und wenn ich 70 Cent aufzahle, kann ich den einzigen Raum beziehen, der über eine Dusche verfügt. Schlammverkrustet von der Busfahrt, leiste ich mir diesen Luxus.

Ich kann es immer noch nicht glauben, dass dieses Kaff die Verwaltung von fünf Millionen Menschen beherbergen soll. Doch für diese Aufgabe war das Städtchen auch nie vorgesehen gewesen. Vor etwa zehn Jahren brach die große Dürre über den Norden und Osten Äthiopiens herein. Millionen Menschen verhungerten damals, die Überlebenden flohen aus ihrer vertrockneten Heimat und siedelten sich im fruchtbareren Südwesten des Landes, in der Provinz Illubabor, an. Während viele Menschen in unseren Breiten bereits bei Flüchtlingsquoten im Promillebereich den Untergang des Abendlandes befürchten, musste die 800.000-Einwohner-Provinz Illubabor innerhalb weniger Monate einen Bevölkerungszuwachs von mehr als vier Millionen Menschen ertragen. Hoffnungslos überbevölkert, kann das Land bis heute diesen gewaltigen Zustrom nicht verkraften, doch die Anteilnahme der reichen Industrieländer ist nach dem Ende der großen Dürre schnell zu anderen Krisenherden dieser Welt weitergewandert.

Nur ein österreichischer Schauspieler ist den Notleidenden in Äthiopien treu geblieben und hat eine effiziente Hilfsorganisation aufgebaut, die sich in den Bereichen Landwirtschaft, Brunnenbau, Schul- und Gesundheitswesen engagiert und, stets auf Basis der Mitwirkung und Mitentscheidung der Dorfgemeinschaften, erstaunliche Erfolge vorzuweisen hat. Während Karl-Heinz Böhm seinen Bekanntheitsgrad dazu nutzt, in der reichen Welt Geld für seine

Entwicklungsarbeit „Menschen für Menschen" aufzutreiben, treiben gut ausgebildete Afrikaner und Europäer unzählige Projekte in den kleinen Dörfern voran.

Am Abend lerne ich Ferdi, einen Diplomlandwirt aus Tirol, kennen, der in Metu die Projekte von „Menschen für Menschen" für Illubabor leitet. Ich darf ihn in den nächsten Tagen bei seiner Arbeit begleiten.

Erst lange nach Mitternacht endet unsere Unterhaltung. Ich kehre in meine spartanische Bleibe zurück und will sogleich zu Bett gehen. Da klopft es zart an meiner Tür. Eines jener Mädchen, die gerade noch im Restaurant serviert haben, steht, bewaffnet mit einem Handtuch und einem Stück Seife, vor meinem Zimmer. Mit meinen mikroskopischen Amharisch-Kenntnissen kann ich ihrer schüchternen Anfrage gerade entnehmen, dass sie meine Dusche, offensichtlich die einzige in der weitläufigen Anlage, benützen möchte. Nun gut, bei so viel Sinn für Sauberkeit kann ich das kleine Anliegen wohl nicht abschlagen. Minuten später verschwindet sie wieder mit einigen Dankesworten auf den Lippen und ich nehme einen neuerlichen Anlauf zur Nachtruhe. Da klopft es schon wieder. Die Kunde vom freien Duschvergnügen hat schnell die Runde unter den Mädchen des Hauses gemacht. Nun stehen sie Schlange vor meinem Zimmer, huschen gleich zu dritt oder zu viert in den kleinen Verschlag, aus dessen verfliester Hinterwand ein einfaches Leitungsrohr herausragt.

Später erfahre ich, dass die Mädchen es niemals gewagt hätten, einen Afrikaner um diesen Gefallen zu bitten. Zu sehr fürchten sie deren rüde und herablassende Art gegenüber den Barmädchen, zudem wären sie wohl bei ihrem Chef, der von der ganzen Aktion nichts wissen durfte, angeschwärzt worden. Zufällig entdecke ich am nächsten Morgen, wie diese Mädchen hausen müssen: in einem Bretterverschlag von etwa zehn Quadratmetern Größe, ohne Fenster, ausgelegt mit Matratzen, doch ohne Bettwäsche. Sie können nicht hinein gehen, sie müssen hinein kriechen, denn der Raum ist kaum einen Meter hoch. 70 Birr[1] für Kost und diese stallähnliche Logis müssen sie pro Monat an den Wirt bezahlen. Wenn sie einen Mann für die Nacht finden, können sie sich 20 oder 30 Birr erhoffen. Ihre Familien haben sie als halbe Kinder verlassen müssen, sie konnten von ihnen nicht mehr ernährt werden. Sich ohne Ausbildung selbst versorgen, ist auch in Äthiopien ein schier unmögliches

1 Ein US-Dollar war damals 8,50 Birr wert.

Unterfangen, das nur die Prostitution als einzigen Ausweg offenlässt. Damit opfern diese jungen Frauen aber auch jede Chance auf ein künftiges Familienleben, denn so rege sich Äthiopiens Männer auch in den Bordellen ihres Landes betätigen, geheiratet wird nur eine Jungfrau!
Tagelang besuche ich mit Ferdi kleine Dörfer, die ich auf eigene Faust wohl nie zu Gesicht bekommen hätte. Ich erfahre viel von den Freuden, Leiden und Hoffnungen der kleinen Bauern und staune, mit welch bescheidenen Geldmitteln große Wirkungen im Agrarbereich zu erzielen sind. Neben dem kostbaren Exportgut Kaffee haben die Bauern bisher nur Teff, eine Getreidesorte, aus dem das Nationalgericht Injera bereitet wird, und Mais angebaut. Nun entstehen überall kleine Gemüse- und Obstgärten, die die einseitige, vitaminarme Kost der einfachen Leute enorm bereichern. Der gewaltige Bevölkerungszuwachs der letzten Jahre hat zu verheerender Abholzung geführt. Mit Schulungen ist es gelungen, die Dorfbewohner davon zu überzeugen, die Aufforstung aktiv in die Hand zu nehmen. Mit dem Anbau des aus Asien importierten Vetivergrases gelingt es, die Erosion einzudämmen.
Gesundheitsposten, nicht größer als ein einfaches Haus, entstehen im ganzen Land. Krankenhelfer mit einer sechsmonatigen Ausbildung versehen dort ihren Dienst. Sie verfügen über ein Repertoire an Basismedikamenten, mit denen der Großteil der landestypischen Erkrankungen behandelt werden kann, sie helfen bei Geburten und nehmen sogar kleinere operative Eingriffe vor. Abenteuerlich, gemessen an den medizinischen Standards der westlichen Welt. Dennoch ist es ein gewaltiger Fortschritt für die Menschen aus Illubabor, denn erstmals haben sie Zugang zu medizinischer Erstversorgung in erreichbarer Nähe.
Überall, wo wir hinkommen, spricht Ferdi die Anliegen der Frauen an. Allen, die es hören wollen, und besonders jenen, die es nicht hören wollen, erklärt er, welch grausames Verbrechen die Beschneidung der Frauen darstellt. Sein Wort hat Gewicht! Er ist ein Mann und gilt als Wohltäter der Menschen von Illubabor. Er weiß natürlich, dass er Afrikas Gesellschaft nicht wird umwälzen können. Kleine Erfolge sind sein realistisches Ziel, wenn einzelne Familien oder kleine Dorfgemeinschaften umdenken, wäre schon sehr viel gewonnen.
Im Dörfchen Bokoji wird eine von „Menschen für Menschen“ finanzierte Getreidemühle feierlich eingeweiht. Wir kommen erst spät aus Metu weg, da wir uns um ein passendes Einstandsgeschenk kümmern müssen – 200 Liter

Auch die Männer packen bei den Festvorbereitungen fleißig an.

Diesel. Auf einer unglaublich verschlammten Piste bewegen wir uns mit zwei Land Cruisern und einem geländegängigen Pick-up, der unseren Diesel geladen hat, im Schritttempo Richtung Bokoji. Auf einer abschüssigen Wiese rutscht der Pick-up rettungslos ab und verfängt sich im Buschwerk. Zum Glück sind einige Bauern in der Nähe, gemeinsam bekommen wir das Ding wieder flott, sonst wären wir noch ohne Geschenk bei der Feier gelandet.
Nach diesem Zwischenfall bleiben nur noch die Fahrer in ihren Wagen. Die Mitreisenden laufen an der abschüssigen Seite der Piste nebenher und stemmen sich mit aller Gewalt gegen die Fahrzeuge, um ein neuerliches Abrutschen zu verhindern. Trotz allem entgleitet uns wieder einer der Landcruiser. In einer einstündigen Schlammschlacht bekommen wir ihn wieder frei und tauchen stark verspätet und völlig verdreckt beim Festakt auf.
Alle Männer sind bereits in Erwartung der Festreden versammelt, doch es fehlen die Frauen. Die Getreidemühle soll die Arbeit der Frauen erleichtern, sie soll von der Frauenkooperative des Ortes betrieben und somit auch dieser übergeben werden. Doch es ist nicht leicht, den äthiopischen Männern klarzumachen, dass heute ihre Frauen die erste Geige spielen. Es ist ihr Fest!
Ferdi ist beharrlich – nicht ohne die Frauen! Es kostet einige Zeit und Mühe, bis die Damenwelt an den Feierlichkeiten teilnehmen kann. Erst dann ist Ferdi bereit, die Mühle zu übergeben – und zwar an die Frauen.
Drei bildhübsche Mädchen in nagelneuen, blauen Overalls warten auf den großen Moment, die Mühle anzuwerfen. In einigen Kursen wurden sie dazu ausgebildet, das motorbetriebene Gerät zu bedienen und zu warten.
Nach anfänglichem Brummen über den ungewohnten Platz in zweiter Reihe tauen nun auch die Männer auf und können sich schließlich ehrlich mit ihren Frauen über das neue Wunderding freuen. Gut zehn Stunden Arbeit pro Woche und einiges an Geld wird sich jede Frau von Bokoji durch den Luxus, ihr Getreide im eigenen Dorf mahlen zu lassen, nun ersparen. Die Feier endet in afrikanischer Ausgelassenheit – Tedsch, der lokale Honigwein, trägt das seine zur guten Stimmung bei.

DAS WEISSE DACH AFRIKAS – DER WEG ALS ZIEL

Glänzende Schneeflecken, die auf einem wuchtigen Vulkankegel tanzen – so bietet sich Sylvia und mir der Kilimandscharo vom Flugzeug aus an: ein imposanter Anblick inmitten der flach wirkenden Landschaft! Sofort erwachen wir aus unserem dösenden Zustand. Afrika! Wie kaum ein anderer Teil dieser Welt weckt der Schwarze Kontinent Emotionen und Sehnsüchte in uns und fordert uns unentwegt zur Selbstreflexion heraus.

In Nairobi lernen wir unsere Landsleute Maria und Alfred aus Mondsee kennen, beide sind ausgezeichnete Bergsteiger. Mit ihnen verstehen wir uns auf Anhieb gut, Sinn für Spaß und gleiche Ziele schweißen uns schnell zusammen. Bergsteigen in Afrika ist anders! Da stapft man nicht einfach mit seinem voll bepackten Rucksack los und steigt zum Gipfel hinauf. Da benötigt man Genehmigungen, zahlt nicht gerade geringe Nationalparkgebühren und muss von einem Guide und von Trägern begleitet werden. So viel Betreuung an Bergen, die keine technischen Anforderungen stellen? Daran müssen wir unsere europäische Bergsteigerphilosophie erst gewöhnen. Wir wissen natürlich, dass diese Regelungen ihr Gutes haben. Sie schaffen sinnvolle Arbeit für die Menschen aus dem Volk der Chagga, die durch den gewaltigen Touristenstrom an ihren Bergen zu bescheidenem Wohlstand gelangt sind. Wir werden erleben, wie pflichtbewusst, fürsorglich und allzeit freundlich diese Menschen ihre Arbeit verrichten werden.

Bevor wir zum höchsten Berg Afrikas aufbrechen, wollen wir noch seinen kleinen Nachbarn, den Mount Meru, besteigen. Heftiger Regen begrüßt uns am Momella Gate, wo wir unseren Aufstieg beginnen. Die Welt unter unseren Füßen scheint nur aus tiefem, tückischen Schlamm zu bestehen.

Darüber verzaubert ein mystisch dampfender Regenwald: Bäume mit wild verschlungenem Stammgeflecht, von Moos überzogen, Flechten hängen gespenstisch von den Ästen herab, Nebelfetzen huschen durch dieses Bild, überall scheinen Kobolde und Gnome zu lauern.

Vor uns marschiert Naziri mit schussbereitem Gewehr durch diese *fantasy world*. Jede Gruppe muss hier von einem bewaffneten Parkranger begleitet werden. Es sind nicht die Raubkatzen, die Sorgen bereiten, sondern die durch die Hochwälder streunenden Büffel, deren Angriffslust selbst für die Einheimischen nicht berechenbar ist. Wir bleiben unbehelligt, steigen sorglos, schweigend und langsam bergan, haben nur Augen für die zauberhafte Naturkulisse und sind fast betrübt, als wir bereits nach drei Stunden die Wanderung durch diese Traumwelt beenden müssen.

Die Miriacamba-Hütte in 2500 Metern Höhe ist eine Insel im Schlamm. Mit ihren kleinen Räumen und schmalen Stockbetten ähnelt sie unseren Hütten in den Alpen. Und auch für die Hüttengaudi wird gesorgt. Ehe wir uns versehen, stehen Tee, Kaffee, Nüsse und Popcorn vor uns bereit auf den wackeligen Tischen und zum Abendessen wird gar in drei Gängen aufgekocht. Später gesellt sich Tomeni, unser Guide, mit einigen Jungs aus unserer Crew zu uns, wir sitzen auf den spartanischen Holzbänken und plauschen bis spät in die Nacht.

Sanfter Sprühregen und Nebel begleiten uns auch am zweiten Tag durch eine Welt aus Farnen, Blüten und modrigem Gehölz. Allmählich wird die Vegetation lichter. Kaum warmgelaufen, wäre unser Tagwerk auch schon beendet, denn die komfortable Saddle Hut, mehr als 3500 Meter hoch gelegen, ist bereits nach zweieinhalb Stunden erreicht. Klar, dass wir nicht schon Feierabend machen! Nach einer kurzen Rast wird der Little Meru bestiegen. Bei strahlendem Sonnenschein lassen wir auf seinem Gipfel eine Stunde lang Seele und Beine baumeln, erfreuen uns an den faszinierenden Farben und Formen der Blumen, bevor wir zur Hütte zurückkehren.

Um halb sieben starten wir anderntags in der Morgendämmerung unseren Gipfelsturm. Aus einem Meer weißer Wolken ragt in einiger Entfernung dunkel der Vulkankegel des Kilimandscharo in große Höhen auf. Langsam wird der schwarze Koloss durch die aufgehende Sonne von einem rot-orangefarbenen Schleier überzogen. Immer wieder müssen wir über Felsen klettern, uns steile, rutschige Sandwege hinaufkämpfen, bis wir nach vier Stunden auf dem Gipfel des Mount Meru stehen – ein erhebendes Gefühl, unser erstes Ziel ist erreicht! Es ist noch Vormittag und wir könnten ohne Schwierigkeit in die weite Savanne mit den malerisch aus dem hohen Gras ragenden Giraffenköpfen, den Zebraherden und den grimmig blickenden Büffeln absteigen. Doch das verschieben wir auf morgen. Eine weitere Nacht in 3500 Metern Höhe kann unserer Akklimatisation nur dienlich sein.

Am Machame Gate beginnt unser Aufstieg auf den Kilimandscharo. Hier müssen wir uns erst registrieren lassen und ziemlich lange warten, bis alle Vorbereitungen abgeschlossen sind. Zu Mittag geht es dann endlich los! Ein gemütlicher, leicht bergan steigender Weg führt zunächst wieder durch dichten Regenwald, überall glänzen bunte Moose. Und dann kommt die ganz große Matschtreterei! Schlammlöcher, die man nicht umgehen kann, es schmatzt bei jedem Schritt, jetzt bloß nicht ausrutschen! Wir vollführen ballettartige Pirouetten, drehen im Stand durch wie Dagobert Duck, der Weg bietet mehr Überraschungen als jede Achterbahn. Weiter oben wird es trockener und nach knapp vier Stunden haben wir unser erstes Lager bei der Machame Hut auf 3000 Metern Höhe erreicht. Von wegen Lager – es gibt Suppe, Spaghetti, Kartoffeln, Salat, Gemüseeintopf, Fleischeintopf, Avocados, Obst ... Wo sind wir hier gelandet?

Anderntags ändert sich die Vegetation, wir kommen in die Region der Hochmoore – mit Flechten und Moos überzogene Felsen, Strohblumen und seltene, endemische Pflanzen so weit das Auge reicht. Noch am Vormittag erreichen wir an der Shira Cave unseren zweiten Lagerplatz. In allen Rotschattierungen leuchtet uns der „Kili" bei untergehender Sonne entgegen. Riesige Vögel umkreisen frech die Zelte und lauern auf Futter.

Die Tagesetappen an Afrikas Bergriesen sind extrem kurz, viel kürzer als bei Wanderungen in den Alpen. Zudem sind sie außerordentlich entspannt, da wir nur unseren Tagesrucksack schleppen und beim Lageraufbau und beim Kochen so gut wie nichts zu tun haben. Leistungsschau ist das Bergsteigen hier mit Sicherheit keine. Haben wir anfänglich noch die Nase gerümpft über so viel Fremdhilfe, so haben wir uns schnell umgestellt und können nun das gemütliche Treiben am Berg in dieser spektakulären Naturkulisse in vollen Zügen genießen.

Über Lavafelder und schroffe Felsbrocken klettern wir in einer kahlen Landschaft hinauf zum Gipfel des Lava Tower. Es folgen 700 Meter Abstieg zur Barranco Hut, die Landschaft wechselt im Nu. Überall finden wir hier kleinbuschige Lobelien und majestätisch erhabene Senezien, die den Weg säumen und in exotisch anmutender Idylle über die Hänge verteilt sind. Der „Kili" liegt zum Greifen nahe, mit klaren Umrissen, die Schneefelder glänzen in der Abendsonne.

Nebelschwaden und Graupelschauer umgeben das Barafu Camp, das bereits vegetationslos in einem Meer riesiger Felsbrocken eingebettet liegt. Hier, in 4600 Metern Höhe, verbringen wir unsere letzte Nacht vor dem Gipfelsturm. Morgen ist der große Tag! „Nein, nicht morgen, heute noch! Um 23 Uhr müssen wir uns fertig machen, um Mitternacht brechen wir zum Gipfel auf",

Krater des Mount Meru

Gespenstische Vegetation an den Hängen des Kilimandscharo

Blick vom Barranco Camp zum Gipfel

Durch einen Wald aus Riesensenezien

meint unser Guide Tomeni. Aufstieg in der Nacht? – Nein, das wollen wir ganz sicher nicht! Da sind wir vier uns einig. Wir sind doch nicht hierhergekommen, um den Gipfel abzuhaken, wir wollen diesen faszinierenden Pfad bis zu seinem höchsten Punkt mit all unseren Sinnen erleben und ihn bei Tage sehen! Würden wir einer der großen, europäisch geleiteten Gruppen angehören, wären wir mit unseren Sonderwünschen sicher auf der Strecke geblieben. Tomeni hingegen wirkt erleichtert. Er steigt gern mit uns am Morgen auf, den nächtlichen Aufbruch hat er nur deshalb vorgeschlagen, weil das eben so üblich ist.

Kurz vor acht sind wir dann wirklich auf dem Weg zu „unserem“ Gipfel. In Serpentinen geht es auf einem ausgetretenen Pfad zwischen scharfkantigem Lavagestein stetig aufwärts, Schritt für Schritt, unterbrochen von kurzen Pausen nach jeder Stunde. Der schneefreie Weg lässt kaum erahnen, in welcher großen Höhe wir uns befinden. Nur beim Atmen merken wir, wie dünn die Luft hier oben schon ist. Um halb zwölf erreichen wir den Kraterrand. Bizarre Gesteinsformationen haben hier ein windgeschütztes Plätzchen entstehen lassen, das zu einer ausgiebigen Rast lädt. Eine kleine Tafel mit der Aufschrift „Stella Point – 5732 m“ erinnert uns daran, dass wir es fast geschafft haben. Einige Träger anderer Gruppen, die hier auf die Rückkehr ihrer Kunden warten, springen auf, umarmen und gratulieren uns.

Eine halbe Stunde später tauchen vor uns einige Holztafeln im Nebel auf. Wir wissen, was diese bedeuten. Ich krame unseren iPod aus dem Rucksack, Sylvia und ich teilen uns die Kopfhörer und so steigen wir gemeinsam zu den Klängen von „Nabucco“ die letzten Meter hinauf auf den Uhuru Peak – das Dach Afrikas.

Überglücklich fallen wir uns alle jubelnd in die Arme. Ich genieße diesen Gipfelerfolg ganz besonders, denn ich darf ihn gemeinsam mit Sylvia erleben. Sie hat mich immer und wo sie nur konnte in meinen egozentrischen Zielen unterstützt und bei vielen meiner großen Bergbesteigungen im Hintergrund die logistischen Fäden gezogen. Nun können wir das erhebende Gefühl, auf einem der Weltberge zu stehen, gemeinsam erleben und feiern – das macht es gleich doppelt so schön.

Viel Fernblick haben wir nicht, denn durch unseren späten Aufbruch waren wir während der meist wolkenfreien Morgenstunden noch weit unten gewesen. Bedauern müssen wir die mangelnde Aussicht nicht, denn der nächste wolkenfreie Morgen kommt bestimmt und wir haben noch Zeit! Wir überschreiten den Gipfel und rutschen in wenigen Minuten eine Geröllrinne hinab zum Boden des weiten Kibo-Kraters, wo wir unser Lager aufbauen. Hier sind wir mitten in der Gletscherwelt des Kilimandscharo, die von den Normalwegen gar nicht berührt wird. Schroffe Eisformationen umgeben unseren Zeltplatz. Schneegestöber setzt ein, bald ist alles weiß – es gibt ihn also doch noch, den Schnee am Kilimandscharo!

Früh am nächsten Morgen stapfen wir über verschneite Hänge hinauf zum Rand des aus dem weiten Kibo-Krater aufragenden Reusch-Kraters. Er ist immer noch aktiv. Neugierig blicken wir in die schaurige Tiefe des Vulkans, der Geruch vorbeiwehender Schwefelschwaden umgibt uns.

Dann queren wir auf direktem Wege hinüber zum Stella Point. Jetzt am frühen Morgen ist der Blick frei. Die Abstiegsroute und die Weite Afrikas liegen wolkenlos unter uns – eine faszinierende Aussicht!

Hier beginnt der vielfältigste und vergnüglichste Abstieg, den ich je an einem Berg erlebt habe. In dreieinhalb Stunden gleiten, springen und wandern wir fast 3000 Meter hinunter durch die Vegetationszonen unserer Erde. Mit jedem Schritt wird das Bild bunter: Von den bizarren, kahlen Lavaformationen der Gipfelregion über felsige Pfade mit Blockgestein zu den Hochmooren, deren niedriger, gelber Bewuchs sich mit dem Bild einer immer grüner werdenden Berglandschaft vermengt. Schließlich tauchen wir ein in den üppigen Regenwald mit seinen geisterhaften Farnen, Moosen und Flechten und seiner zauberhaften Blumenwelt, die in allen Farben aus der gespenstischen Kulisse herausleuchtet.

Zur Mittagszeit erreichen wir das Mweka-Camp in 3100 Metern Höhe und könnten noch problemlos zur Straße absteigen. Doch wer will jetzt schon diese Zauberwelt verlassen? Wir bleiben noch einen Nachmittag und eine Nacht. Wieder durch tiefen Schlamm geht es am nächsten Morgen hinab zum Mweka-Gate. Dort heißt es Abschiednehmen von unseren Freunden Maria und Alfred, Abschiednehmen von Tomeni und seiner Mannschaft, durch deren Arbeit unser Aufstieg zum Dach Afrikas zu einer vergnüglichen Genusstour geworden ist.

Nun Afrika erleben, wie es wirklich ist! Drei Tage später – am Busbahnhof von Arusha: das übliche Getümmel, die Rucksäcke werden uns förmlich von den Schultern gerissen, die Tickets in wenigen Augenblicken unter die Nase gehalten, wir können schon einsteigen und – warten! Denn gefahren wird erst, wenn der Bus übervoll ist. Inzwischen bieten durchs Fenster verschiedene Händler lautstark ihre Waren an: gebratene Hühnerstücke, Brownies, rosafarbene Spielzeugharmonikas und was sonst noch alles das Herz der Reisenden begehrt.

Nach zwei Stunden fährt das bis auf den letzten Sitzplatz gefüllte Gefährt los. Wir passieren einige Polizeikontrollen am Stadtrand und kaum ist der Bus außer Sichtweite der strengen Beamten, geht es richtig los: Unzählige Passagiere warten mit überdimensionalen Gepäcksstücken an wohl nur Eingeweihten bekannten Plätzen, steigen zu und bringen unseren Bus fast zum Bersten. Ein Stück Asphaltstraße ist uns für den Anfang gegönnt, aber dann geht es auf teils holpriger, teils sandiger Piste dahin. Der Bus neigt sich öfters bedenklich zur Seite, unsere Gebeine werden ordentlich durchgeschüttelt, gebremst durch die an uns klebenden Menschenmassen – Massage sozusagen im Fahrpreis inbegriffen.

Wildes Lichtgehupe der entgegenkommenden Autos, der Fahrer macht mit der Hand ein Zeichen nach hinten und schlagartig wälzen sich alle Stehenden auf den Boden – wie eine verschworene Gemeinschaft passieren wir die nächste Polizeikontrolle.

Eben haben sich alle wieder erleichtert aufgerichtet, da ertönt ein mächtiger Knall! Unter fürchterlichem Gerumpel und in bedrohlichen Schlangenlinien rast unser Bus dahin, bis er endlich an einem Gegenhang gebremst wird und zum Stillstand kommt. Ringsum Gekreische und stumme Gebete! Gott sei Dank, es war nur der Hinterreifen, und der Fahrer hat eiserne Nerven bewahrt. Es zeigt sich immer wieder, dass in Ländern mit solch schlechten Verkehrsbedingungen die besten Fahrer zu finden sind.

Die erschrockene Schar hat sich schnell wieder beruhigt. Alle steigen aus, machen es sich im Gras rund um den Bus bequem, schnell bilden sich kleine Grüppchen zum Plausch und zum gemeinsamen Jausnen. Wir, die beiden Fremden, stehen im Mittelpunkt der Beachtung und wir genießen es. Die tüchtige Crew bringt unser Gefährt bald wieder ins Rollen, es kann weitergehen – für einige Kilometer.

Plötzlich hält der Bus abermals mitten auf der Strecke. Alle im Mittelteil stehenden Passagiere steigen aus, ohne Gepäck, und verschwinden auf einem kleinen Fußweg neben der Straße. Klopause? Offenbar nicht, denn der Chauffeur fährt gleich wieder an. Das Rätsel löst sich auf, als einige 100 Meter weiter eine Polizistin einsteigt, die Ausweise kontrolliert und prüft, ob auch

wirklich alle Vorschriften eingehalten werden und der Bus nicht etwa überladen sei. Unsere laufenden Reisekameraden überholen einstweilen den Bus und steigen wieder ein, sobald die gestrenge Beamtin außer Sichtweite ist.
Im Städtchen Babati quartieren wir uns im einzigen Hotel des Ortes für eineinhalb Euro ein. Wie in vielen Kleinstädten Afrikas ist es Hotel, Restaurant und Bordell in einem. Genüsslich schlürfen wir unser Bier und beobachten von der Veranda aus die Dorfszenerie. Junge Burschen, die mit ihren Transportkarren auf Arbeit warten, haben sich zu einem ausgelassenen Fußballspiel entschlossen. Die Technik ist noch verbesserungswürdig, an Begeisterung mangelt es nicht. Der Ball fetzt kreuz und quer durch die Straße, landet auf Autos, schießt Radfahrer ab, trifft die Nähmaschine in einem der offenen Schneiderläden und muss immer wieder von Dächern und Bäumen geholt werden – doch dabei fällt kein einziges böses Wort, im Gegenteil, alle sind fröhlich und lachen!
Stundenlang saugen wir diese fröhliche Idylle in uns auf, berauschen uns am quirligen Dorfleben, an den fremdartigen Düften und fühlen, dass wir im Herzen Afrikas sind.

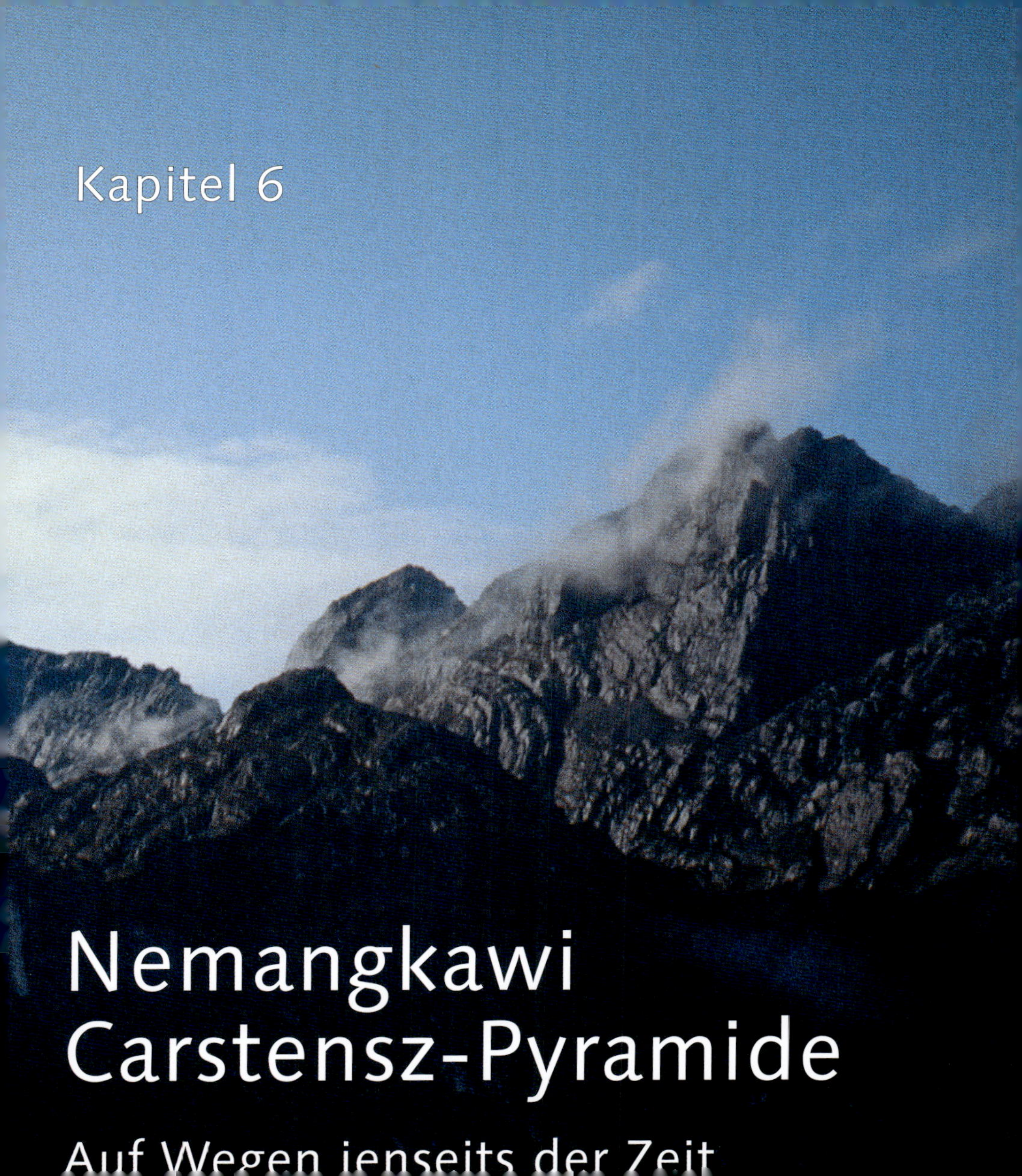

Kapitel 6

Nemangkawi Carstensz-Pyramide

Auf Wegen jenseits der Zeit

BAKOPA UND DAS ENDE DIESER WELT – TRILOGIE AUS DREI JAHRTAUSENDEN

ERSTER TEIL

Ezat spürt, dass er alt geworden ist, spürt die Müdigkeit seines Körpers. Dort, wo er früher kraftvolle Muskeln betasten konnte, alles ausgemergelt, ein knöchernes Gerüst ist ihm geblieben. Sein eigenes Gesicht hat Ezat nie gesehen. Er kann es nur fühlen, die faltigen Furchen, die struppigen Stoppeln seines Bartes. Sein Haarnetz, geknüpft aus den Fasern einer Orchidee, ist grob und spröde geworden, schmierig, wenn man es anfasst.

Immer öfter lässt Ezat Schweinefeste in seinem Tal aus, schon lange war er nicht mehr in den Wäldern jagen. Hin und wieder denkt er an die alten Tage, als er sich kraftvoll und munter in der Morgendämmerung in den Wald zur Jagd begeben hat. „Morgen will ich im Wald jagen, will meinen Frauen und Kindern Fleisch heimbringen", denkt er. Dann bespannt er seinen Bogen neu, schnitzt an seinen Pfeilspitzen herum, um schließlich beides am nächsten Tag ungebraucht in der Hütte zu lassen.

Ezat hockt schweigend am Wegrand vor seinen Hütten. Es ist der große Weg durch das Tal des Kemabu, der Weg, der die Orte Pogapa und Ugimba verbindet. Tagtäglich hockt er hier, blickt auf die Wälder, die sich über seinen Hütten die Berghänge hinaufziehen. Nur Vorbeiziehende bringen ihm ein wenig Abwechslung. Sie verharren eine Weile bei ihm, rasten, kauen an einem Stück Zuckerrohr und wandern wieder weiter.

Manchmal gesellen sich Ezats Kinder zu ihm an den Wegrand – ungewöhnlich kleine Kinder für diesen alten Mann. Der Knabe ist noch nicht der Mutterbrust entwöhnt, das Mädchen, nur wenig älter, trägt schon stolz ihr Rückennetz. Kein kindliches Lachen, kein Herumbalgen, ernst sind diese Kinder, still wie ihr Vater verharren sie am Wegrand, warten auf Veränderung.

Erst wenn der Nachmittagsregen einsetzt, erhebt sich Ezat und kehrt in seine Hütte zurück. Dann sind seine beiden Frauen von den Feldern zurückgekehrt, mit Süßkartoffeln und Feuerholz.

Wien, Juni 1992
Ein Ort und eine Zeit, die es in der Welt Ezats nicht gibt.

Etliche Stunden verbringe ich schon in der Nationalbibliothek. Heute Abend findet das große Treffen mit meinen Freunden statt, bei dem wir die möglichen Trekkingrouten durch Irian Jaya, den indonesischen Teil der Insel Neuguinea, besprechen wollen. Nun gilt es natürlich, in der verbleibenden Zeit noch möglichst viele Informationen zu sammeln.
Meine Sitznachbarn haben schon längst die Flucht zu anderen Tischen angetreten. Überall habe ich die wenigen, recht großformatigen Karten, die über diese Region verfügbar sind, weit über meinen eng bemessenen Platz hinaus ausgebreitet. Vor mir liegt das Buch des britischen Bergsteigers und Abenteurers Peter Boardman „Auf den Zinnen der Götter". Darin beschreibt er seinen Weg vom Dorf Bilogay nach Süden ins Carstensz-Gebirge und seine Besteigung der Carstensz-Pyramide, des höchsten Gipfels des australisch-ozeanischen Kontinents.
Eigentlich wollte ich dieses Buch nur durchblättern. Schon lange haben meine Freunde und ich unsere Hoffnung aufgegeben, als Individualreisende, als normale Rucksacktrekker in dieses Gebiet vordringen zu können. Die Existenz einer riesigen Kupfermine im Süden des Carstensz-Gebirges hat die gesamte umliegende Region zum Sperrgebiet werden lassen, und zu einem der bestabgeschirmten dazu. Die drei möglichen Zustiegswege aus dem Norden sind hermetisch durch indonesische Polizeiposten abgeriegelt. Nur wenigen, sehr gut zahlenden Expeditionen wird die Genehmigung erteilt, auf einem einzigen kontrollierten Weg von Ilaga aus in etwa sechs Tagen ins Carstensz-Gebirge zu gelangen.
Boardmans Bericht beginnt mich zu fesseln. Ihm und seiner Frau Hilary war es 1979 erstmals als Individualreisende gelungen, ohne Expedition und ohne dahinterstehende Organisation, die zentrale Bergkette zu überschreiten und ins Carstensz-Gebirge vorzudringen.
Peter und Hilary Boardman hatten damals einen völlig anderen Weg als alle bekannten Expeditionen vorher genommen. Ihre Route lag fast 100 Kilometer westlich der Normalroute. Sie waren von Bilogay aufgebrochen und hatten das Carstensz-Gebirge letztlich von Nordwesten kommend erreicht. Dabei hatten sie unheimliches Glück gehabt, dass sie diesen Weg überhaupt gehen konnten. Aufgrund eines Stammeskrieges zweier rivalisierender Grup-

pen der dort ansässigen Moni hatten die indonesischen Polizisten das Weite gesucht, womit der Polizeiposten kurzfristig verwaist war.
Eigentlich sollte ich nun schon zu lesen aufhören. Was bringt's? Solch ein Glück gibt es kein zweites Mal. Aber Boardmans Zeilen sind faszinierend und so lese ich weiter.
Halt, was war das? Zuerst habe ich diesen Absatz überlesen, aber auf der nächsten Seite bin ich dann ins Stocken geraten. Wieder zurück zur Seite 37! Immer wieder lese ich diesen Absatz: „Unter uns trennte der turbulente Kemabu-Fluss an der Stelle, wo wir ihn überqueren mussten, zwei Siedlungen. Drüben auf der südlichen Seite lag Ugimba, ein ausgedehntes Moni-Dorf, das hauptsächlich aus rechteckigen Häusern bestand. Die Siedlung auf unserer Seite bestand aus eng zusammengedrängten, runden Dani-Hütten. Sie hieß Wanibugi. Dazwischen spannte sich eine großartige, ohne Nägel und moderne Werkzeuge zusammengefügte Hängebrücke aus Rattanrohren über das Wasser."
Wie elektrisiert fliegt mein Blick über die auf dem Tisch ausgebreiteten Karten, kehrt wieder zum Text zurück, um abermals auf den Karten zu suchen. Das kann doch nicht möglich sein!
Vom Kemabu habe ich schon in einigen Expeditionsberichten gelesen, ein kleines Bächlein, weit im Osten auf dem gleichnamigen Plateau, das sich irgendwo im Norden verliert. Und nun taucht dieser Kemabu hier plötzlich an ganz anderer Stelle wieder auf, als mächtiger Fluss, der von Osten nach Westen fließt, von Brücken überspannt wird und an dessen Ufern sich größere Ansiedlungen befinden.
All das gibt es jedoch auf den Karten nicht! Da gibt es keinen in dieser Region verlaufenden Kemabu, keine Dörfer Ugimba und Wanibugi, da gibt es nicht einmal ein entsprechendes Ost-West-Tal, das auf Besiedlung schließen ließe. Für die Boardmans mag die Überquerung des Kemabu bei Ugimba nicht weiter wichtig gewesen sein. Schließlich war der Ort nur eine kurze Station auf ihrem Weg von Norden nach Süden gewesen. Aber ich, ich bleibe an diesen Zeilen hängen. Gibt es da ein von den Kartografen vergessenes Tal? Ein Tal mit einem mächtigen Fluss, ein Tal, in dem es Siedlungen, aber keine Polizeipräsenz gibt? Und wo es Siedlungen gibt, das weiß ich nur zu gut, da gibt es auch die Wege der Papua, die diese Siedlungen verbinden. Ist da vielleicht ein Schlupfloch ins Carstensz-Gebirge, von dem niemand etwas weiß? Das auch keiner bewacht? Allein die Vorstellung macht mich richtig aufgeregt!

Für das abendliche Treffen mit meinen Reisegefährten Jutta, Franz und Nobsch bringe ich jedenfalls spannende Neuigkeiten mit.
Genussvoll zelebriere ich bei unserem abendlichen Treff meine neue Entdeckung. Ich fühle mich, als hätte ich gerade einen Kontinent entdeckt. Dabei braucht es ja gar kein neuer Kontinent zu sein! Die Entdeckung eines einzigen kleinen Tales würde uns schon bei Weitem reichen. Obwohl alles so vage ist und meine Überlegungen nur auf wenigen untergeordneten Zeilen eines spannenden Bergsteigerberichts aufbauen, schießen wir uns mit diesem winzigen Hoffnungsschimmer wieder auf unser altes Traumziel ein, die Insel Neuguinea in der Nähe des Carstensz-Gebirges zu überqueren. Wenig später lese ich den Bericht der Österreicher Rossi und Hansen, die 1976 gemeinsam mit dem Missionar von Bilogay als erste Weiße Ugimba und Wanibugi auf ihrem Weg vom Carstensz-Gebirge erreicht haben. Ihr Bericht dürfte Boardman zu seiner Routenwahl ermutigt haben und er bestätigt die Existenz eines von Osten nach Westen verlaufenden Kemabu-Flusses.
Wir müssen also ins Derewo-Tal gelangen und in diesen riesigen Derewo muss dann irgendwo der Kemabu einmünden. Klingt alles ganz einfach. Aber wie sollen wir dorthin kommen? So gut wie die gesamte Region dürfte Sperrgebiet sein und die letzten Nachrichten aus dieser Gegend sind dreizehn Jahre alt. Was soll das ganze Kopfzerbrechen? Sobald wir Irian Jaya erreichen werden, wird unsere Reise einer Eigengesetzlichkeit folgen, die sich sowieso nicht an einem Wiener Kaffeehaustisch festlegen lässt.

Ezat hat seine Hütten wie einen Adlerhorst hoch über das Tal des Kemabu gebaut. Längst sind ihm diese Hütten und der sie umgebende Zaun zur Festung geworden, die die Grenzen seines eigenen Lebens bilden.
Vor langer Zeit ist Ezat mit seiner ersten Frau aus Ugimba hierher an diesen einsamen Ort heraufgezogen. Sie, eine Frau aus dem Volk der Dani, groß und kräftig, er, ein Krieger aus dem Volk der Moni. Eine ungewöhnliche Ehe! Nur die Nachbarschaft der beiden Orte Wanibugi und Ugimba, von diesen beiden Völkern bewohnt und nur durch den reißenden Kemabu voneinander getrennt, konnte eine solche Heirat möglich machen.
In der Abgeschiedenheit dieses Wohnplatzes ist ihm seine Frau zur Gefährtin geworden. Für sie hat Ezat die Hütten so gebaut, wie sie es von ihrem Volk kennt, rund und mit spitzen Dächern. Viel zu früh ist sie gestorben, Ezat vermisst sie sehr.

Einen Sohn hat sie ihm geboren, Kenot hat er ihn genannt. Mit ihr ist er zum Knaben herangewachsen, mit Ezat ist er zum Mann gereift. Kenot war Ezats großer Stolz, und er war sein Partner. Jung und stark fühlte sich Ezat selbst, wenn er mit Kenot in die Wälder auf die Jagd ging, wenn er dem Wald einen neuen Acker abgewann und wenn er das Tal des Kemabu mit ihm durchstreifte, manchmal bis hinab nach Pogapa.
Eines Tages sagte Kenot: „Ezat, ich werde zum Bakopa gehen, wie es so viele junge Männer unseres Volkes tun." Kenot ist nie vom Bakopa zurückgekehrt. Ezat hat nie erfahren, was ihm dort geschehen ist.
Ezat hat ein junges Mädchen aus Degesiga zur Frau genommen. In seinem hohen Alter ist er noch einmal Vater eines Knaben geworden. Nach dem Verlust von Kenot hat er auch dessen Frau und ihre kleine Tochter zu sich genommen.
Sie alle können ihm Kenot nicht ersetzen. Ezats Lebensflamme flackert täglich ein wenig zaghafter.

8. Juli 1992, Flughafen von Ujung Pandang auf der Insel Sulawesi.
Neun Stunden Verspätung haben wir bei unserer Ankunft in Jakarta gehabt, den Anschlussflug nach Irian Jaya haben wir damit natürlich verpasst. Wir nehmen's nicht schwer. Wir brechen auf in ein Land ohne Zeit. Was sollen da diese wenigen Stunden? Mit Kurzflügen hüpfen wir von Insel zu Insel, immer näher an unser Ziel heran. Wir warten auf unseren Weiterflug nach Biak und Jayapura. Ich habe unendlich viel Zeit und kann die vielen einfachen, meist älteren Leute in ihrer traditionellen Kleidung beobachten. Die meisten stammen wohl von der Insel Sulawesi. Sie hocken lieber auf dem Boden als auf den Stühlen der Wartehalle, umgeben von ihrem, für Asien so typischen, überdimensionalen Handgepäck. Wie schnell haben sie es doch gelernt, mit der modernen Atmosphäre eines Flughafens umzugehen. Kein Anflug von Hektik, obwohl hier scheinbar nichts planmäßig verläuft. Die alten Leute haben alles im Griff, auch wenn sie die Beschilderungen und ihre eigenen Flugtickets möglicherweise gar nicht lesen können. Noch vor wenigen Jahren kannten sie kaum eines jener Zivilisationsgüter, die die westliche Welt über den Rest der Welt ergießt, und nun stellen sie ihre weißen „Lehrmeister" bereits in den Schatten. Mit großer Routine bewegen sie sich in diesen, ihrem normalen Leben entrückten Hallen des Flughafens, um wenige Stunden später wieder in einer Holzhütte zu entschwinden und am offenen Feuer ein einfaches Mahl zuzubereiten.

Nach Ugimba, dort, wo er aufgewachsen ist, will Ezat nicht mehr hinabgehen. Nur noch wenige Menschen aus seinem Volk leben dort. Die Dani sind über den Kemabu gekommen, sie haben sein Dorf besiedelt. Ohne Gewalt, ohne Krieg, es fand sich ganz einfach viel freier Raum zwischen den weit verstreuten Gehöften seines Volkes.

Manchmal steigt Ezat nach Bilondoga oder gar nach Degesiga hinab. Dort leben Menschen, die er schon lange kennt, bei denen er gern einige Tage verweilt. Immer trägt er seinen Bogen und seine Pfeile mit sich, eine alte Gewohnheit, die ihre praktische Bedeutung verloren hat. Krieger aus dem Volk der Moni ist er, aber es gibt keinen Krieg, schon lange nicht mehr. Frieden herrscht im Tal des Kemabu. Und die Jagd, sie wird ihm immer fremder. Die kleinen Jungen treffen mit ihren Steinen schon genauer und schneller als er mit seinen Pfeilen.

Die Wälder, die sich die Berghänge über dem Kemabu hinaufziehen, sind rau, kalt und abweisend. Sie werden nur von wenigen, oft schwer erkennbaren Jagdpfaden durchzogen. Ezat fehlt die Leichtigkeit und Geschmeidigkeit früherer Tage, um dort sein Jagdglück versuchen zu können.

So ist Ezats Welt klein geworden. Der Adlerhorst mit den drei Hütten, seine beiden Frauen, die Kinder, die wenigen Felder, die seine Frauen bestellen, die Menschen, die auf dem Weg an seinen Hütten vorbeiziehen und ihm Kunde von der Welt da draußen bringen.

Doch Ezat hat seine kleine Welt lieb gewonnen. Die Unbeweglichkeit seines Lebens gibt ihm Sicherheit, gibt ihm die Ruhe, die sein altes Leben braucht. Ezats stille Zufriedenheit lebt vom immergleichen Rhythmus der Tage.

Unsere Maschine fliegt ab nach Biak und dann weiter nach Jayapura, der Hauptstadt von Irian Jaya. Mit uns fliegen gut zwanzig Weiße. Die meisten von ihnen sind Touristen, die nach Wamena wollen. Sie werden drei oder vier Tage im Baliem-Tal verbringen, der einzigen Region des Berglands, die man mit regulären Flügen erreichen kann. Eine Art Schnupperkurs in Sachen Urzeit, der das Kulturerlebnis Indonesien abenteuerlich abrunden soll. Unter uns tauchen winzige Atolle und Riffe auf, die wohl noch nie von einem Taucher bewundert werden konnten. Fernab jeder bewohnten Insel verlieren sie sich in den Weiten des Pazifik.

Endlich sehe ich unter mir die samtenen, hellgrünen Hügel, die den Sentani-See umrahmen. Wenig später setzt die Maschine auf der Rollbahn auf. Vor acht Jahren war ich schon hier in Sentani gewesen, jenem Ort, in dem sich der

Ezat und seine Kinder

Flughafen des 40 Kilometer entfernten Jayapura befindet. Damals war ich noch darauf angewiesen, dass mich Mitarbeiter der Fluglinie Merpati, ohne Wissen der Bosse in Jayapura, in den Räumlichkeiten der Crew schlafen ließen. Ernährt habe ich mich damals von den Sandwiches und Kuchenstücken, die auf den Flügen übriggeblieben sind.

Was hat sich hier doch alles verändert! Es gibt Hotels, kleine Pensionen, Restaurants, Banken, ein Flugbüro und selbst den so wichtigen Surat Jalan erhält man gleich neben dem Flughafen. Die Indonesier haben auf den Touristenboom reagiert.

Der Surat Jalan, wörtlich „Geh-Brief", war einst für Reisende die erste große Hürde, um in Irian Jayas unberührte Welt vorzudringen, heute ist er ein harmloser Formalakt, der von eigens dafür abgestellten Polizeibeamten gleich neben dem Flughafengebäude in einer knappen halben Stunde erledigt wird. Für alle Gebiete außerhalb der Region Jayapura benötigt man ein solches Permit, das man für die beiden touristischen Regionen, das Baliem-

Moni-Frauen in Degesiga im Tal des Kemabu

Tal und Asmat, auch ohne Schwierigkeiten bekommt. Für alternative Ziele erhält man allerdings meist keine Genehmigung, da große Teile des Landes Sperrgebiet sind.

Es herrscht eine ungemein lockere Atmosphäre hier in der Polizeistation. Die Beamten sind sichtlich erfreut darüber, sich mit Weißen in der indonesischen Sprache unterhalten zu können. Wir plaudern über Gott und die Welt, ehe wir, fast nebenbei, auf unser eigentliches Anliegen, den Surat Jalan, zu sprechen kommen. Der Beamte trägt uns überraschend freimütig die Genehmigungen für das gesamte Gebiet der Provinzen Jayawijaya mit dem Zentrum Wamena und Merauke mit den Zentren Merauke und Asmat ins Permit ein. „Und Paniai, bitte!", sage ich freundlich, aber bestimmt. Entgeistert blickt mich der Beamte an. „Was um alles in der Welt wollt ihr in Paniai? Da will niemand hin! Und da kann man auch nicht hin!" Mit unseren wahren Zielen darf ich hier wohl nicht herausrücken. Ich weiß, dass nicht alle Orte in Paniai Sperrgebiet sind, und bekunde vage formuliertes Interesse an diesen. Die Beamten benötigen offensichtlich eine Nachdenkpause. Kurze Beratung!

„Gut, ich kann euch die Genehmigung für Nabire geben. Dort müsst ihr zur Polizeistation gehen. Nur dort könnt ihr die Genehmigung für weitere Orte im Paniai bekommen.“ Aber er trägt tatsächlich Paniai auf dem Surat Jalan ein, nicht Nabire, wirklich Paniai. Das sollte sich später als Trumpf in den Verhandlungen mit der Polizei in Nabire erweisen. Überglücklich hasten wir zum Flugbüro und ergattern noch vier Plätze in der nächsten Maschine nach Nabire.

Unruhe ist in Ezats Leben gekommen. Äußerlich wirkt er wie immer vollkommen gelassen. Tagtäglich hockt er schweigend neben dem Weg vor seinen Hütten, den Blick auf die vom Regenwald verdüsterten Berge gerichtet. Stundenlang blickt er auf diese unbewegten Berghänge, sie haben sein Leben bewahrt, haben jede Änderung von ihm ferngehalten, waren für ihn und seine Familie ein Schutzwall, hinter dem sich eine völlig andere, unbekannte Welt verbirgt.
Viel hat Ezat schon von dieser Welt hinter dem Bakopa gehört, von dieser Welt, die viele Männer seines Volkes das Ende der Welt nennen. Er hat gehört von den riesigen Tieren, die dort leben. Ihre Haut ist hart und undurchdringbar wie Stein, und ihr Brüllen soll schrecklich sein und Tag und Nacht ertönen. Kein Pfeil kann ihnen etwas anhaben. Diese Tiere haben so schrecklich funkelnde Augen, dass die Nacht zum Tag wird. Sie fressen nicht nur die Pflanzen des Waldes, sie fressen den ganzen Wald mitsamt seinen Bäumen, ja sie fressen sogar die Berge und lassen nur schlammige Erdhaufen zurück. Die Menschen sind vor diesen Tieren sicher, sie leben in Frieden mit ihnen. Sonderbare Menschen leben dort. Sie müssen nicht essen, denn der kahl gefressene Boden trägt keine Früchte. Viele von ihnen haben eine Haut, die so hell ist wie die Gischt des Kemabu.
Vor langer Zeit hat auch Ezat einen Menschen mit solch heller Haut gesehen. Es war nicht hinter dem Bakopa, dort war er nie gewesen. Es war in Pogapa gewesen. Ezat hat nie mit diesem Menschen geredet, er hat nur aus der Entfernung seinem Treiben zugesehen. Dieser Mensch lebte in Frieden mit den Männern seines Volkes, und er hat den Leuten von Pogapa viel von Göttern und Ahnen erzählt, die Ezats Volk nicht kennt. Woher mögen diese Menschen kommen? Als Knabe hat Ezat von den Ältesten seines Volkes gehört, dass die Menschen früher eine helle Hautfarbe hatten, ehe die Ahnen den Menschen seines Volkes eine dunkle Haut gegeben haben.

Nabire, der Hauptort der Provinz Paniai, präsentiert sich als trostloses Kaff an der Cenderawasih-Bucht. Ein Verwaltungszentrum, das wohl nur sich selbst

verwaltet, ohne wirkliche Verbindung zu den anderen Orten Paniais. Einige Kilometer Straße führen in mehrere Richtungen aus dem Ort heraus, um dann abrupt mitten im Busch zu enden. Man scheint hier so gut wie nichts über die anderen Teile dieser riesigen Provinz zu wissen – *terra incognita.*
Ziellos laufen wir durch den Ort in der Hoffnung, irgendwelche Informationen zu bekommen. Nabire ist nicht unser Ziel. Wir wollen in das Bergland von Paniai, ein Gebiet, von dem wir nur wissen, dass es praktisch zur Gänze Sperrgebiet ist. Wirklich zur Gänze? Das ist für uns die entscheidende Frage. Eine skurrile Situation! Einerseits wollen wir hier in Nabire Informationen für unsere geplante Wanderung ins Hochland einholen, andererseits dürfen wir aber von dieser Wanderung kein Wort erwähnen, da sie in jedem Fall durch Sperrgebiet verlaufen wird. Allgemein nutzbares Informationsmaterial wie etwa Bücher, Pläne oder Karten, bei deren Einsicht wir uns nicht verdächtig machen können, gibt es hier nicht. Mit viel Bier und der trostlosen Aussicht, Nabire bald ohne Erfolg wieder in Richtung Sentani verlassen zu müssen, lassen wir den Tag ausklingen.

Ezat weiß, dass er die Welt hinter dem Bakopa nie sehen wird. Er ist zu alt für diesen langen Weg und die große Kälte in den Bergen. Viele junge Männer seines Volkes sind schon über den Bakopa gegangen. Sie haben die schrecklichen Tiere, die sie Toyota nennen, ganz aus der Nähe gesehen. Manche sind so hoch wie Bäume, aber sie haben den Männern kein Leid zugefügt. Doch die Menschen mit der hellen Haut haben die jungen Männer aus Ezats Volk wieder weggeschickt, zurück in ihr Land. Die Welt hinter dem Bakopa ist sehr kalt. Die Menschen dort tragen viele Häute an ihrem Körper, Häute, die so bunt sind wie das Federkleid des Paradiesvogels. Oft schenken diese Menschen mit der hellen Haut den jungen Männern aus Ezats Volk solche Häute. Das ist auch der Grund, warum immer mehr junge Männer viele Tage in die schreckliche Welt hinter dem Bakopa aufbrechen, nur, um diese Häute zu bekommen.
Für die jungen Männer hat der Bakopa nichts Bedrohliches. Für sie hat es immer beide Welten gegeben. Hier das fruchtbare Tal des Kemabu mit seinen Wäldern, seinen Süßkartoffel- und Tarofeldern, mit seinen Dörfern und dem Volk der Moni, dort das kahl gefressene Land mit den fremdartigen Menschen und Tieren.

Die nächste Maschine nach Sentani fliegt erst übermorgen ab. Zwei weitere Tage an diesem öden Ort! Beschäftigungstherapie ist angesagt!

Ich erinnere mich an einen alten Bericht aus der Missionsgeschichte der Insel und suche nach den knappen Notizen, die ich mir dazu gemacht habe. In den 1960er-Jahren gelang es einem Missionar, von der Küste kommend, auf einem Papuapfad in etwa zwei Wochen den Paniai-See im Hochland zu erreichen. Der Beschreibung zufolge musste er dabei anfangs dem Musairo-Fluss gefolgt sein und nach vier bis fünf Tagen die Orte Tatawa und Nehe erreicht haben.

Jutta und ich beschließen, diesen Wegbeginn, der sich etwa 40 Kilometer östlich von Nabire befinden muss, zu suchen. Es dauert mehrere Stunden, bis wir das Gebiet des Sungai Musairo erreichen. Die erste Weghälfte können wir im Minibus zurücklegen, dann nimmt uns ein Jeep ein Stück mit, zuletzt bleibt uns noch der Fußmarsch in der feuchten Mittagshitze. Immer wieder erkundigen wir uns nach dem Weg nach Tatawa und Nehe. Niemand weiß etwas von solch einem Weg, niemand kennt die Namen der beiden Orte.

Wir stehen auf der Brücke über den Musairo-Fluss. Nirgends ist etwas von einem nach Süden führenden Pfad zu erkennen. Einige junge Papua aus dem nahen Dorf kommen zum Fluss. Wieder frage ich nach dem Weg. Auch sie haben noch nie von diesem Pfad gehört. Einer der Papua holt einen älteren Mann herbei. Ja, er hat schon von den Orten Tatawa und Nehe gehört, aber diese Dörfer existieren nicht mehr. Die Bewohner haben schon vor langer Zeit ihre Dörfer aufgegeben und sich an der Küste niedergelassen. Der alte Weg sei längst zugewachsen. Erschöpft und um eine Hoffnung ärmer kehren wir nach Nabire zurück.

Ezat weiß, dass es diese Tiere hinter dem Bakopa nicht immer gegeben hat. Früher waren auch dort Wälder und Tiere wie im Tal des Kemabu. Einige Männer aus Bilondoga waren vor sehr langer Zeit über den Bakopa gegangen und haben in den Wäldern gejagt. Sie haben es ihm erzählt.

Irgendwann danach mussten diese riesigen Tiere aus den Abgründen der Welt aufgestiegen und zum Bakopa gezogen sein. Auch das ist schon sehr lange her, und Ezat hat sich an die Existenz dieser fremden Welt, die er nie gesehen hat, gewöhnt. Die Tiere sind nie über den Bakopa gekommen, sie haben nie die Welt seines Volkes im Tal des Kemabu gestört.

So hat Ezat geglaubt, dass er immer sicher in seinem Tal wird leben können. Doch dann, es war vor wenigen Tagen, da kam dieses riesige Tier in sein Tal.

Nun weiß Ezat, dass der Bakopa sein Volk nicht länger wird schützen können.

Nobsch und Franz hatten einen wesentlich gemächlicheren Tag in Nabire verbracht – und waren doch um vieles erfolgreicher gewesen. Mit unserem Surat Jalan und einer langen Liste von Ortsnamen im Hochland von Paniai haben sie die Polizeistation aufgesucht, um dort zu erfragen, welche Gegenden wir denn nun genau besuchen dürfen. Der Reihe nach haben sie einen Ortsnamen nach dem anderen vorgetragen, um dann das stereotype „Tutup", gesperrt, des Beamten hören zu müssen. Moment! War da nicht einmal ein „Buka" zu hören? Tatsächlich! Pogapa ist offen! Ebenso die in der Nähe befindlichen Orte Bilogay und Beoga.
Drei Orte im Hochland, auf einer Ost-West-Achse liegend, sind also wirklich offen für uns. Umgeben von Sperrgebiet! Hat man vergessen, diese drei Dörfer auf die Liste der gesperrten Regionen zu nehmen?

Es war vor wenigen Tagen, da hörte er das schreckliche Brüllen aus der Luft. Und dann sah er auch schon über den Baumwipfeln die riesige Libelle auf sich zukommen. Für Augenblicke war er vor Schreck wie versteinert gewesen. Kein Gedanke, irgendwo Schutz zu suchen oder gar zu seinem Bogen zu greifen. Und dann war sie auch schon über ihn hinweg geflogen und im Abgrund hinter seinen Hütten verschwunden. Ezat fühlte nur noch den starken Wind, der durch den mächtigen Flügelschlag der Libelle entstanden war.
In der Ferne nahm das Brüllen der Libelle immer mehr ab und Augenblicke später herrschte wieder völlige Ruhe im Tal, so, als ob nichts geschehen wäre.
Ezat war unbewegt an seinem Platz geblieben. War das ein schrecklicher Traum oder war das Wirklichkeit gewesen?
Ezat will mit einem Menschen sprechen, will wissen, ob nur er die Riesenlibelle gesehen hat. Keine seiner beiden Frauen ist in der Nähe. Mit den Kindern sind sie weit draußen auf den Feldern. Was, wenn dies alles nur eine böse Einbildung gewesen ist?

„Pogapa buka!" Im Einschlafen drehen sich all meine Gedanken um diese Aussage des Polizeibeamten. Pogapa ist als Ort auf einer alten Missionskarte vermerkt und er liegt genau dort, wo das von den Kartografen vergessene Tal des Kemabu, das bisher nur in meiner Vorstellung existiert, in das Tal des Derewo einmünden müsste. Doch wie sollen wir nach Pogapa kommen? Alles rundherum ist Sperrgebiet. Pogapa ist offen – eine gute Nachricht und doch kein Happy End?

Ziellos streunen wir am nächsten Tag durch Nabire, wollen ein bisschen am wenig einladenden Strand verweilen. Auf dem Weg dorthin kommen wir am Büro und Hangar der Mission Aviation Fellowship vorbei, jener Fluglinie, die die protestantischen Missionsstationen in Irian Jaya versorgt.
Wir studieren den Aushang mit dem Flugplan und versuchen die drei Buchstaben langen Kürzel uns bekannten Orten zuzuordnen. Was steht da geschrieben? In drei Tagen fliegt die MAF nach PGP, das muss wohl Pogapa sein. Wir sehen, wie sich ein Weißer im Hangar zu schaffen macht, und fragen ihn, ob wir am Mittwoch mit der MAF nach Pogapa fliegen können. Er verneint bedauernd, weil nicht genug Platz in der Maschine sei. Da aber morgen der erste Flug ausfallen würde, bestünde die Möglichkeit, diese Maschine zu chartern. Wir können unser Glück kaum fassen!
Im Laufschritt geht es zurück zur Polizeistation: Eintragen der Orte Pogapa, Bilogay und Beoga in unser Surat Jalan. Mit unserem gesamten Gepäck hetzen wir zurück zum Hangar zum Abwiegen – 389 Kilogramm dürfen wir nicht überschreiten. Wir kommen auf insgesamt 415 Kilogramm. „Kein Problem, ich bringe euch euer Übergepäck mit der Mittwochmaschine nach Pogapa." 270 Dollar blättern wir für den Flug auf den Tisch – fast ein Geschenk angesichts dieses Glücksgriffes.

Ezats Sorge, einer Einbildung erlegen zu sein, sich mit seiner Wahrnehmung vor jungen Männern und Frauen lächerlich zu machen, währt nicht lange.
Der Flug der Riesenlibelle und ihre Landung am Ufer des Kemabu waren alsbald Tagesgespräch im gesamten Tal. Jeder, der des Weges von Bilusiga kam und bei Ezats Hütten verweilte, wusste etwas Neues über das riesige Tier zu berichten.
Bei Bilusiga ist die Libelle zu Boden gegangen, direkt an den Wassern des Kemabu. Aus ihrem Bauch sind Menschen herausgekrochen, Menschen mit einer hellen Haut, wie sie jenseits des Bakopa leben. Eine Weile sind sie am Kemabu geblieben. Dann hat sie die Libelle wieder aufgenommen und ist mit ihnen hoch über die Berge aus dem Tal geflogen, in die Richtung, wo Bilogay liegt.
Schweigend hört Ezat den Männern zu. Auch er ist ganz und gar erstaunt, doch die Begeisterung der Jungen kann er nicht teilen. Für ihn hat all das etwas Bedrohliches. Die Wesen, die jenseits des Bakopa leben, sie sind in sein Tal gekommen.

Es ist stockdunkle Nacht, als unsere winzige Cessna über Nabire langsam, unendlich langsam, an Höhe gewinnt. Bald geben die ersten Schimmer des

Morgenlichts die beeindruckende Kulisse mächtiger, scharfer Bergrücken frei, dazwischen die tiefen Einschnitte der Täler. So weit unser Blick reicht, ist alles mit dem düsteren Grün des Regenwaldes bedeckt. Immer höhere Berge tauchen vor uns auf. Unsere Cessna überfliegt sie so knapp, dass wir meinen, an den Baumwipfeln anstreifen zu müssen. Nicht die geringste Spur menschlichen Lebens können wir erkennen. Dort unten kämpfen wohl nur Farne, Dornen und Gräser unter dem mächtigen Blätterdach riesiger Bäume, ewig nach dem spärlichen Sonnenlicht heischend, ums Überleben. Die Maschine dreht in einer lang gezogenen Linkskurve von Süd-Südost in Richtung Ost und folgt nun dem Lauf eines riesigen Tales. Rechts und links überragen uns die Bergkämme, die das Tal begrenzen.

Es muss sich um jenes Tal handeln, das auf den Karten als das Derewo-Tal vermerkt ist und in dem auch Pogapa liegt. Wo sind die ersten Dörfer des Moni-Volkes? Wo sind von Menschenhand angelegte Pfade? Nichts von all dem ist zu erkennen, nur wilder, abweisender Dschungel. Bald weist der Pilot mit der Hand nach vorne und meint, dass dort unten Pogapa läge. Eine dichte Wolkendecke füllt das Tal aus und versperrt uns den Blick nach unten.

Der Pilot kreist über Pogapa, sucht geduldig nach einem kleinen Loch in der Wolkendecke, wo er zu Tal gleiten könnte. Für wenige Augenblicke reißen einige Wolkenfetzen auf, wir können Pogapa unter uns sehen. Noch ehe der Pilot die Maschine eindrehen kann, hat sich dieses Loch aber schon wieder geschlossen. Über der Talmitte gibt es keinen Weg nach unten. Gefährlich nahe bringt der Pilot seine Cessna an die steilen Berghänge heran, um hier ein Wolkenloch aufzuspüren. Vergeblich!

Er dreht die Maschine nach Westen ab. Riesige Frustration steigt in mir hoch. So knapp waren wir am Ziel, so viele glückliche Umstände haben dabei zusammengespielt, und nun müssen wir wieder zurück nach Nabire. Werden wir noch eine zweite Chance bekommen?

Ezat versucht, seine Gedanken zu ordnen. Die Libelle, ein riesiges Tier, geschaffen von den Göttern? Ezat ist sich dessen nicht mehr so sicher.

Vor langer Zeit war er mit Kenot nach Pogapa gekommen. Dort gibt es einen großen freien Platz, nur mit niedrigem Gras bedeckt. Auf diesem Platz war ein riesiger Vogel zu Boden gegangen, so riesig, dass er mit seinen Flügeln zwei Hütten hätte bedecken können. Aus seinem Bauch sind Menschen herausgeklettert. Ein Mensch kletterte auf den Rücken des Vogels und gab ihm zu trinken, nicht in den

Kopf schüttete er das Wasser, nein, in die Flügel. Der Vogel war so schwer, dass er sich am Boden nicht bewegen konnte, nur fliegen konnte er.
Viel hatte Ezat schon von diesem Vogel gehört, nun konnte er ihn mit eigenen Augen sehen. Die Menschen von Pogapa erzählten Ezat, dass dieser Vogel eigentlich gar kein Tier sei. Nicht die Götter hätten ihn geschaffen, sondern die Menschen mit der hellen Haut und sie nennen ihn „Pesawat". Ezat konnte die Worte dieser Menschen nicht verstehen, aber er behielt sie in seinen Gedanken.

Der Pilot blättert eine Weile in einer Ringmappe. Dann hält er mir die aufgeschlagene Seite entgegen: Bugalaga – mit einer Skizze des Airstrips und einigen Zusatzinformationen. Ich habe das gesamte Kartenmaterial über diese Region genauestens studiert, der Ortsname Bugalaga ist mir dabei nie untergekommen. „Eine neue Mission", erklärt der Pilot und fügt hinzu: „Wenn über Pogapa Wolken sind, dann ist Bugalaga meist frei." Wir sind alle ziemlich erleichtert. Schnell notiere ich die Koordinaten dieses Ortes und erkenne, dass er nur etwa 30 Kilometer Luftlinie von Pogapa entfernt sein muss.
Wir fliegen direkt auf einen steil aufragenden Berghang zu. Der Pilot macht keine Anstalten, die Maschine hochzuziehen. Da erkennen wir eine schmale Rodung im Hang und sehen uns entgeistert an. Soll das etwa die Landebahn sein? Augenblicke später erschüttern einige Schläge unsere Cessna, wir sind gelandet. Steil bergan rollt die Maschine aus, um schließlich eine kleine, ebene Plattform zu erreichen, wo sie wenden kann.
Die Moni aus Bugalaga laufen herbei und beobachten aus sicherer Entfernung unser Treiben. Gemächlichen Schrittes kommt nun auch der Missionar auf uns zu und heißt uns herzlich willkommen. Ich trete an den Rand der Plattform und schaue ins Tal. Langsam heben sich die Nebelfetzen. Wie steil diese Landepiste ist! Hier könnte ich mit meinem Gleitschirm starten.
Eine knappe halbe Stunde warten wir auf bessere Sichtbedingungen, dann heben wir von diesem abenteuerlichen Airstrip ab, in Richtung Pogapa, wo wir wenig später problemlos landen können.

Ist die Libelle ein Werk der Götter? Oder ist die Libelle wie der große Vogel von Pogapa ein „Pesawat", von Menschen gebaut, so wie Ezat seine Hütten und seine Waffen baut? Wer gibt den Menschen mit der hellen Haut die Macht, Dinge zu schaffen, die leben und doch nicht leben? Ezat hat die Zauberkraft eines dieser Menschen einst mit eigenen Augen gesehen. Als er mit Kenot in Pogapa war, sah

er diesen Menschen mit der hellen Haut, den alle John nannten. Viele Menschen aus Ezats Volk sprachen mit ihm und er verstand ihre Sprache. Sie schienen ihn gut zu kennen und auch zu lieben. Auch Ezat hätte gerne mit John gesprochen, doch er konnte nie seine Scheu vor diesem Menschen ablegen.
Dabei tat John nichts, was Ezat missfallen hätte. Er sprach und lachte wie die Männer seines Volkes, er aß wie sie und er hatte jene Häute am Körper, die Ezat auch schon bei vielen Männern seines eigenen Volkes gesehen hatte. Doch eines Tages geschah etwas Unfassbares! Dieser Mensch verwandelte sich in einen großen Vogel. Riesige Flügel hatte er an seinem Körper. Dort, wo sich das Pesawat in die Lüfte erhoben hatte, dort erhob sich auch John in die Lüfte und flog durch das Tal davon.[1]
Den Menschen aus Ezats Volk gefiel das alles. Sie standen auf der großen Wiese und hüpften und schrien und johlten. Ezat konnte nicht glauben, was er gerade gesehen hatte.
Einige Zeit verging, da sah Ezat den Menschen, der nun ein Vogel war, über Pogapa kreisen. Er kam dort wieder zu Boden, wo er sich in die Lüfte erhoben hatte, ging zu einer Hütte mit einer riesigen Tür und verschwand darin.
Kurz darauf verließ er die Hütte wieder. Völlig verstört folgte ihm Ezat mit seinen Blicken. Der Mensch, der ein Vogel geworden war, war nun kein Vogel mehr. Er besaß keine Flügel mehr und sah so aus, wie Ezat ihn vorher gekannt hatte. Seit diesem Tag hat sich Ezats Scheu vor diesem Menschen in Furcht gewandelt. Er kann seine Macht und Zauberkraft nicht begreifen.

Pogapa präsentiert sich als Zentrum westlicher Zivilisation inmitten der abgeschiedenen Welt des Moni-Volkes. An die riesige Wiese, die als Airstrip dient, schließen etliche Wellblechhäuser und -baracken an, erst dahinter findet man weit verstreut die traditionellen Hütten der Moni. Die mit Wellblech gedeckten Häuser beherbergen einen indonesischen Polizeibeamten, drei indonesische Soldaten, die Schule, die Kirche und ein winziges, fast immer geschlossenes Geschäft. Und dann gibt es natürlich noch das von John Cutts aufgegebene Missionshaus. Dort lebt zur Zeit Lois Belsey, die Missionarin von Hitalipa. Es ist ein glücklicher Zufall für uns, dass sie sich gerade in Pogapa aufhält. Lois ist Krankenschwester. Sie kommt viermal im Jahr nach Po-

1 John Cutts, aufgewachsen im Bergland der Moni als Sohn amerikanischer Missionare, besaß einen motorbetriebenen Hängegleiter, den man noch heute in einem winzigen Hangar am Ende der Landepiste von Pogapa bewundern kann.

gapa, um Männer und Frauen aus den umliegenden Dörfern darin zu schulen, häufig vorkommende Krankheiten zu vermeiden oder mit einigen wenigen Medikamenten zu heilen.
So entstehen in Dörfern, die zum Teil noch nie von einem Missionar erreicht wurden, kleine Gesundheitsposten. Einen für den Menschen gefährlichen Wurmbefall im Gehirn, hervorgerufen durch den Verzehr von verseuchtem und nicht ausreichend gegartem Schweinefleisch, konnte Lois in der gesamten Region völlig ausrotten.
Außerdem schult Lois die Moni, neben Süßkartoffeln, Taro und Zuckerrohr auch andere Früchte anzubauen. Wir selbst profitierten davon, da dadurch ausreichend Bananen in Pogapa vorhanden sind.
Lois heißt uns sehr herzlich willkommen und widerspricht damit dem herrschenden Vorurteil, dass protestantische Missionare Reisenden unfreundlich begegnen oder sie ignorieren. Sie war uns während der gesamten Zeit, die wir in Pogapa zubrachten, eine große Hilfe, nicht zuletzt deshalb, weil sie die Moni-Sprache beherrscht. Es gibt nämlich nur sehr wenige Menschen in Pogapa, die Indonesisch sprechen.
Man weist uns eine verfallende Hütte der Freeport Company zu, deren Geologen hier vor einigen Jahren die Gegend nach Bodenschätzen abgesucht haben. Die Freeport Indonesia Copper Mine ist die Betreibergesellschaft der Kupfermine bei Tembagapura, die sich südlich des Carstensz-Gebirges über ein riesiges Gebiet erstreckt. Wir setzen uns vor unser neues Heim und schauen und schauen und können einfach nicht aufhören, all die fremdartigen Eindrücke in uns einzusaugen. Es ist eine Szenerie, als wären uralte Höhlenmalereien zum Leben erwacht!
Und die Moni, sie kommen zu uns! Zuerst zögernd und in sicherer Entfernung verharrend, dann wagen sie sich immer näher und zahlreicher an uns heran. Sie tun nichts anderes als wir: sehen uns still an und bestaunen die fremdartigen Güter, die um uns herum liegen.
Wie Menschen aus der Steinzeit wirken sie auf uns mit ihren überdimensionalen Penisfutteralen, bewaffnet mit Pfeil und Bogen. In manch einem ihrer urzeitlichen Tragnetze können wir jedoch eine Taschenlampe oder Streichhölzer erkennen. Aus etwas größerer Entfernung starren uns die Frauen in Grasröcken an.
Es ist Zeit, unseren Pflichtbesuch beim indonesischen Polizeibeamten anzutreten. Er wirkt wie ein Fremdkörper inmitten dieser Moni-Gesellschaft,

Ioni in Pogapa
uf dem Weg zur Jagd

dürfte aber durch die Einführung des Fußballspiels auf dem Airstrip einige Sympathien gewonnen haben. Der Beamte scheint sich über unsere Anwesenheit zu freuen, da sie ein wenig Abwechslung ins eintönige Dorfleben bringt. Wir lassen ihn im Glauben, dass wir über Bilogay nach Beoga gehen wollen. Da diese beiden Orte auf unserem Permit eingetragen sind, hat er nichts dagegen einzuwenden und vermerkt nur unsere Ankunft in Pogapa auf dem Surat Jalan.
Die indonesischen Behörden scheinen Mitleid mit ihrem einsamen Polizisten am Ende der Welt gehabt zu haben und haben ihm einen Satellitenempfänger zur Verfügung gestellt. Das Fernsehgerät steht im Freien neben seinem Haus und läuft scheinbar ständig. Ein unwirkliches Bild bietet sich unseren Augen: Im Fernsehen gibt es gerade die CNN-News, die selbst vom indonesischen Polizisten nicht verstanden werden, davor stehen nackte Papua mit großen Augen und bestaunen die bewegten Bilder. Zwei Wirklichkeiten treffen hier aufeinander, nur drei Meter und doch zehntausend Jahre voneinander entfernt.

Die Libelle kommt wieder und immer wieder in Ezats Tal. Zwar fliegt sie nie wieder so knapp über seinen Kopf hinweg wie bei ihrem ersten Erscheinen, doch kann Ezat ihr Brüllen oft von der Talmitte her vernehmen. Dann folgt er mit seinen Augen ihrem Flug und sieht sie immer dort zum Talgrund hinabgleiten, wo Bilusiga liegen muss.
Die Menschen, die von Bilusiga kommend an Ezats Hütten vorbeiziehen, wissen stets Neues über das ständige Kommen der Libelle zu berichten. Immer neue Menschen bringt die Libelle mit sich ins Tal, manche von ihnen bleiben, andere fliegen mit ihr wieder aus dem Tal hinaus.
Zwei Hütten hätten die Menschen mit der hellen Haut am Kemabu erbaut. Einige von diesen Menschen bleiben ständig dort und schlafen darin.
Sonst tun sie nichts?
Nein, sonst nichts! Diese Menschen bebauen keine Gärten, sie gehen nicht zur Jagd, sie fischen nicht im Kemabu, sie gehen nur auf und ab und schlafen in ihren Hütten.
Und das Land bei Bilusiga, ist es noch grün? Wird es nicht kahl gefressen?
Nein, die Menschen mit der hellen Haut gehen nicht in unsere Wälder. Sogar das Holz für ihre Hütten haben sie mit der Libelle ins Tal gebracht.
Schweigend hört Ezat all diese Neuigkeiten aus Bilusiga. Er ist verstummt, nach-

denklich geworden. Nichts Böses kann er diesen Worten entnehmen. Ezat hat als Junge von den alten Männern seines Volkes erzählt bekommen, was am Anfang der Zeiten geschehen ist. Von daher weiß er, wie die Wälder und die Taroknollen entstanden sind, wie die Tiere und die Menschen aus der Tiefe der Erde auf die Welt gekommen sind, wie die Ahnen dem Menschen das Feuer gegeben haben. Von den Menschen mit der hellen Haut, von ihrem Kommen in diese Welt, von den sonderbaren Dingen und Tieren, die diese Menschen umgeben, davon haben die Alten aus Ezats Dorf nichts gewusst.

Unser Weg nach Ugimba bereitet mir Kopfzerbrechen, denn es scheint ihn gar nicht zu geben. Pogapa liegt auf einem Plateau hoch über dem Tal. Einige Male trete ich an den Rand dieses Plateaus und betrachte genau das Tal unter mir. Nur ein einziger Fluss! Das muss der Derewo sein. Aber der Derewo hilft uns nicht weiter. Sofern ich der Karte glauben kann, führt er uns nicht in die Gegend, in der Ugimba liegen muss. So weit das Auge reicht, kein Hinweis auf einen zweiten bedeutenden Fluss, auf den Kemabu, der doch hier irgendwo in den Derewo einmünden müsste.
Ich erkläre Lois anhand meiner Aufzeichnungen, dass wir die Existenz eines direkten Weges nach Ugimba vermuten. Sie ist seit sechzehn Jahren in der Region, aber von einem solchen Weg weiß sie nichts. Mit ihrer Kenntnis der Moni-Sprache setzt sie sich für unser Vorhaben ein und befragt viele Menschen im Dorf nach dem von mir genannten Ziel. Ja, von Ugimba haben schon viele Dorfbewohner etwas gehört, aber selbst scheint noch niemand von ihnen dort gewesen zu sein. Man muss wohl zuerst nach Bilogay gehen, meinen sie, von dort wird es sicher einen Weg nach Ugimba geben. Das Problem ist nur, dass wir uns in Bilogay nicht blicken lassen dürfen. Dort würde man unseren Plänen, ins Carstensz-Gebirge vorzudringen, ein jähes Ende bereiten.
Gegen Abend kommen zwei Moni zu unserer Wohnbaracke, Nicho und Ken. Nicho, der ein wenig Indonesisch spricht, erzählt uns, dass er einen direkten Weg nach Ugimba entlang des Kemabu-Flusses kennt, einen Weg, der nicht über Bilogay führt. Nicho und Ken sind bereit, uns nach Ugimba zu führen. Neben den beiden wählen wir mit Lois' Dolmetscherhilfe weitere sechs Männer aus, die als Träger mit uns nach Ugimba kommen sollen. Etliche zögern vorerst vor der neuen Aufgabe, die äußerst großzügige Bezahlung und das Wissen, dass Nicho und Ken den Weg kennen, lässt sie dann aber doch zustimmen.

Vor uns liegen 120 Kilogramm Gepäck. Sicher haben wir manches zu viel eingepackt, aber wir können vorher einfach nicht wissen, wie lange wir im Busch bleiben werden, wie oft wir Nahrungsmittel besorgen können und welche Herausforderungen hier noch auf uns warten mögen.
Fein säuberlich verteilen wir die Lasten auf zwölf Gepäckstücke, wobei jene von Jutta, Franz, Nobsch und mir etwas leichter ausfallen. Aber auch den Moni können wir nicht mehr als zwölf Kilogramm zumuten.
Die Buschpfade der Papua – das weiß ich von meinem letzten Aufenthalt auf dieser Insel – sind keine Pfade zum Dahinschreiten. Hier kann man sich nur im wahrsten Sinne des Wortes vorwärtskämpfen. Man springt von Baumstamm zu Baumstamm, gleitet aus, rappelt sich klitschnass wieder hoch, man watet im knöcheltiefen Schlamm oder bleibt mit seinem Rucksack an irgendeinem Ast hängen und wird von diesem ausgehoben. Mit schwerem Gepäck kann ein solcher Marsch zur Hölle werden. Nur dort, wo die Papua ein größeres Stück Land kultiviert haben, kann man so gehen, wie man es von den Wegen in unseren Bergen gewohnt ist.
Um acht Uhr setzt sich unsere kleine Kolonne in Bewegung. Gleich hinter der Landebahn geht es steil bergab, glitschig, vorbei an einigen Gehöften, die noch zu Pogapa gehören.
Der Pfad wird bald schwieriger, zeitweise ist er gar nicht mehr erkennbar, wir tauchen nun wirklich in den Dschungel des Berglandes ein. Der Kampf ums Vorwärtskommen kann beginnen. Für mehr als fünf Stunden sehen wir keine einzige Hütte, nicht die Spur einer Ansiedlung. Nur vereinzelt begegnen wir einigen Moni, die auf dem Weg ins große Pogapa sind. Noch sind wir völlig ungeübt auf diesem Buschpfad. Wo in Österreich hätten wir uns auch auf eine solche Herausforderung vorbereiten sollen? Tollpatschig stolpern wir über Wurzeln, gleiten auf umgestürzten Baumstämmen aus, versuchen im Fallen an morschen Ästen vergeblich Halt zu finden.
Erschöpft lechzen wir nach einer Ruhepause. Eine kleine Lichtung, wo uns auch einige Sonnenstrahlen erreichen, bietet sich zum Verweilen an. In Sekundenschnelle entfachen unsere Träger mit nassen Holzstücken ein Feuer, in das sie sofort einige Süßkartoffeln legen. Nach einer Weile nehmen wir sie heraus, essen die äußeren durchgebratenen Teile und legen den Rest wieder ins Feuer, um sie weiter braten zu lassen. Moni-Frauen mit kleinen Kindern und einigen Schweinen kommen aus dem Wald und gesellen sich zu uns an die Feuerstelle.

Nur selten räumen uns unsere Träger derartige Schonzeiten ein, meist drängen sie zum Weitergehen. Noch vor dem Einsetzen des großen Regens am Nachmittag wollen sie einen trockenen Schlafplatz finden. Wir setzen unseren Weg fort, im graugrünen Licht, das von der Urwaldkuppel herabschimmert. Wie Seiltänzer bewegen wir uns über den Boden, der vollständig aus einem Gewirr von Baumstämmen und Ästen besteht. Es ist eine Welt reinster Fäulnis. Sogar auf den seltenen Lichtungen erwarten uns Morast und Schlamm.

Hin und wieder bleibe ich stehen und zwinge mich, meine Umgebung genauer zu betrachten, versuche ein Foto zu machen, dort, wo ein wenig Licht durch das Blätterdach hindurchdringen kann. Der Marsch erfordert enorme Aufmerksamkeit. Würde ich nicht immer wieder bewusst innehalten und meine Umgebung betrachten, so würde ich diese Wälder am Ende der Welt vermutlich durchqueren, ohne mehr von ihnen zu sehen als ihre allgegenwärtigen Fallen. Am Nachmittag wird die Vegetation lichter, der Weg angenehmer, bald sehen wir die ersten Süßkartoffel- und Taropflanzungen. Wir erreichen den Ort Selemana. Nun folgen in kurzen Abständen mehrere Moni-Dörfer. Die einzigen Hindernisse auf dem Weg sind jetzt die unzähligen Zäune, über die man klettern muss.

Für die Menschen aus Selemana, nur wenige Stunden von Pogapa entfernt, sind wir sicher keine Wesen aus einer anderen Welt, dennoch ist ihr Interesse an uns enorm. Stets sind wir von Einheimischen umringt, dürfen unzählige Hände schütteln. „Amákane", das Grußwort der Moni, öffnet die Herzen dieser kindlich wirkenden Menschen, auch wenn wir uns dann kaum weiter mit ihnen unterhalten können. Immer wieder schließen sich Moni unserer kleinen Karawane an, um uns ein Stück des Weges zu begleiten.

Im kleinen Ort Bagobay haben wir unser Tagesziel erreicht. Es gibt dort eine winzige, mit Wellblech gedeckte Hütte, einer jener Gesundheitsposten, die Lois Belsey von Pogapa aus initiiert hat. Eine Frau des Dorfes, die von Lois ausgebildet worden ist, verwaltet die wenigen Medikamente, die in der Hütte herumliegen. Hier dürfen wir übernachten, unsere Träger finden in den rauchigen Hütten der Einheimischen Unterschlupf.

Trotz des Regens sind alle Menschen dieses kleinen Ortes vor unserer Behausung versammelt. Auch wenn wir ihnen nicht dauernd Beachtung schenken können, stehen oder sitzen sie still da, beobachten jeden unserer Handgriffe und bestaunen alles, was wir unseren Rucksäcken entnehmen. Sie gehen erst

Männer aus dem Volk der Moni auf dem Airstrip von Pogapa

weg, als wir bereits schlafen, und sind wieder vor unserer Hütte versammelt, wenn wir in der Früh unsere Augen öffnen. Nein, wir fühlen uns nicht belästigt, wir können es auch genießen, für sie etwas Besonderes zu sein.

Ezat hat schon von den Ahnen der Menschen mit der hellen Haut gehört. Vor langer Zeit soll es einen Mann aus ihrem Volk gegeben haben, der große Wunder tun und kranke Menschen heilen konnte. Trotzdem haben die Menschen ihn getötet, mit einem Speer haben sie sein Herz durchbohrt. Doch die Zauberkraft dieses Menschen soll so groß gewesen sein, dass er vom Tod wieder ins Leben zurückgekehrt ist. So ist er zum Führer seines Volkes geworden.
Hat dieser Zauberer den Menschen mit der hellen Haut all die sonderbaren Güter geschenkt, die bunten Häute, die Pesawats, die Nahrung, die sie besitzen, ohne dass sie den Boden bebauen müssen? Manche Leute aus Pogapa glauben das und sie folgen diesem Führer und hoffen, auch all diese Güter zu bekommen.
Ezat hat diese Lehren nicht von den Menschen mit der hellen Haut vernommen. Vor langer Zeit, als Ezats erster Sohn Kenot noch ein Knabe war, sind Männer aus

Kleine Racker in Ugimba

dem Volk der Dani durch das Tal des Kemabu gezogen und haben allen Menschen diese Lehren erzählt.
Diese Dani wollten, dass das Volk der Moni diesen Menschen, der vom Tod ins Leben zurückgekehrt sein soll, als großen Ahnen verehren. Einige haben dies dann eine Weile lang getan. Doch die großen Güter, die die Menschen mit der hellen Haut besitzen und von denen auch diese Dani einige besaßen, sind nie zu Ezats Volk gekommen. So wurden diese Lehren bald vergessen.

Am Morgen schlüpfen wir in unsere Kleidung, die in diesem Land wohl nie mehr trocken wird, und setzen unseren Weg nach Ugimba fort. Wir verlassen den Einflussbereich der Pogapa-Mission.
Gab es bisher in den Dörfern wenigstens vereinzelt Anknüpfungspunkte an die uns bekannte Welt, so verschwinden diese nun gänzlich. Die weit verstreuten Einzelgehöfte der Moni bieten ein Bild, das unserer Zeit völlig entrückt ist. Diese Menschen wissen zwar von der Welt da draußen, die sich durch fremde Menschen und eine fremde Zivilisation langsam verändert,

denn viele von ihnen waren bereits in der Pogapa-Mission oder gar in Bilogay gewesen, sie selbst sind aber von diesen Veränderungen noch nicht berührt worden. Sie leben nach wie vor in der Jungsteinzeit, so wie ihre Väter und Urväter. Kein Stück Textil, kein Stück Metall! Die Hütten, die Waffen, die Werkzeuge, die knappe Bekleidung und ihr Schmuck, alles sieht so aus, wie es vor 5000 Jahren wohl auch schon ausgesehen hat. Nicht einmal die Einflüsse des benachbarten mächtigen Dani-Volkes sind bis hierher vorgedrungen. Nur dort, wo mehrere Gehöfte zu einer kleinen Ansiedlung zusammengewachsen sind, findet man vereinzelt T-Shirts oder Buschmesser.

Eigentlich haben wir ja gewusst, dass wir nun ein Gebiet erreichen, das noch nie von Weißen oder Indonesiern besucht worden ist, jetzt erst beginnen wir aber die Auswirkungen dieser Tatsache zu begreifen. Wir spüren, wie wir langsam eintauchen in eine menschliche Gesellschaft aus einer anderen Zeit. Langsam verschwimmt für uns die Grenze zwischen realer Welt und Traumwelt. Die Begegnungen mit den Menschen dieses Tales sind Eindrücke, die uns nie wieder loslassen werden. Sie werden wie kurze Filme immer wieder in unseren Köpfen ablaufen und wir werden dabei jedes Mal von Neuem realisieren, dass wir sie tatsächlich erlebt haben, dass sie wirklich Wirklichkeit waren.

So fassungslos wir auch diese fremden Eindrücke in uns aufnehmen, die Papua scheinen noch fassungsloser zu sein. Die Männer umringen uns, schütteln unsere Hände. „Amákane, amakanýe!" Der Mannesstolz gebietet ihnen, eine gewisse Zurückhaltung zu bewahren. Sie treten uns nicht zu nahe. Die Frauen sind es, die ihrer Neugierde freien Lauf lassen dürfen. Immer wieder das gleiche Ritual: Die Frauen greifen mit ihren Händen an unser Kinn, fahren dann mit ihren Fingerspitzen, fast zärtlich, eine Wange hinauf und wieder hinunter, dann über die zweite Wange hinauf, über die Augenbrauen und zuletzt über die Nase. Aufgeregt reden sie dabei auf uns ein, doch wir können nichts verstehen.

Kleine Kinder mit rötlichen Haaren und riesigen Bäuchen, eine Folge von Vitaminmangel, verstecken sich hinter ihren Müttern, laufen davon, manche beginnen zu weinen. Die Männer versuchen, die Kleinen zu beruhigen, die Frauen selbst scheinen zu aufgeregt, um jetzt auf ihre Kinder zu achten.

Die Frauen und die Kinder haben noch kaum je die nähere Umgebung ihrer Gehöfte verlassen. Für sie sind wir die ersten Menschen mit weißer Haut, die sie zu Gesicht bekommen. Die Männer sind da um vieles mobiler. Es gehört zum Mannsein, immer wieder für mehrere Tage die Täler und Bergwälder zu durchwandern und auf die Jagd zu gehen. Diese Märsche führen die Männer hin und wieder nach Pogapa oder gar nach Bilogay, wo sie die Einflüsse der Welt der Weißen oder der Indonesier bereits mit eigenen Augen wahrnehmen konnten.

Wir durchwandern ein Gebiet mit dünner Besiedlung, weit verstreuten Gehöften und einigen wenigen, winzigen Dörfern. Der Weg führt nun wieder vermehrt durch den tückischen Regenwald. Langsam können wir uns auf seine Fallen und Hindernisse besser einstellen und kommen schneller voran.

Wir erreichen erstmals das Ufer jenes großen Flusses, durch dessen Tal wir nun schon seit zwei Tagen wandern. Wie heißt dieser Fluss? „Kemabu", antwortet mir Arison, einer unserer Träger. Ich kann das nicht ganz begreifen. Wo ist dann der Derewo? Nirgends konnten wir ein zweites großes Tal wahrnehmen. Der Pfad führt nun entlang des Ufers des Kemabu. Plötzlich versperrt uns ein großer Fluss, der hier in den Kemabu einmündet, den weiteren Weg. Hier können wir nicht hinüber, dieser Nebenfluss des Kemabu ist zu breit und zu reißend. Die Träger erklären uns, dass wir nun diesem Nebenfluss folgen müssen und es flussaufwärts eine Brücke gibt.

Wieder will ich wissen, wie dieser Fluss heißt. „Derabo" antwortet mir einer der Träger. Derabo, Derewo – nun wird mir alles klar! Es handelt sich wohl um ein und denselben Fluss, Derabo in der Sprache der Moni, Derewo in der Sprache des westlich angrenzenden Volkes der Ekagi. Es gibt also gar keinen riesigen Derewo! Der Fluss, der durch das Tal von Pogapa fließt und später als riesiger Strom bei Asori in den Pazifik mündet, ist in Wahrheit der Kemabu und nicht der Derewo, wie auf allen Karten vermerkt ist. Der Derewo ist bloß ein kleiner Fluss, der im Jagdgebiet der Ekagi entspringt und hier in den Kemabu einmündet. Die Ekagi aber, die schon lange im Kontakt mit Weißen und Indonesiern sind, dürften den Kemabu für die Fortsetzung des Derewo gehalten und diese Fehlinformation dann so den Kartografen weitergegeben haben. Dort, wo die beiden Flüsse zusammentreffen, waren sie nie gewesen, denn dort ist das Land der Moni.

„Na Mahlzeit!", höre ich Nobsch rufen. Ich blicke auf und sehe vor uns eine urzeitliche Hängebrücke. Drei starke Lianen, eine für die Füße, je eine für jede Hand, sollen uns ans andere Ufer des Derabo führen. Rattanstreifen verbinden die untere mit den seitlichen Lianen. Sie haben keine Tragkraft, verhindern aber das übermäßige Auseinanderschaukeln der Geh- und Haltestränge.

Skeptisch beäugen wir diese steinzeitliche Konstruktion. Klare Regeln sind hier gefragt! Es darf sich stets nur einer auf der Brücke befinden, die anderen müssen warten. Das gilt natürlich nur für uns vier. Die Moni sind zu dritt oder gar zu viert auf der Brücke und schaukeln sich in halsbrecherischen Manövern über den reißenden Derabo. Es scheint ein Riesenspaß für sie zu sein. Knapp hinter dem Fluss erreichen wir das Dorf Degesiga, wo wir unsere Mittagsrast halten. Auch hier werden wir gleich von den Dorfbewohnern umringt, doch sie sind zurückhaltender und wirken etwas bedrückt. Wir können in diese Menschen nicht hineinsehen, die Kommunikation gestaltet sich äußerst schwierig. Hier spricht niemand indonesisch. Von unseren acht Trägern können nur Arison und Nicho etwas Indonesisch, sie sind Träger und Übersetzer in einem.

Der Pfad verschwindet bald im Dickicht des Regenwaldes, das Vorwärtskommen wird wieder zum Kampf, der uns vollste Konzentration abverlangt. Unser Weg quert viele tiefe Einschnitte mit kleinen Bächen, über die haarsträubende Brücken führen. Oft nur ein einziger Baumstamm, bemoost, nass, glitschig! Manchmal sind die beiden Seiten diesseits und jenseits des Einschnittes nicht einmal auf gleicher Höhe, sodass man auf dem Baumstamm ansteigen oder absteigen muss. Je nach Tiefe des Abgrunds unter uns steigt oder fällt unser Angstpegel. Diese Baumstammbrücken erfordern von uns weit mehr Überwindung als die Lianenkonstruktion über den Derabo. Unsere Moni können sich nur wundern, wie tollpatschig wir uns über die Abgründe zittern. Manche dieser Minischluchten überwinden wir, indem wir uns reitend auf dem Baumstamm vorwärtsbewegen. Nur Franz ist nervenstark und trittsicher, wie die Moni geht er aufrecht über alle diese Brücken.

Starker Regen setzt ein. Wir nehmen ihn kaum wahr. Nasser können wir sowieso nicht mehr werden. Unsere zum Teil völlig nackten Träger scheint der Regen mehr zu stören als uns, denn es hat nun ziemlich abgekühlt. Sie drücken aufs Tempo, wir rutschen hinterdrein.

Am Ufer des Kemabu erreichen wir den Ort Bilusiga, wo wir über Nacht bleiben wollen. Wir können unseren Augen kaum trauen. Hier gibt es zwei riesige Holzbaracken, die sicher nicht von Moni erbaut worden sind. Es handelt sich um ein Research Camp der Freeport Company, das erst vor wenigen Tagen hier errichtet worden ist. Gerry, ein neuseeländischer Geologe, und einige indonesische Arbeiter sollen die Gegend hier nach Bodenschätzen absuchen.

Steinzeitliche Hängebrücke
über den Derewo

Wir finden freundliche Aufnahme im Camp und sitzen bald bei Kaffee, Cola und Popcorn im Mannschaftsraum. Sogar heißes Wasser gibt es hier und unsere schlammverkrusteten Beine werden wieder für wenige Stunden sauber. Beim Abendessen erzählt uns Gerry, dass die Kupfermine bei Tembagapura fast ausgeschöpft ist, man aber in ihrer Nähe Gold- und Kupfervorkommen für weitere fünfzig Jahre gefunden hat. Außerdem wird die ganze Gegend zwischen Enarotali und Beoga nun systematisch nach neuen Vorkommen abgesucht. Bilogay ist dabei das Research Center für die Gegend nördlich der zentralen Bergkette.

Ezats Kinder sind herbeigekommen. Still und ernst stehen sie neben ihrem Vater und blicken auf zu den Menschen, die auf ihrem Marsch durch das Tal bei Ezat Halt machen.
Ezat schaut in die offenen, fragenden Augen seiner Kinder und wird etwas traurig dabei. Er weiß, dass er selbst bald in das Reich seiner Ahnen eingehen wird. Wird der Kemabu auch seine Kinder ernähren können, so wie er ihn selbst ein Leben lang ernährt hat? Wird das Tal des Kemabu seinen Kindern Heimat bleiben oder wird das Land kahl und unfruchtbar werden, so wie es jenseits des Bakopa geschehen ist?
In Ezat reifen viele Fragen heran, es sind die besorgten Fragen eines alten Mannes. Die Vorbeiziehenden können ihm keine Antworten geben, oft wagt er nicht einmal, diese Fragen zu stellen. Klingt seine Sorge nicht lächerlich für all die jüngeren Männer, die ihm von Bilusiga erzählen und dabei jede Veränderung aufgeregt und euphorisch kommentieren?
Ezat will Antworten auf seine Fragen. Er beschließt, ins Tal nach Bilusiga hinabzusteigen, morgen oder an einem der folgenden Tage. Er will dort einige Tage bleiben, er will die Menschen mit der hellen Haut beobachten und herausfinden, warum sie in sein Tal gekommen sind. Doch Ezat wird die Menschen mit der hellen Haut nicht suchen müssen. Sie kommen zu ihm.

Am Morgen verlassen wir das gastliche Lager, noch heute Abend wollen wir Ugimba erreichen. Der Weg steigt bald steil an und verläuft dann die längste Zeit hoch über dem Talgrund. Nur selten gibt die Vegetation den Blick auf den tief unten fließenden Kemabu frei. Wir werden bis Ugimba keine größere Siedlung mehr sehen, nur weit verstreute Einzelgehöfte und einige winzige Dörfer.

Es ist bald Mittagszeit, unsere Träger haben Hunger. Links vom Weg erblicken wir drei Rundhütten, ein Zeichen dafür, dass wir dem Gebiet des Dani-Volkes nun schon nahe gekommen sind. Am Wegrand hockt ein alter Mann. Sein Körper wirkt ausgezehrt, er besteht nur mehr aus Haut und Knochen. Gräuliche Bartstoppeln fassen sein zerfurchtes Gesicht ein. Sein Haarnetz und sein Penisköcher wirken abgetragen. Unbewegt verharrt er in seiner Stellung, während wir uns ihm nähern.

Ruhig ergreift er unsere Hände und antwortet unserem „Amákane" mit einem freundlichen „Amakanýe!". Er ist nicht aufgeregt wie all die Menschen, denen wir auf unserem Weg begegnet sind, er bleibt ruhig und gelassen in allen seinen Handlungen und Worten. Unser Erscheinen scheint ihn nicht besonders zu überraschen und doch ist es das erste Mal, dass weiße Menschen zu seinen Hütten kommen. Der alte Mann gibt uns und unseren Trägern Zuckerrohr. Ich gebe ihm einen Geldschein. Wortlos nimmt er ihn entgegen und hält ihn in seiner Hand fest. Wie lange wird es wohl dauern, bis er ihn ausgeben kann? Der alte Mann beobachtet alles, was wir tun, doch er bedrängt uns nicht mit seiner Neugierde. Er starrt nicht in unsere Rucksäcke. Geduldig wartet er, bis wir ihm dieses oder jenes zeigen.

Wir verweilen lange Zeit bei diesem Mann. Wir reden mit ihm, er redet mit uns. Arison übersetzt seine und unsere Worte. Nach einer Weile kommen ein kleiner Bub mit rötlichen Haaren und ein etwas größeres Mädchen herbei. Ob es die Kinder dieses Mannes sind? Wir können es kaum glauben. Sie sind nicht verspielt und auch nicht verschreckt. Sie haben keine Angst vor unserer sonderbaren Hautfarbe. Ihre Gesichter wirken viel älter, als sie tatsächlich sind. Vertrauensvoll stehen sie neben ihrem Vater und lassen das ungewöhnliche Treiben über sich ergehen.

Ezat hat die Menschen mit der hellen Haut gesehen, er hat sie bei sich bewirtet, er hat mit ihnen gegessen und er hat geredet mit ihnen. Manche ihrer sonderbaren Werkzeuge hat er selbst in seinen Händen gehalten, doch er weiß nicht, was man mit diesen Werkzeugen anfangen kann.

Sonderbare Tragnetze haben diese Menschen, bunt wie die Farben des Paradiesvogels. Und viele, viele bunte Häute haben sie in ihren Tragnetzen, obwohl sie doch schon solche Häute an ihrem Körper tragen. Sie nehmen kleine bunte Häute aus ihren Tragnetzen, reißen sie auseinander und finden darin Früchte, die sie verzehren, Früchte, die Ezat noch nie gesehen hat.

Dani-Familie auf dem Weg in ihr Dorf

Einige Male haben diese Menschen ein Werkzeug in ihren Händen gehalten und sahen mit ihren Augen immer wieder hinein. Sie gaben dieses Werkzeug auch Ezat und auch er schaute mit seinen Augen hinein. Er konnte darin alles sehen, was ihn umgibt, die Bäume und Hütten, die anderen Menschen, nur alles viel kleiner. Ezat kann nicht verstehen, warum die Menschen mit der hellen Haut die Welt durch dieses Werkzeug betrachten, wo sie doch die Welt ohne dieses Werkzeug viel klarer sehen können.
Nun werden diese fremden Menschen Ezat verlassen. Sie werden nach Ugimba gehen und dann weiter über den Bakopa. Ob dort, jenseits des Bakopa, ihre Heimat ist? Ob dort ihre Familien leben? Ezat versteht nicht, warum sie den langen Weg über den Bakopa gehen, wo sie doch mit der Libelle so schnell durch die Lüfte fliegen können.
Ezat hat manches mit diesen fremden Menschen geredet, die Männer aus Pogapa haben ihm dabei geholfen. Er selbst hat nur wenige Fragen gestellt und vieles bleibt für ihn offen.

Wir verlassen den alten Mann und seine Kinder. Wir danken ihm für seine Gastfreundschaft und drücken seine Hand. Die Begegnung mit diesem Menschen, der noch immer in seiner steinzeitlichen Welt lebt und doch völlig ruhig und gelassen auf unser Fremdsein reagiert hat, hat für uns etwas Einmaliges an sich, etwas, das am Ende dieses Jahrtausends in unserer Welt nur noch selten erfahrbar ist.
Ob er je erfahren wird, dass wir nicht zu den weißen Menschen gehören, die nun in Bilusiga wohnen? Kann er überhaupt begreifen, dass nach Jahrtausenden der Unberührtheit innerhalb weniger Tage zweimal weiße Menschen sein Tal besuchen, völlig unabhängig voneinander und mit ganz unterschiedlichen Absichten? Würde er es verstehen, dass wir sein Tal nur deshalb durchwandern, um Menschen wie ihm zu begegnen?
Nur noch wenige Stunden trennen uns von Ugimba. Das erste große Ziel unserer Wanderung ins Carstensz-Gebirge ist bald erreicht, auf einem Weg, der bis vor wenigen Tagen nur in unserer Vorstellung existiert hat und der dank der Hilfe unserer Träger aus dem Moni-Volk nun zur Wirklichkeit geworden ist.

ZWEITER TEIL

Laute Rufe durchbrechen die Stille des ausklingenden Nachmittags. Ayub hört sie von den Berghängen hoch über dem Tal des Kemabu. Das Prasseln der Regentropfen auf das Blätterdach der Hütte lässt den Inhalt der Botschaft unverstanden verhallen. Ayub weiß, was diese Rufe bedeuten, und er weiß, was er zu tun hat. Menschen aus dem Norden, von jenseits der hohen Berge, aus Bilogay oder Titigi werden ins Dorf kommen, ihr Rufen ist die Bitte um ein Nachtlager. Ayub entfaltet ein Pandanusblatt, hält es über seinem Kopf, um sich vor dem stärker werdenden Regen zu schützen, und schlendert ohne Eile, fast unwillig, zu jener Hütte hinüber, die für durchziehende Gäste als Schlafplatz bereitgehalten wird. Er entfacht darin ein Feuer, wie es die Gastfreundschaft verlangt, verschließt den winzigen Eingang und zieht sich ohne Neugier in seine trockene Bleibe zurück. Kann er ahnen, dass der Besuch der Fremden vieles in seinem Leben verändern wird?

Die Vorhut der Gäste trifft im Dorf ein, ohne von den Bewohnern empfangen zu werden. Nur das wärmende Feuer im leeren Gästehaus lässt sie erkennen, dass sie hier willkommen sind.

Einige Frauen kehren mit ihren Kindern noch spät, knapp vor der Dämmerung, von der Feldarbeit ins Dorf zurück. Sie sind die Ersten, die das Außergewöhnliche dieses Besuches erspähen. Große Lasten bringen die Männer aus Titigi ins Tal, nicht in ihren Tragnetzen, sondern in großen bunten Säcken, die sie auf dem Kopf oder auf den Rücken geschnallt tragen. Augenblicke später löst sich das Rätsel der ungewöhnlichen Gepäckstücke. Zwei Menschen mit weißer Haut, ein Mann und eine Frau, stapfen müde ihren Trägern hinterher und lassen sich erschöpft vor dem Eingang der Hütte nieder, wo sie durch das überhängende Blätterdach ein wenig vor dem Regen geschützt sind.

Der ungewöhnliche Besuch bringt Bewegung in das verschlafene Dorf. Frauen und Kinder eilen herbei und starren die Fremden wie Fabelwesen aus einer anderen Welt an, ohne es zu wagen, ihre feine weiße Haut zu berühren.

Auch Ayub wird von Neugierde erfasst. Wer sind diese Fremden? Sind es Freunde von Pater Jan aus Bilogay? Werden sie in seinem Dorf wohnen bleiben mit all dem Gepäck, das sie hierhertragen ließen? Der Mannesstolz verbietet es ihm, sich mit Fragen aufzudrängen. Ruhig und zurückhaltend verfolgt er das weitere Geschehen.

Ayubs Ungewissheit währt nicht lange. Die Gäste werden morgen weiterziehen, nach Süden über die großen Berge in das Land, in dem viele Menschen mit wei-

ßer Haut leben und in dem sie mit sonderbaren Werkzeugen in der Erde graben. Elf Männer aus Titigi werden ihre Lasten dorthin tragen, aber nur einer von ihnen kennt den Weg in dieses so ferne und fremde Land.
Ayub war nie in diesem Land gewesen, aber es lebt in seinen Vorstellungen und Sehnsüchten. Viel hat er davon gehört. Sein Freund Obed war über die kalten Berge in dieses Land gewandert. Er hat Dinge von dort mitgebracht, die jeder in seinem Dorf bewundert – eine gelbe Jacke, die alles Wasser abhält, Schuhe und eine Brille, wie sie auch der weiße Mann aus Bilogay besitzt.
Neidvoll blickt Ayub auf die Männer aus Titigi. Gerne wäre er nun einer der ihren und könnte mit den weißen Menschen in dieses geheimnisvolle Land gehen.
Im Morgengrauen ist bereits das halbe Dorf auf den Beinen, um den Aufbruch der Weißen beobachten zu können. Die Fremden verharren in Untätigkeit. Kein Aufbruch! Ratlosigkeit. Zwei Männer aus Titigi fühlen sich sehr krank und kehren in ihr Dorf zurück. Einer von ihnen ist jener Mann, der als Einziger den Weg über die hohen Berge in den Süden kennt.
Ayub wittert seine Chance. Er eilt zu seinem Freund Obed und es bedarf keiner großen Überredungskünste, diesen davon zu überzeugen, dass nun er den weißen Menschen den Weg in das fremde Land weisen soll.
Um zu beweisen, dass er dazu in der Lage ist, legt Obed die Beutestücke an, die er bei seinem Besuch in diesem Land ergattert hat – die gelbe Bauarbeiterjacke, die Sonnenbrille und die Stiefel. So erscheint er gemeinsam mit Ayub, der bis auf sein Penisfutteral nackt ist, vor der Hütte der Gäste. Gemeinsam tragen sie den weißen Menschen ihre Dienste an und befreien diese aus ihrer misslichen Lage.
Wenig später verlassen die Fremden, die Männer aus Titigi und mit ihnen Obed und Ayub das Dorf Wanibugi. Die große Hängebrücke führt sie über den reißenden Kemabu, sie eilen an den Hütten des Nachbardorfes Ugimba vorbei und befinden sich bald in dem dichten Wald, der in die Berge führt..
Drei Tage lang folgt Ayub dem Pfad durch eine einsame Landschaft, der ihn und seine Begleiter in das Land der weißen Menschen führen soll. Schaurig-schön ist es auf diesen fremden Bergen. Der Himmel ist ganz nah, unendlich weit kann Ayub von hier in die steilen Einschnitte der Täler sehen. Kein Blätterdach über dem Kopf, das ihm den Blick einengt, aber auch keines, unter dem er Zuflucht suchen kann. Einige Male hält Ayub in seinem Schritt inne. Die Gruppe ist wieder auf einen toten Menschen gestoßen oder auf das, was von ihm übrig geblieben ist. Dieser Mensch hat, wie viele andere, den Weg seiner Sehnsüchte nicht zu Ende gehen können. Die große Kälte in diesen Bergen, vielleicht ein unerwarte-

ter Wettersturz, hat ihn getötet. Wer über die Berge des Bakopa geht, aus welcher Richtung er auch kommen mag, der geht in eine fremde Welt, beladen mit Träumen und Hoffnung auf Veränderung. Der Preis ist ein hoher geblieben – über Jahrtausende.

Je näher Ayub dem fremden Land der weißen Menschen kommt, desto größer wird seine Aufregung, so sehr er sie auch zu verbergen sucht. Er fühlt, dass es den anderen Männern ähnlich ergeht.

Groß ist das Staunen, aber auch die Enttäuschung, als sie endlich die Grenze dieses fremden Landes erreichen. Die beiden weißen Menschen wollen gar nicht in dieses Gebiet, wo Menschen aus ihrem Volk leben! Außerhalb seiner Grenzen verbringen sie die Nacht in einer kleinen Hütte. Am nächsten Tag wollen sie weiter in die hohen Berge ziehen, denen sie nun schon ganz nahe sind, und dort einige Tage bleiben.

Ayub kann die Entscheidung des weißen Mannes und seiner Frau nicht verstehen, aber er tut, was sie von ihm verlangen. So steigen er und auch alle anderen am nächsten Morgen mit den Lasten hinauf in die Berge und sehen zu, wie die beiden Fremden dort ein Nachtlager errichten.

Dann sind die Männer endlich frei, können für mehrere Tage tun und lassen, was sie wollen, ehe sie mit den Weißen wieder nach Bilogay zurückkehren sollen. Sie eilen hinunter zur Carstensz-Wiese und von dort weiter in das schlammig-kahle Land der Weißen. Einige Male werden sie von indonesischen Polizeibeamten angehalten. Es scheint, dass sie das Gelände verlassen müssten. Und doch öffnet sich immer wieder ein Weg, weiter in dieses unfruchtbare Gebiet vorzudringen. Die Männer erreichen ein Dorf mit vielen großen Häusern, so wie sie nur die weißen Menschen und die Indonesier zu bauen pflegen. Es ist ein Dorf ohne Äcker, ohne Frauen und Kinder. Weiße Männer aus einem fernen Land, das sie Amerika nennen, Indonesier und auch viele Papua leben hier, und alle suchen nach dem Metall, das Ayub nicht kennt.

Das Land, auf das sich Ayub so sehr gefreut hatte, ist hässlich und doch kann er sich nicht sattsehen an all dem Neuen, das ihm ständig begegnet. Riesige Lichter erhellen die nebelverhangenen Berge. Er sieht kleine Kisten, auf denen bewegte Bilder und gesprochene Worte erscheinen. Er bekommt Dinge zu essen, die er nie zuvor gesehen hat – Reis, Brot, süße Früchte und sonderbares, aber gut schmeckendes Fleisch.

Am meisten beeindrucken Ayub die riesigen Werkzeuge der weißen Menschen, die sie Maschinen nennen und von denen viele so groß wie Bäume sind. Tag und

Nacht bewegen sie sich über den Boden, ohne dass jemand sie ziehen oder schieben muss, sie graben tief in die Erde hinein und brüllen lauter als alles, was er bisher gehört hat. Ayub kann stundenlang nur dasitzen und diesen Maschinen beim Umherfahren zusehen.

Gerne hätte Ayub auch die große Stadt gesehen, von der alle sprechen, die tief unten im Busch liegt. Eine hohe, senkrechte Felswand verhindert jedoch, dass er dorthin gelangen kann. Die Maschine, die die Indonesier und die Menschen aus Amerika verwenden, um herauf und hinunter zu gelangen, darf er nicht benutzen.

Ayub ist so sehr mit all dem Neuen beschäftigt, dass er fast vergessen hätte, die Kleidungstücke der Fremden in sein Tal mitzubringen. Mit seinem Freund Obed sucht er schließlich das Gelände nach Kleidung ab, die keiner mehr haben will – und er findet mehr, als er tragen kann.

Selbst gekleidet wie ein Weißer kehrt Ayub in die Berge zu dem weißen Mann und seiner Frau zurück. Er ist stolz auf seine Beutestücke und er genießt die Bewunderung der Dorfbewohner, als er nach Wanibugi zurückkehrt.

Aus dem jungen Ayub ist ein Mann geworden, kräftiger als all die anderen Dorfbewohner. Ein Vollbart ziert nun sein Gesicht, der seinen wuchtigen Körper noch furchterregender erscheinen lässt, aber seinem Antlitz etwas Gutmütig-Väterliches verleiht.

Ayub heiratet ein Mädchen aus seinem Dorf und hofft, Vater zu werden. Das junge Glück währt nicht lange. Die Frau und das Kind sterben bei der Geburt.

Innerlich stark getroffen, wagt es Ayub nicht, neuerlich in eine Ehe einzutreten.

In all den schönen und traurigen Zeiten, die er während und nach seiner Ehe verlebt hat, hat ihn die Welt der weißen Menschen nie mehr losgelassen. Sie zieht ihn magisch an, ohne dass er sich darüber klar werden kann, was ihn eigentlich so sehr fasziniert.

Oft geht Ayub den Weg nach Bilogay und bleibt dann in der Nähe von Pater Jan. Der freundliche Mann erzählt ihm viel aus seiner Welt und auch von Gott und dessen Sohn, den die weißen Menschen und nun auch viele Familien in Bilogay und Titigi verehren. Ayub versucht, die indonesische Sprache zu erlernen, um der Enge seiner kleinen Welt entfliehen zu können.

Manchmal verlässt Ayub sein Dorf für einige Zeit mit der Begründung, in den Bergen jagen zu wollen. Die Jagd dient ihm selbst als Vorwand, wieder in die Nähe der Kupfermine zu gelangen, um dort eine Weile dem fremdartigen Treiben zusehen zu können. Wie froh und stolz ist er, als er die Möglichkeit bekommt, einige Monate in der Mine zu arbeiten. Lange bleibt er seiner Heimat fern, ohne dass jemand seinen Aufenthaltsort kennt. Viele halten Ayub schon für tot. Mit viel Geld kehrt er schließlich in sein Dorf zurück, Geld, das er lange Zeit gar nicht ausgeben kann.

Eines Tages bricht für Ayub die Brücke zur Welt der weißen Menschen ab. Pater Jan gibt seine Missionsstation auf und verlässt Bilogay. Auch die Kupfermine bleibt für Ayub nicht länger zugänglich. Den Männern aus den Völkern der Dani und Moni, die immer öfter in Gruppen das Gelände nach brauchbaren Utensilien absuchen, wird es verboten, das Gebiet zu betreten. Ayubs eigene Welt ist wieder kleiner geworden, und er bedauert es zutiefst.

Ayub ist nicht mehr jung, er hat seine Lebensmitte bereits überschritten. Das sehnsüchtige Warten auf Veränderungen ist abgeflaut, andere Ereignisse bestimmen nun sein Leben. Er wird Vater, ohne mit einer Frau gelebt zu haben. Ayubs Schwester ist in Erwartung ihres dritten Kindes verstorben und hinterlässt ein Mädchen und einen jüngeren Knaben als Waisen. Ayub nimmt die Kinder zu sich. Die Sorge um die beiden füllt seinen Lebensalltag aus und hält ihn nun auch stärker im Dorf. Ayub wird zum Lehrer der Kinder. Er nimmt sie mit auf die Jagd, lebt mit ihnen im Busch, bearbeitet mit ihnen seinen kleinen Acker und weist sie ein in das Handwerk seines Volkes.

Die Welt der weißen Menschen ist für Ayub nun verschlossen, sein Geist aber bleibt offen. Mit dem Geld, das ihm von seiner Arbeit in der Kupfermine übriggeblieben ist, will er den Jungen zur Schule nach Bilogay schicken. Wird die Welt dieses Kindes größer sein als seine eigene? Wird sie sich mit anderen Welten verbinden?

Als der weiße Mann und seine Frau[2] *vor langer Zeit in das Dorf Wanibugi gekommen waren und seine Dienste gebraucht hatten, hat Ayub viele Jahre vergeblich gehofft, dass eine solche Begegnung noch öfter geschehen möge. Doch es sollte fast sein halbes Leben lang dauern, bis wieder weiße Menschen in Ayubs Dorf ankommen.*

---

2 Bei den beiden Weißen handelte es sich um den bekannten britischen Bergsteiger Peter Boardman und seine Frau Hilary, die um die Jahreswende 1978/79 von Bilogay kommend durch Wanibugi und Ugimba ins Carstensz-Gebirge wanderten. Da sie über den Bakopa-Pass nach Süden wollten, nahm jeder Papua, auch die Träger, an, sie wollten in die Kupfermine der Freeport Indonesia Copper Mine, wo viele Amerikaner leben. Dass sie dieser Mine später sogar auswichen und stattdessen in den Schneebergen kletterten, konnte, wahrscheinlich bis zum heutigen Tag, keiner der Papua verstehen.

Wir haben in einer rechteckigen, mit Riedgras gedeckten Holzhütte Schutz vor dem einsetzenden Regen gefunden. Unsere Gastgeber sind sichtlich erfreut über die Abwechslung, die der Besuch fremder Menschen in ihre kleine Welt bringt. Wir genießen diese kurze Rastpause und strecken uns entspannt auf dem trockenen Boden aus. Unserem ersten großen Ziel sind wir ganz nahe, der Weg dorthin wird uns vor keine großen Probleme mehr stellen.
Der Boden im Innern der Hütte ist etwa einen halben Meter höher als der umgebende Grund. In seiner Mitte glost ein Feuer, das von den Moni, die hier leben, fast ständig am Leben erhalten wird. Der Rauch imprägniert das Dach mit Teer und macht es wasserdicht. Die Moni besitzen keine Küchengeräte, daher gibt es auch keine heißen Getränke bei ihnen. Ihr Hauptnahrungsmittel, die Süßkartoffel, werfen sie einfach ins Feuer. Sie beißen dann die durchgebratenen Stücke ab, um den rohen Kern neuerlich ins Feuer zu werfen, bis auch dieser durchgebraten ist. Spinatähnliches Grünzeug garen sie auf heißen Steinen in einer kleinen Erdmulde, die sie mit Blättern abdecken.
Wenig später sind wir wieder von der ewignassen Papua-Wirklichkeit umgeben. Wir folgen zügig dem breiten, flachen Pfad, der nun ausschließlich durch Siedlungsgebiet führt und die Nähe des Dorfes Ugimba erahnen lässt. Wir treffen auf eine Gruppe junger Männer, die offensichtlich nicht dem Volk der Moni angehören. Es sind die ersten Dani, die wir zu Gesicht bekommen, stolze Krieger mit Bogen und vielen Pfeilen. Sie tragen Wildschweinzähne und Kaurischnecken als Schmuck, ihre Stirn und Brust haben sie mit Ruß und Schweinefett eingerieben. Die Dani gehören einem der wildesten Völker Irian Jayas an, sie sind größer und kräftiger als die Menschen der benachbarten Völker und können sich ungehindert außerhalb ihrer eigenen Gebiete bewegen.
Ich empfinde das Eintreffen in Ugimba wie die Rückkehr in eine mir bekannte Welt. Dabei unterscheidet sich dieses Dorf kaum von den steinzeitlichen Dörfern, die wir in den letzten Tagen durchwandert haben. Auch Ugimba ist auf keiner Landkarte verzeichnet. Die bloße Tatsache, dass ich den Namen dieses Dorfes schon aus den Berichten von Rossi/Hansen und Boardman kenne, dass Ugimba das erste Dorf ist, von dessen Existenz ich schon vor meiner Abreise aus Europa gewusst habe, vermittelt mir nun das Gefühl des Heimkommens.
Die malerischen Hütten der Einheimischen liegen weit verstreut auf diesem kleinen Plateau über dem Kemabu. Aus allen Richtungen laufen die Men-

Dani im Festtagsschmuck –
alte Männer tragen diesen auch im Alltag.

schen herbei und bilden eine Art Spalier für unseren Einzug in Ugimba. Zu meiner Verwunderung befinden sich in der staunenden Menge mehr Dani als Moni. Als ich die Leute später darauf anspreche, antworten sie mir, dass die beiden Orte Wanibugi und Ugimba nunmehr zu einem Dorf zusammengewachsen seien und dass sich viele Dani im weiten Siedlungsgebiet in und um Ugimba angesiedelt haben.

Eine Frau tritt auf uns zu und fährt mit ihren Fingern Jutta durch ihr blondes Haar. Die Dorfbewohner begegnen uns nicht mit jener Fassungslosigkeit, an die wir uns in den letzten Tagen schon fast gewöhnt haben. Diese Menschen können unsere Existenz bereits in ihr Weltbild einordnen. Ihr Dorf liegt an einer Nord-Süd-Achse westlicher Zivilisation. In Bilogay, nur einen Tagesmarsch nördlich von Ugimba, gibt es eine geologische Forschungsstation der Freeport Indonesia Copper Mine und einen indonesischen Verwaltungsposten mit angeschlossener Grundschule. Drei Tagesmärsche südlich des Dorfes befindet sich das hochtechnisierte Gebiet der Kupfermine. Auch wenn diesen Menschen kaum Zugang zur westlichen Zivilisation innerhalb ihres Landes gewährt wird, so sind sie doch vertraut mit der Welt der Weißen und Indonesier. Sie zeigen kaum Scheu in der Begegnung mit uns. Manche wagen sich vor, reichen uns die Hand und heißen uns willkommen. Ihre Gesten sind einladend, viele würden es gerne sehen, wenn wir die Nacht in ihrer Hütte zubringen würden.

Die Gastfreundschaft dieser teils furchterregend aussehenden und doch so liebenswerten Menschen bringt uns in leichte Verlegenheit. Ein Angebot anzunehmen hieße, alle anderen zurückzuweisen. Stellen wir unsere Zelte mitten im Dorf auf, so vermitteln wir die Botschaft, dass uns die Nachtlager der Einheimischen zu schlecht seien. Tatsächlich würden wir aber in ihren Hütten nicht eine Minute Schlaf finden. Den Rauch des offenen Feuers würden wir nicht lange aushalten. Wir haben Glück! Zwei alte Männer treten auf uns zu und erlösen uns von der Qual der Wahl. Sie weisen uns zwei leer stehende Hütten zu, eine für unsere Moni-Träger, die das Feuer in der Nacht benötigen, und eine für uns. Ausgerüstet mit guten Schlafsäcken können wir gerne auf den Qualm im Nachtlager verzichten. In unserem neuen Wohnsitz sind wir vorerst von einer Kinderschar umgeben, bald finden sich aber die Männer des Dorfes ein und erkundigen sich nach dem Ziel unseres Marsches.

In die Kupfermine bei Tembagapura wollen wir! Ob es dorthin einen Weg gebe, wollen wir wissen. Die Tatsache, dass es einen solchen vor vierzehn Jah-

ren gegeben hat, ist keine Gewähr, dass er noch immer existiert. Die äquatoriale, alles überwuchernde Vegetation lässt einen Pfad binnen Wochen verschwinden, wenn er in dieser Zeit nicht begangen wird.
„Ja, es gibt einen Weg", antworten uns die Männer. Einen kleinen Pfad, keinen solch breiten, wie er von Pogapa durch das Kemabu-Tal herauf nach Ugimba führt. Uns rutscht das Herz in die Hose. Noch kleiner? War der Pfad der letzten Tage nicht das Härteste gewesen, was wir je an Wegführung erlebt haben? Sind wir im Kampf mit der alles dominierenden Buschwelt nicht an die Grenzen unserer Leistungsfähigkeit gelangt?
Die Suche nach neuen Trägern gestaltet sich viel einfacher als in Pogapa. Ein würdig aussehender älterer Dani mit dichtem Vollbart tritt auf mich zu und erzählt mir in gebrochenem Indonesisch, dass er schon einige Male den Weg über die Berge in die Kupfermine gegangen sei. Er nennt sich Ayub. Ich fasse gleich Vertrauen zu diesem zurückhaltend ruhigen und doch felsenfest sicher wirkenden Mann. Er wählt sieben Männer aus seinem Volk für das Trägerteam aus und lässt von einem Schreibkundigen alle acht Namen auf ein Blatt Papier kritzeln.
Mit Ayub werden wir schnell handelseinig und gleiten in eine lockere Unterhaltung hinein. Er schildert mir euphorisch seine Besuche in der Mine. Begeistert wiederholt er sich, wenn er von Fremden in seinem Dorf erzählt. „Banyak turis, banyak turis datang di Ugimba!" Ungläubig und irritiert vernehme ich diese Botschaft. Habe ich recht verstanden, dass viele Touristen nach Ugimba kommen? Haben wir uns gestern noch wie Entdecker gefühlt, so scheinen wir nun auf einen Nebenpfad organisierter All-Inclusive-Veranstalter geraten zu sein. Verdutzt frage ich Ayub nach den Ausmaßen dieses Touristenstroms. Er bekräftigt, dass viele Touristen in sein Dorf kommen. Vor vierzehn Jahren waren zwei weiße Menschen nach Ugimba gekommen! Und er war ihr Träger gewesen! Ich muss mich bemühen, ernst zu bleiben. Alle vierzehn Jahre eine Handvoll Weißer, das ist also der Touristenboom, der mich schon fast frustriert hätte.
Erstaunt muss ich feststellen, dass Ayubs Zeitangabe ziemlich genau ist. Tatsächlich waren Peter und Hilary Boardman vor knapp vierzehn Jahren nach Ugimba gekommen. Wie kann Ayub die Zeitspanne eines Jahres messen? Lachend zeigt Ayub auf einen spitzen Berg, der im Osten das Tal überragt, und erklärt mir: „Eine Zeit lang ist die Sonne stets links von diesem Berg. Danach kommt eine Zeit, wo sie sich rechts dieses Berges befindet. Wenn diese bei-

den Perioden vorbei sind, dann ist ein Jahr vergangen." Ich muss erst ein bisschen nachdenken, um zu begreifen, dass Ayub Recht hat. Wir befinden uns hier in Äquatornähe. Die Hälfte des Jahres steht die Sonne im Norden, die andere Hälfte im Süden.

Dieser einfache Mann ohne Schulbildung, aufgewachsen in einer Kultur, die unserer Steinzeit entspricht, kennt einen Umrechnungsalgorithmus, um unsere Zeitrechnung in die seine zu übertragen! Die Menschen hier sind unheimlich lernfähig, weil sie sich an Neuem begeistern können. Sie sind um nichts weniger intelligent als die Menschen unserer Kultur, aber sie gebrauchen ihre Intelligenz auf ihre Weise. Sie kennen die Namen sämtlicher Schweine, sie kennen ihr eigenes Alter und ihre Geschichte, sie wissen, welches Wasser gut ist und welches nicht. Wenn es einen örtlichen Krieg gibt, wissen sie genau, wer auf ihrer Seite steht und wer nicht. Sie kennen die Namen und Eigenschaften von Hunderten Pflanzen und können über siebzig verschiedene Arten von Süßkartoffeln auseinanderhalten. Sie kennen die Lebensgewohnheiten der Tiere des Waldes, ihre Laute und Schreie können sie nachahmen. Nur dieses Wissen gibt ihnen eine Chance auf Jagderfolg. Erst spätabends trennen wir uns von diesem Mann, dessen Lebensweisheit uns in eine völlig fremde Welt hineinblicken lässt.

Mit dem ersten Tageslicht kommt Leben in unseren rauchfreien Bretterverschlag. Die üblichen Routinearbeiten vor dem Aufbruch! Unser Gepäck liegt über den ganzen Boden der Hütte verstreut. In zwölf handliche Gepäckstükke müssen wir es aufteilen, acht für die Träger, vier für uns. Die Menschen des Dorfes scheinen auf den Moment erster Bewegung in unserer Hütte gewartet zu haben. Sie nähern sich unserer Bleibe, pressen ihre Gesichter an die Holzwände und versuchen, durch die Ritzen unser Treiben beobachten zu können. Bald kommen die Ersten in unsere Hütte herein, hocken sich am Rand des Raumes nieder und starren uns ohne Worte an. Die Privatsphäre erlischt hier mit den ersten Strahlen der Sonne. Wir haben uns an dieses morgendliche Begrüßungsritual der Papua bereits gewöhnt und empfinden es nicht mehr wirklich störend.

Die Zeit drängt! Wir wissen, dass ein langer Tag vor uns liegt. Auch in der ausklingenden Steinzeit haben wir die Rastlosigkeit unseres Jahrhunderts nicht loswerden können. Trotz unserer vorgegebenen Eile verzögert jeder von uns mit nebensächlichen Kleinigkeiten den Aufbruch. Innerlich sind wir noch nicht für den Start bereit. Ohne Euphorie gehen wir in den neuen Tag.

Der Dschungel wird uns heute mehr zusetzen als je zuvor in unserem Leben. Wir reden nicht über unser mulmiges Gefühl. Jeder versucht still, mit seiner eigenen Unsicherheit fertig zu werden.
Es heißt Abschied zu nehmen von unseren Moni-Trägern aus Pogapa. Sie sind uns ans Herz gewachsen. Gern hätten wir sie als Träger behalten, doch hier in Ugimba ist ihre Welt zu Ende. Weit genug haben sie sich in eine für sie unbekannte Welt hineingewagt. Der Weg über die Berge nach Süden ist ihnen völlig fremd, für die große Kälte in den Höhenlagen sind sie ohne Kleidung kaum gerüstet. In ihrer Begleitung haben wir einige der stärksten Eindrücke unseres Lebens gesammelt. Das verbindet! Wir werden sie nie wiedersehen.
Die zwölf Gepäckstücke liegen aufgereiht auf dem Grasflecken vor unserer Hütte. Wir wollen die Lasten an unsere acht Träger verteilen, doch wir sind von gut dreißig Männern umringt, die alle solch eine bunte Last aufladen wollen. Ich kann unsere Träger in dieser Menge nicht wiedererkennen, vermutlich sind es jene, die T-Shirts und Shorts tragen. Ohne Kleidung wagt sich heute kaum ein Papua in die eisigen Berge. In dem Wirrwarr schaue ich Hilfe suchend zu Ayub und spüre, dass er die Situation voll im Griff hat.
Das Gerangel um die Lasten wird zum heiteren Spektakel, das uns die Scheu vor dem Aufbruch vergessen lässt. Die Papua kommen mit den Riemen und Gurten nicht zurecht. Einige wollen die Rucksäcke auf dem Kopf festbinden, andere strangulieren sich fast, da sie meinen, man könne die Lasten wie eine Halskette tragen. Wir haben alle unseren Spaß an dem lustigen Spiel, bis wir uns langsam in Bewegung setzen.
Mit gut zwanzig Trägern und etlichen Kindern verlassen wir Ugimba. Einige wenige tragen tatsächlich unsere Rucksäcke, die anderen begnügen sich mit guten Ratschlägen, was man nicht noch alles mit den lose baumelnden Riemen und Gurten anfangen könnte.
Die bekleideten Papua laufen verdächtig unbeladen neben ihren mit den Rucksäcken kämpfenden Kameraden her. Sie gehören zu den auserwählten Trägern, sind die Stars der Truppe. Ihr Part wird noch kommen, dann, wenn es ernst wird.
Eine halbe Stunde folgen wir dem ausgetretenen Pfad, den wir schon gestern, aus Pogapa kommend, begangen haben. Doch das Vergnügen eines gangbaren Weges währt nur allzu kurz. Die Gruppe hält an, alle legen ihre Gepäckstücke auf den Boden. Einige versuchen, die Tragnetze mit den Süßkartoffeln

an den Rucksäcken festzubinden. Das Spektakel ist zu Ende, es wird ernst. Die Menge zerstreut sich in alle Richtungen, unsere Dani-Träger schnallen nun mit unserer Hilfe die Rucksäcke fachgerecht auf den Rücken.
Wir zweigen vom Hauptweg ab und steigen durch die terrassierten Süßkartoffel- und Tarofelder der Moni den Berghang hinauf. Nun sind wir nur noch von unseren acht Trägern umgeben, zwei Kinder mit bunten Tragnetzen voll Süßkartoffeln folgen uns. Wir halten auf eine abweisende, grün-schwarze Wand zu, welche den abrupten Übergang vom offenen Gartental der Moni in die lebensfeindliche Welt des Dschungels markiert. Binnen weniger Augenblicke sind wir von dieser Wand verschlungen – verschlungen von Dunkelheit und Nässe. Vom Blätterdach über uns tropft es herab, so als ob es regnen würde. Schlamm, Wurzeln und Ranken, tote Blätter, aufrechte und gefallene Bäume liegen miteinander im Kampf, ersticken einander.
Fassungslos und Hilfe suchend drehe ich mich in alle Richtungen. Nur wenige Meter hinter mir liegt das rettende Siedlungsgebiet der Moni. Ich will zurück! Hier komme ich nicht weiter. Nicht die Spur eines Weges kann ich in diesem Gewirr hölzerner Fäulnis erkennen.
Ein riesiger Baumstamm hat im Fallen die dornigen Ranken durchschlagen und liegt geneigt am Hang. Ayub erklettert ihn und dringt darauf einige Meter weiter ins Dickicht ein. Ich versuche, es ihm gleichzutun. Keine Chance, mich auf diesem glitschigen Holz zu halten! Ich rutsche ab und drohe, ein, zwei Meter in das dornige Unterholz abzustürzen. Mit eisernem Griff fasst mich Ayub am Arm. Seine Zehen krallen sich in den bemoosten Baumstamm. Felsenfest steht er darauf und hält so meinen Sturz. Schritt für Schritt leitet er mich so den Stamm hinauf.
Eine halbe Stunde kämpfen wir mit dieser weglosen Dschungelwirklichkeit und haben dabei vielleicht 100 Meter zurückgelegt. Keinen Schritt könnte ich hier ohne Führung tun, ich kann keine Richtung erkennen! Langsam verliere ich die Hoffnung, je die Berghöhen des zentralen Massivs zu erreichen. Waren wir zu überheblich gewesen, einen Weg, den Peter Boardman, einer der besten Bergsteiger der Welt, als extrem schwer beschrieben hat, nachgehen zu wollen? Müssen wir umkehren? Der Gedanke daran frustriert mich. Trotzdem kann ich ihn nicht wegschieben. Und meine Freunde? Sie fühlen wie ich. Wortlos verstehen wir uns.
Zehn, fünfzehn Schritte bin ich gegangen – ohne Führung, ohne Stolpern. Was ist das? Ein dünner Faden verläuft vor mir durch den Wald, kaum breiter

als eine Hand. Hier wurde das schwankende Durcheinander der Vegetation durch gewaltsam gesetzte Schritte durchbrochen – ein Weg!
Die schmale Spur wird nicht breiter, nicht leichter begehbar, aber sie bleibt erkennbar. Alles in mir entkrampft sich. Der Kampf mit der uns dominierenden Natur bleibt hart, aber wir können ihn nun selbst ausfechten.
Es ist ein totenstiller Geisterwald, der uns umgibt. Nur das durchsickernde Tageslicht erinnert uns, dass wir uns noch an der Erdoberfläche befinden. Der nasse Boden saugt das Geräusch unserer Schritte auf, kein Vogelschrei ist zu hören. Bestimmt sind wir von unzähligen Tieren – Vögeln, Insekten und Schlangen – umgeben, doch unsere Augen sind nicht darin geübt, sie zu entdecken.
Wir waten Bachläufe entlang, queren sie auf schwankenden, schmalen Baumstämmen, mühen uns über natürliche Brücken aus schaukelnder Vegetation. Nie ist der Boden eben. Ein steiles, rutschiges Hindernis folgt dem anderen. Zweige schlagen nach uns, dornige Ranken ritzen unsere nackten Oberschenkel. Bücken, kriechen, klettern, springen, rutschen – halb vergessene Muskeln erinnern schmerzhaft an ihr Vorhandensein. Bald sehen unsere Beine aus, als würden wir schlammverkrustete, rote Netzstrümpfe tragen. Allem zum Trotz – wir sind keuchend glücklich. Wir kommen voran in diesem Dschungelchaos, das sich so erfolgreich jeder menschlichen Einflussnahme widersetzt.
Bald erkennen wir ein System im Wegebau der Papua. Geschickt wurde der Verlauf des Pfades über gefallene Baumstämme gelegt. Lange Zeit balancieren wir auf diesen 12 bis 15 Meter langen, glitschigen Stämmen, überwinden die Wegstrecke zum nächsten Stamm mit einem Sprung oder einer kurzen Kletterei. So bewegen wir uns meist ein bis zwei Meter über dem modrig zerfallenden Waldgrund, der durch Ranken, Farne und gebrochene Äste für uns unsichtbar bleibt.
Die Dani laufen mit affenartiger Geschicklichkeit über die Baumstämme, plaudern dabei miteinander oder sehen sich ruhig um, als wären sie auf einem entspannenden Spaziergang. Wenn sie gelegentlich anhalten, binnen Sekunden ein kleines Feuer entfachen, einige Süßkartoffeln zubereiten und uns um Zigaretten bitten, lassen wir uns dankbar neben sie in den Morast fallen. Bei einer dieser Rastpausen bemerke ich, dass die beiden Kinder noch immer bei uns sind. Wohin mögen sie nur wollen in diesem einsamen Wald?
Der Weg führt uns in ein tiefes, von Vegetation überwuchertes Tal: ein tiefer Einschnitt mit mehreren 100 Meter hohen Wänden, der offenbar keinen

Rasthaus der Papua im Wald

Ausgang hat! Der schmale Pfad endet in einem glitschigen Bachbett, dem wir nun zwei Stunden lang folgen. Die Muskulatur unserer Arme ist nun weit mehr beansprucht als jene unserer Beine. Klettern, stützen, kriechen! Die Hände bieten weit besseren Halt als die ständig wegrutschenden Füße.
Wir erreichen den Talschluss. Vor mir stellt sich eine gewaltige, von dichter Vegetation überwucherte Wand auf, die mich den Atem anhalten lässt. Das Gelände ist zu steil, als dass sich hier modrig zerfallende Vegetation halten könnte. Es ist überzogen von einem Geflecht aus Tausenden freiliegenden Wurzeln auf seicht schlammigem Untergrund, ein starker, lebender Bewuchs! Ich bin in den aufregendsten Klettersteig meines Lebens geraten!
Mit den Händen ziehe ich mich an den Wurzeln Meter für Meter höher in dieser Wand, die Füße versuche ich, geschickt in die Wurzelschlingen zu platzieren. Jeden Griff und Tritt teste ich zweifach. Sie halten alle! Nur starke Pflanzen können in dieser Steilwand überleben.
Erleichtert atmen wir auf, als wir wieder ebenen Boden unter den Füßen haben. Aus dem Dunkel des Waldes gekommen, müssen wir unseren Augen erst

Dani auf dem Weg – der rohrartige Behälter erfüllt die Funktion eines Tagesrucksacks.

Zeit geben, sich auf die ungewohnte Helligkeit einzustellen. Nach der Enge des Dschungelgefängnisses ist das Gefühl der Weite erhebend. Erstmals können wir dieses faszinierende Land von oben überblicken, die grünen Bergrücken, die steilen, von Vegetation überwucherten Kalksteinwände, die tiefen Einschnitte der Täler. Wir können Bäche, Flüsse und Dörfer erahnen. Dort unten hat ein Teil unserer Menschheitsgeschichte überlebt und wir waren für einige Tage in eine Epoche eingebunden gewesen, die in unserer Heimat vor Tausenden von Jahren zu Ende gegangen ist.
Wir befinden uns nun in über 3000 Metern Höhe. Es ist kalt geworden, der Wind bläst uns ins Gesicht, doch die Kälte kann unsere Euphorie nicht dämpfen. Die Träger haben ein Feuer entfacht und wärmen sich daran. Lange Zeit habe ich sie nicht bemerkt, habe sie vergessen, nun sind sie wieder bei uns – die beiden Kinder. Vor Kälte zitternd hocken sie beim Feuer. Jetzt erst begreife ich, dass das Mädchen und der Junge zu uns gehören, dass sie mit uns den langen Weg über die Berge gehen werden. Wer sind diese Kinder? Wir erfahren, dass Ayub sie mit sich genommen hat. Es sind die Kinder seiner verstor-

benen Schwester, für die er die Vaterrolle übernommen hat. Sie teilen in allem sein hartes Leben, können nur mit ihm überleben in dieser Gesellschaft zwischen den Zeiten.
Vor uns breitet sich ein weites Hochmoor aus. Kein Rutschen, kein Stolpern, nur der Morast bleibt tief! Die Träger führen uns zu einer kleinen Hütte unweit einer Quelle. Solche Behelfsunterkünfte errichten die Papua überall dort, wo die Länge des Pfades sie zur Übernachtung in der Wildnis zwingt. Aufgrund der seltenen Nutzung verfallen diese Biwaks sehr schnell und müssen von den Einkehrenden immer wieder erneuert werden. Binnen Minuten reparieren unsere Dani das durchlässig gewordene Dach, legen den Boden der Hütte mit Moos und Blättern aus und entzünden ein Feuer.
Das Gelände rund um die Hütte ist derart tief und schlammig, dass wir nur ein einziges Zelt aufstellen können. Franz und ich entschließen uns, unseren Schlafplatz bei den Dani in der Hütte einzurichten.
Der einsetzende Regen treibt uns schnell ans wärmende Feuer. Auf modernen Gaskochern wärmen wir Gulaschsuppe, während die Dani in der steinzeitlichen Feuerstelle Süßkartoffeln braten. Die neugierigen Augen der Papua sind auf die brodelnde, braune Flüssigkeit in unseren Töpfen gerichtet. Was liegt näher, als aus unseren gemeinsamen Beständen eine neue lukullische Kreation zu schaffen? Das Süßkartoffelgulasch findet jedenfalls allgemeine Zustimmung.
Unser gemeinsames Mahl führt uns ins Plaudern. Endlich haben wir Zeit, unsere Träger als Mitmenschen kennenzulernen. Sie sind allesamt jung, um die zwanzig Jahre alt, nur der alte, würdige Ayub fällt aus der Reihe. Die Konversation lässt sich leicht knüpfen, denn die Dani sind von allem begeistert, was wir haben und tun. Der Gaskocher, das Zelt, der Fotoapparat, unsere Kleidung, alles unterziehen sie einer eingehenden Betrachtung.
Ayub war es gewesen, der seine sieben Kameraden für den Marsch in die Fremde jenseits der Berge ausgewählt hat. Seine Wahl dürfte auf die weltoffensten und modernsten Männer seines Dorfes gefallen sein. Weltmännisch tragen diese Dani ihre T-Shirts mit den Logos von „Nike" oder „Yves Saint Laurent". Sie sind aufgewachsen mit dem Wissen um die nahe Existenz einer völlig anderen Welt, der Welt der Indonesier und Weißen. Ein enormer Kontrast zu den Papua der kleinen Dörfer im Kemabu-Tal! Hatten wir unter den Moni Schwierigkeiten, jemand zu finden, der einige Brocken Indonesisch sprach, so beherrschen unsere Dani diese Sprache recht gut. Einer von ihnen

kann sogar schreiben. Etwas unbeholfen ritzt er seinen Namen in das aufgeweichte Holz der Hütte.

Plötzlich geht ein merkbarer Ruck durch Ayubs sonst so ruhigen Körper. Die Stimme dieses würdevollen, alten Mannes wird kindlich, überschlägt sich, vor Aufregung bringt er kaum etwas Vernünftiges heraus. „Grappa, banyak toyota, banyak orang putih, grappa, banyak orang america, grappa, banyak toyota!" Wiederholt sprudeln diese Worte aus seinem Mund.

Vieles habe ich verstanden und es überrascht mich nicht. Viele Toyotas! Ayub kennt wohl kein Wort für Fahrzeug. Da es in der Kupfermine viele Toyotas gibt, meint er wohl, dass dies das Wort für Fahrzeug sei. Viele weiße Menschen, viele Menschen aus Amerika! Nichts anderes erwarte ich mir in dieser Mine. Aber was bedeutet dieses „grappa", das er immer wieder einfließen lässt? Ich wage es nicht, Ayub in seiner Verzückung zu stören, und warte, bis sich seine Aufregung legt. Erst dann frage ich ihn, was denn „grappa" zu bedeuten habe. Abermals wiederholt er ständig dieses Wort, bis er mir erklärt, dass „grappa" sehr groß sei.

Ist es ein Ort? Ayub nickt. Ich werfe einen Blick auf meine Karten und kann darauf kein „grappa" finden. „Grasberg" schießt es mir durch den Kopf. Meint er vielleicht den Grasberg, den Harrer vor dreißig Jahren bestiegen hat und der einige Kilometer außerhalb des Minengeländes liegen müsste?

Ja, den Grasberg meint Ayub! Auf dem Grasberg wird abgebaut? Niemand weiß etwas davon. Alle Welt glaubt, dass der Ertsberg[3] das eigentliche Abbaugebiet sei. Warum all die Geheimnistuerei?

Für uns bedeutet das, dass das Minengelände wesentlich größer ist, als wir ursprünglich angenommen haben. Es muss sich nun bis an die Wände der steil aufragenden Berge erstrecken. Wir werden nicht unbemerkt das Gelände umgehen können, um schneller zu den zentralen Verwaltungsgebäuden zu gelangen. Mehr Hindernisse und Kontrollen werden uns erwarten, ehe wir ins Zentrum des Abbaugebietes vordringen können. Keine gute Nachricht! Zum Glück sind wir nun darauf vorbereitet.

In der Morgendämmerung sehen wir eine ganz andere Welt. Der Sonnenschein verwandelt das Gras in Gold, auf den Büschen und moosverhangenen Ästen glitzern die Regentropfen der Nacht. Die weite Hochebene verengt

3 Die vertraut wirkenden Namen der Berge entstammen der holländischen Sprache. Das Gebiet war bis 1962 niederländische Kolonie.

sich zu einem Grat, auf dem wir über den Wolken dahinschreiten. Zu beiden Seiten blicken wir auf Hochebenen, die dazwischenliegenden tief eingeschnittenen Abgründe sind mit dem flauschigen Weiß der Wolkendecke gefüllt. Im Westen sehen wir die steilen Kalkwände des Ekabu-Plateaus, dessen Pfeiler sich scharf im Morgenlicht abheben. Wir steigen von diesem Höhenrücken ab und durchqueren mehrere Grasmoore. Die Hänge lassen nun immer öfter den verkarsteten Untergrund unter dem Morast hervortreten. Wir balancieren auf messerscharfen Kalkrippen und bestaunen, wie die nackten Füße unserer Träger auf diesem Gestein unbeschadet bleiben.

Gegen vier Uhr führt der Pfad an eine senkrechte Felswand heran, in der wir ein höhlenartiges Felsdach erkennen können. Ayub erklärt uns, dass dies der letzte geschützte Platz für viele Stunden sein soll und dass wir hier über Nacht bleiben müssen.

Wir befinden uns bereits auf 3600 Metern Höhe, die Temperatur ist nahe an den Gefrierpunkt gefallen. Die Träger schwärmen aus, um Farne zu sammeln, mit denen sie ein rauchiges Feuer entfachen. Unsere Dani drängen sich dicht ans Feuer. Es ist nun eiskalt. Am bedauernswertesten sind die beiden Kinder. Wir packen sie fest in unsere Reservekleidung ein. Eingehüllt in unsere warmen Schlafsäcke hören wir noch lange unsere Träger ihre eintönigen Lieder in die Nacht hinaus singen.

Als wir am nächsten Morgen den Graben weiter hinaufsteigen, ist die karge Vegetation nun fast völlig verschwunden. Unser Pfad führt über glitschignasse Kalkplatten, auf denen wir nur in schmalen Kalkrillen Halt finden.

Nach drei Stunden des Aufstiegs erreichen wir einen sanften, felsigen Einschnitt, der uns einen Durchgang zwischen den Gipfeln der Bergkette ermöglicht. Wir sind auf dem Bakopa-Pass! 4250 Meter zeigt der Höhenmesser an, einer der höchsten Übergänge des ozeanischen Kontinents. Die Natur zeigt uns deutlich, dass wir hier den Übergang in eine andere Welt gefunden haben. Der Himmel öffnet seine Schleusen, heute viel früher als an all den anderen Tagen. Doch prasselt kein Regen auf unsere Köpfe, wir sind eingehüllt in Schneeflocken, die sich auf unseren nackten Oberschenkeln sogleich in Wasser verwandeln.

Trotz des schlechten Wetters verweilen wir auf diesem Pass, denn wir wollen nicht einfach über diesen von Mythen und Legenden umwobenen Platz hinwegschreiten. Viele Menschen aus dem Tal des Kemabu glauben, dass man von hier zum Ende dieser Welt gelangt. Unweit dahinter hört alles auf, steile

Bergwände brechen in unendliche Tiefen ab, bis in den feuchtheißen Regenwald der Südküste.
Seit Tausenden von Jahren haben immer wieder Gruppen von Papua die Höhen der zentralen Bergkette überquert. Wer diesen gefährlichen Weg über die eisigen Gipfel auf sich genommen hat, hat dies getan, um in eine neue Heimat aufzubrechen. Beladen mit Sehnsüchten und Träumen von einem fruchtbaren Tal und einem besseren Leben! Viele von ihnen haben ihr Ziel nie erreicht, haben sich verirrt, sind erfroren, blieben für immer hier oben in den frostigen Höhen als Mahnmal, das daran erinnert, dass dieser Weg in eine neue Welt von mannigfaltigen Gefahren begleitet wird.
Eingehüllt in Nebel und Schnee saugen wir die Mystik, die diesen Platz umgibt, in uns auf. Berg der Hoffnung und des Grauens! Wir fühlen, dass uns dieser Übergang in eine neue Wirklichkeit führen wird. Langsam, zögernd und doch erwartungsvoll, lösen wir uns von diesem Ort und machen uns auf den Weg in ein Land, das im Nebel und in den Wolken verborgen liegt.

DRITTER TEIL

„An vielen Stellen sahen wir sehr hohe, verschneite Berge, für eine Gegend so nahe am Äquator sicher ganz ungewöhnlich." Das schrieb 1623 der holländische Seefahrer Jan Carstensz, als er auf der Arafura-See zwischen Neuguinea und Australien segelte. Schneeberge in Neuguinea? Als er nach Holland zurückkehrte, wollte ihm niemand glauben, man hielt ihn für verrückt.
Wir haben die Höhen jener Berge erreicht, die Jan Carstensz vor Jahrhunderten als erster Weißer gesichtet hat, aus riesiger Entfernung vom Meer aus. Welch klaren und wunderbaren Tag musste er gehabt haben! Ein Auserwählter! Nur selten gewährt diese wolkenverhangene Insel solche Fernblicke. Wir jedenfalls stehen im Schneetreiben und spüren die Flocken wie feine Nadelstiche auf unserer Haut.
Bis heute sind nur wenige Fremde in diese Berge gekommen. Ihre Reiseberichte ähneln einander alle in einem Punkt: Kaum einer hat diese Bergwelt je in ihrer Größe überschauen können. Regen, Nebel, Wolken und Schnee sind ständige Begleiter gewesen. Wie unsere Vorgänger bewegen wir uns durch eine Landschaft, die wir nie wirklich zu Gesicht bekommen. Auch vier Jahrhunderte nach Carstensz bewahren diese Berge ihre Geheimnisse, lassen die

wenigen Eindringlinge nicht an sich heran, geben nur winzige Bruchstücke ihrer Schönheit preis.
Wir lassen die Passhöhe des Bakopa hinter uns und steigen hinab in den Südteil der Insel. Der Pfad ist einfach, hart getreten, vegetationsarm. Kein Stolpern, kein Rutschen – wir kommen zügig voran.
Ich schlendere gedankenverloren vor mich hin und achte nicht weiter auf den Weg, bis ich auf Nobsch auflaufe, der plötzlich stehen geblieben ist und entgeistert auf einen mächtigen Berg zeigt. Was wir sehen, ist die extremste kulturelle Konfrontation, die wir uns nur vorstellen können. Tage und Wochen sind wir in einer steinzeitlichen Welt unterwegs gewesen, haben uns durch unbezähmbaren Dschungel hindurchgekämpft, und nun blicken wir auf den Grasberg, von dem die Menschen mit Hilfe modernster Technik nur einen riesigen, 4200 Meter hohen Kegelstumpf übriggelassen haben. Das neue Abbaugebiet der Freeport Indonesia Copper Mine! Mächtige Scheinwerfer starren durch den Nebeldunst auf uns wie fremde, spähende Augen. Im Schein der Lichtkegel können wir riesige Maschinen und Fahrzeuge erkennen, die dem mächtigen Berg unaufhörlich zusetzen.
Die Nähe dieser hochmodernen Hightech-Welt inmitten dieses unberührten Dschungels erfüllt uns mit Sorge. In Kürze werden wir ein Sperrgebiet betreten, das zu den unzugänglichsten und bestbewachten dieser Erde zählt. Wir wollen das riesige Gebiet der Kupfermine nach Süden hin durchqueren, ohne die Genehmigung der indonesischen Regierung dafür zu besitzen, und wir wissen, dass wir eine solche Erlaubnis unter normalen Umständen nie bekommen werden.
Unsere Befürchtungen sind zur Gewissheit geworden. Das Minengelände ist in den letzten Jahren derart ausgeweitet worden, dass es nun bis an die steilen Bergwände heranführt. Wir können das Gebiet nicht nördlich umgehen, wir können nicht unbemerkt einen Lagerplatz im legalen Bereich einrichten, der uns einen Zeitgewinn in den Verhandlungen mit den Behörden der Kupfermine bringen könnte.
Zunächst halten wir Ausschau nach einem geschützten Platz, wo wir die zu erwartenden Schwierigkeiten überdenken können, denn der Schneefall ist inzwischen in strömenden Regen übergegangen, was nicht gerade dazu einlädt, an Ort und Stelle eine Minikonferenz abzuhalten. Wir steigen hinab bis an den Fuß des Grasberges, wo einige übereinandergeschichtete Felsplatten ein natürliches Dach bilden. Hier sprechen wir unsere weitere Vorgehens-

weise ab. Wir werden gute Argumente für unser Eindringen in diese verbotene Zone brauchen, wenn wir ernsthafte Probleme vermeiden wollen. Vor allem dürfen wir bei den zu erwartenden Verhören keine widersprüchlichen Aussagen machen. Keine Heimlichtuerei, kein Fotografieren, nur ja keinen Verdacht erregen!

Eine letzte Hürde baut sich vor uns auf – der Grasbergsattel. Eine etwa 300 Meter hohe, steile, schlammige Rinne führt auf diese letzte Passhöhe hinauf. Zu unserer Rechten ist eine Straße mit Baumaschinen zu sehen, zum Greifen nahe, wir aber müssen ein letztes Mal mit den Widrigkeiten des Weges kämpfen. Als wollte uns die Natur an unserer Rückkehr in die Zivilisation hindern, wirft sie uns noch einmal mit aller Wucht ihre ganze wilde Unbezähmbarkeit entgegen. Bei jedem Schritt müssen wir durch eine knietiefe, schlammige Masse hindurchtreten, bis wir Festigkeit unter unseren Füßen spüren können. Der Pfad ist durch die andauernden Regenfälle zu einem reißenden Bach geworden, der uns in Hüfthöhe umspült. Der Weg ist so steil, dass wir die Hände benötigen, um vorwärts zu kommen. Tief in den Schlamm müssen wir hineinfassen, um Halt zu finden, so tief, dass unsere Körper erstmals bis zum Hals mit Schlamm beschmiert sind. Alle 50 Meter ragt eine Tafel aus dem Morast, auf der in indonesischer Sprache geschrieben steht, dass ein weiteres Vordringen in dieses Gebiet bei Strafe verboten ist. Wir müssen diese Warnungen ignorieren. Umkehr ist kein Thema für uns.

Hinter der Passhöhe, knapp unterhalb des Grasbergsattels, erklimmen wir eine wenige Meter hohe Aufschüttung, dann stehen wir auf einer breiten Straße, die vom Gipfel des Grasberges herabführt, und vernehmen das Dröhnen der Bagger und Arbeitsmaschinen. Wenige Meter tiefer sehen wir den ersten Wachposten. Ein Indonesier bewacht schwer bewaffnet in einem winzigen Wetterschutz aus Plexiglas den Zugang über den Grasbergsattel.

Freundlich lächelnd gehen wir auf ihn zu, erklären ihm, woher wir kommen und bitten ihn um die Erlaubnis, das Minengelände über Tembagapura in Richtung Timika durchqueren zu dürfen. Natürlich wissen wir, dass dieser Wachbeamte nicht die Befugnis hat, solche Genehmigungen zu erteilen. Wir haben nun immerhin erreicht, dass wir uns mit Wissen der Exekutive auf dem Minengelände befinden, und können damit rechnen, an die richtigen Stellen weiterverwiesen zu werden. In angenehmem Tonfall erklärt uns der Wachmann, dass er uns weiterhelfen werde. Keine Spur von Misstrauen oder Unfreundlichkeit! Unsere innere Unruhe ist wie weggeblasen.

Auf der Ladefläche eines Lkws gelangen wir ins Verwaltungszentrum des Abbaugebietes. Unsere Papua-Freunde sind bester Laune. Man tischt ihnen Reis, Gemüse, Fisch und Fleisch auf. Mit Gier und Heißhunger stürzen sie sich auf die für sie exotischen Köstlichkeiten.
Wir vier Weißen werden in den Polizeiposten beordert. Lange Zeit bewegt sich nichts. Freundschaftliches Geplauder, Scherze! Keine Rede davon, dass wir uns einer schweren Gesetzesübertretung schuldig gemacht haben!
Angestellte schaffen aus der Kantine Lunchpakete für uns heran. Brot! Echtes Brot!! Fleisch, Reis, Gemüse! Uns rinnt das Wasser im Mund zusammen. Minuten später bleibt von all den Herrlichkeiten nur das Verpackungspapier auf den Tischen übrig. Höflich zuvorkommend hindert man uns daran, dass wir selbst Ordnung machen und die Reste unseres Gelages beseitigen.
Kann es uns noch besser gehen? Kaum denkbar und doch möglich! Ein kleiner Eimer mit vier Litern Mandarinenkompott wird vor uns auf den Tisch gestellt. Keine Frage, auch er ist schnell geleert.
Irgendwann erinnern sich die Polizisten daran, dass unser Eindringen in das Minengelände ein höchst ungewöhnliches Problem darstellt, dass damit Gesetze verletzt worden sind und dass noch vor Einbruch der Nacht irgendeine Lösung gefunden werden sollte. Wir sind nicht unglücklich über diese Einsicht, denn auch wir wollen endlich eine offizielle Stellungnahme hören.
Nun werden wir befragt, woher wir kommen und wohin wir wollen. Offenherzig geben wir Auskunft, ohne dabei die unbekannte Route durch das Kemabu-Tal preiszugeben. Ob wir denn nicht gewusst hätten, dass wir auf unserem Weg gesperrtes Gebiet durchqueren müssen? Natürlich haben wir das gewusst! Ein Leugnen würde uns unglaubwürdig und verdächtig machen.
Schließlich greift einer der Polizeibeamten zum Telefonhörer und informiert die „big bananas" in Tembagapura von unserem Eintreffen in der Mine. Nun kommt Bewegung in diesen verschlafenen Posten. Die Telefone laufen heiß. Mehrfach drückt man auch uns den Hörer in die Hand. Einmal sind es Amerikaner, die wir an die Leitung bekommen, dann wieder hohe indonesische Offiziere. Endlich können wir uns wieder der englischen Sprache bedienen, die uns doch wesentlich geläufiger als die indonesische ist. Diese günstigen Kommunikationsbedingungen nützen uns allerdings wenig. Der indonesische Sicherheitschef teilt uns mit, dass wir nicht hinunter nach Tembagapura kommen dürfen. Die Minengesellschaft wird uns und unsere Träger mit

Nahrungsmitteln versorgen, noch vor Einbruch der Nacht müssen wir aber alle das Minengelände verlassen haben. Ich versuche, wenigstens eine regengeschützte Nacht in einem der Gebäude herauszuschlagen. Auch das wird uns verweigert. Über die Begründung können wir nur bitter lächeln: Die Freeport Indonesia Copper Mine kann während der Nacht nicht für unsere Sicherheit garantieren.

Die Bosse aus Tembagapura lassen sich unser Verschwinden einiges kosten. Riesige Pakete an Nahrungsmitteln werden herangeschafft, die es uns ermöglichen sollen, die Täler nördlich der zentralen Bergkette zu erreichen.

Minuten später stehen wir mit unseren Habseligkeiten frierend im Regen. Zwei Lkws bringen uns zur Carstensz-Wiese, die den nördlichen Rand des Sperrgebietes bildet. Die Berichte von Harrer und Boardman preisen die natürliche Schönheit dieser Wiese am Fuß der steil aufragenden Kalkwände. Von dieser Idylle ist nichts übrig geblieben. Die Carstensz-Wiese dient heute als riesiges Endlager für totes Gestein, das am Grasberg abgetragen wurde. Fast die ganze Ebene ist mehrere Meter hoch mit diesem Gestein bedeckt. Am Ende dieser langgezogenen Aufschüttung befindet sich ein Wächterhäuschen, das jenem beim Grasbergsattel gleicht.

Der diensthabende Posten, wie all seine Kollegen Indonesier, erklärt uns, dass hier das Minengelände endet, und weist uns zum Ende der Carstensz-Wiese, wo sich am Fuß der Felswand eine kleine Höhle befinden soll, die uns Schutz vor dem anhaltenden Regen gewähren kann.

Frustriert steigen wir die Aufschüttung hinab zum Wiesenboden. Sogleich befinden wir uns wieder in knietiefem Schlamm, an manchen Stellen brechen wir gar bis zur Hüfte ein. Gut eine Viertelstunde kämpfen wir, um knapp 100 Meter Morast zu überwinden.

Der Anblick der Höhle lässt uns gänzlich den Mut verlieren. Nicht mehr als ein winziges, etwa 80 Zentimeter hohes Felsdach bietet sich unseren Augen. Der Boden ist mit Müll aus der Mine bedeckt – Dosen, Kleidungsstücke und Verpackungsmaterial. Die Decke der Höhle ist schmierig, rußgeschwärzt von den vielen Feuern, die hier von Einheimischen abgebrannt worden sind. All diese wenig einladenden Begleitumstände hätten wir noch in Kauf genommen, aber die Höhle ist bereits besetzt! Vierzehn Männer aus Sinak, einem Dorf nördlich der großen Berge, kauern sich dicht gedrängt um ein wärmendes Feuer. Sie sind über den Neuseelandpass hierhergekommen, in der Hoffnung, Einlass in das Minengelände zu finden, um hier einige nicht mehr gebrauchte Kleidungsstücke oder Werkzeuge ergattern zu können. Natürlich ist es ihnen nicht besser ergangen als all den anderen hartnäckigen, immer wiederkehrenden Papua-Gruppen. Beim Wachposten auf der Carstensz-Wiese war Endstation, dort wurden sie abgewiesen.

Unter diesem Felsdach können wir also nicht alle übernachten. Unweit der kleinen Höhle zieht eine steile, schlammige Rinne den Hang hinauf. Von oben ergießt sich ein kleiner Bach in mehreren Stufen bis zum Talboden herunter. Wir steigen im Schein unserer Stirnlampen durch diesen Bach hinauf und finden zwei weniger geneigte Absätze. Dort bauen wir unsere Zelte auf – mitten im Bach.

Unsere acht Träger pferchen sich zu den Männern aus Sinak unter das Felsdach, die beiden Kinder verbringen die Nacht mit uns in den Zelten.

Das unaufhörliche Prasseln der Regentropfen auf das Zeltdach hält mich lange Zeit wach. Viele Gedanken gehen mir durch den Kopf. Es wird eine beklemmende Nacht, ohne jede Behaglichkeit. Ständig muss ich mich drehen und abstützen, um nicht mitsamt dem Zelt den Hang abzurutschen. Einen Steinwurf von der Zivilisation entfernt, erlebe ich die pure Gewalt dieser Wildnis. Welcher Teufel hat mich geritten, in meinem Urlaub diesen Gewaltmarsch am Ende der Welt auf mich zu nehmen? Könnte ich jetzt nicht ganz entspannt an irgendeinem Traumstrand liegen? Dieses Neuguinea weckt die widersprüchlichsten Gefühle in mir, Gefühle, die in ihrer Intensität ebenso extrem sind wie das Land selbst. Ich muss mir eingestehen, dass ich dieses Land auch heute trotz Ausweisung, Regen und Kälte liebe, obwohl ich ihm keine zärtliche Gefühle entgegenbringen kann. Es ist ein Land, dem ich die Geheimnisse des Unbekannten abverlange und dessen Urgewalt ich akzeptiere.

In dieser Nacht grüble ich über dieses Gefühl nach, das mich täglich mehr erfasst und mich nach und nach einem Zustand der Verwilderung näherbringt. Mein Äußeres gleicht sich von Tag zu Tag mehr der Wildnis um mich herum an. Haare und Bart wachsen und starren vor Schmutz. Meine eigene Welt mit all ihren Problemen ist in weite Ferne gerückt. Meine Prioritäten gleichen sich jenen meiner Papua-Freunde an: Essen, schlafen, nicht frieren, nicht nass werden! Gibt es Wichtigeres? Irgendwann holt mich der Schlaf ein und löst mich aus meiner Gedankenwelt.

Das Erwachen wird zur brutalen Rückkehr in diese erbarmungslose Wildnis. Morgenstund – ohne Gold im Mund! Beim Öffnen des Zeltes spüre ich den

Regen in meinem Gesicht. Der dichte Nebel verdunkelt das Land und gewährt uns nur wenige Meter Sicht. Das ist kein Platz zum Verweilen! Wir bauen unsere Zelte ab, ohne Hoffnung zu haben, für die nächste Nacht eine bessere Bleibe zu finden. Bei unseren Freunden unter dem Felsdach suchen wir am Feuer ein wenig Wärme zu erhaschen.
Ratlosigkeit! Ohne Perspektiven gehen wir in diesen Tag. Über den Neuseelandpass können wir nicht nach Norden zurückkehren, da sich unsere Träger in den für sie fremden Bergen nicht zurechtfinden würden. Einen Rückmarsch auf unserem Pfad über den Bakopa-Pass nach Ugimba wollen wir mit allen Mitteln vermeiden. Solch ein Abschluss wäre allzu frustrierend. Wir verteilen unsere Zigaretten in der Runde, um die allgemeine Stimmung ein wenig zu heben, und starren schweigend ins Feuer.
Gegen zehn Uhr hören wir lautes Rufen aus der Richtung des Wachpostens. Wild gestikulierend scheint uns der Sicherheitsbeamte zu sich zu rufen. Obwohl wir keine Ahnung haben, was er von uns will, sind wir doch freudig überrascht über die Tatsache, zum Posten hinüber beordert zu werden. Dies gibt uns zumindest die Gelegenheit, auf legale Weise in das Minengelände zurückzukehren. Vielleicht tut sich eine Möglichkeit auf, über Funk neuerlich Kontakt mit der Minenverwaltung aufzunehmen.
Sicher will der Wachebeamte nur einen von uns sprechen, wir lassen uns aber diese Chance nicht entgehen und kehren alle ins Minengelände zurück. Mit Sack und Pack arbeiten wir uns durch den Morast hindurch zum Wächterhäuschen.
Um den neuerlichen Kontakt mit den großen Bossen brauchen wir uns nicht zu sorgen. Er wird uns befohlen. Ich werde in das Verwaltungszentrum hinunter beordert, wo mich der Sicherheitschef aus Tembagapura am Telefon sprechen will. Was mag jetzt nun kommen? Schlimmer kann es ja nicht mehr werden!
Ein Toyota-Pick-up holt mich von der Carstensz-Wiese ab und führt mich zum Polizeiposten. Mich allein! Mehr als einen wollen sie nicht in der Mine haben. Wie groß doch dieses Gelände ist! Wir sind mehr als eine halbe Stunde unterwegs und das ist nur der halbe Weg bis zur Standseilbahn.
Ich bekomme den „Big Boss" an den Hörer, den, der da unten in Tembagapura offensichtlich das Sagen hat. Seine Stimme ist nicht unfreundlich, aber hart und bestimmt. Er teilt mir mit, dass wir die Genehmigung haben, über den Neuseelandpass nach Ilaga zu gehen, wo es einen Airstrip gibt. Jetzt nur

höflich bleiben, obwohl mir bei so viel Großmut schlecht werden könnte. Dafür bin ich hierher beordert worden? Das haben wir gestern auch schon gewusst! Wir dürfen also einen Weg gehen, den wir gar nicht gehen können. Er fügt hinzu, dass wir nicht das Recht besitzen, eine Besteigung der Carstensz-Pyramide zu versuchen. Nein, das hatten wir bei diesem Traumwetter und ohne adäquate Ausrüstung für eine Kletterei im vierten Schwierigkeitsgrad ohnehin nicht in Erwägung gezogen. Ich lasse nicht locker. Was geschieht, wenn wir hinunter nach Tembagapura kommen? Das hätte Folgen, die weder er noch wir wollen, gibt er mir lakonisch zur Antwort. Mir ist schon alles egal! Was heißt das? Heißt das Gefängnis? Ja, lautet seine wenig ermutigende Antwort! Runde eins muss ich verloren geben.

Was soll diese verdammte Geheimnistuerei rund um eine Kupfermine? Dass auch Gold hier abgebaut wird, ist keine Erklärung für dieses ausgeklügelte Sicherheitssystem. Was wird hier wirklich abgebaut? Diesbezügliche Fragen laut zu stellen, würde unsere triste Situation sicher nicht begünstigen. Ich werde ohne Antwort bleiben.

Auf der Rückfahrt zur Carstensz-Wiese versuche ich, das Treiben auf dem Minengelände bewusster zu beobachten. Ich kann nichts erkennen, was hier zu verbergen wäre, aber von Bergbau verstehe ich so gut wie nichts. Obwohl ich aus dem zivilisierten Europa des zwanzigsten Jahrhunderts komme, beeindrucken mich diese hochmodernen, überdimensionalen Arbeitsmaschinen. Mit Rädern von drei Metern Höhe bewegen sie sich über den schwankenden Untergrund. Oft sieht es aus, als würde eines dieser riesigen Ungetüme jeden Moment kippen. Der Nebeldunst, die Scheinwerfer, das Surren von Generatoren und das Dröhnen der Maschinen verleihen dem ganzen Szenario etwas Gespenstisches. Eine Welt, wie wir sie aus Science-Fiction-Filmen kennen, eingebettet in ein Land, das in der Vergangenheit unserer Menschheitsgeschichte schlummert! Wie viele Jahrtausende sind diese beiden Welten voneinander entfernt?

Als ich auf der Carstensz-Wiese eintreffe, sind alle beim Plexiglashäuschen versammelt. Meine drei Freunde, unsere Träger und auch die beiden Kinder! Abwechselnd drängen sich zwei oder drei in den winzigen Wetterschutz, während die anderen draußen im Regen vor Kälte schlottern. Der Wachebeamte lässt den ganzen Rummel freundlich über sich ergehen und scheint Mitgefühl mit der tristen Situation unserer Gruppe zu haben. Aber er kann nichts für uns tun, ohne dabei in Konflikt mit seiner Obrigkeit zu geraten.

Wir kennen unsere Papua als naturverwachsene Menschen, denen die Härten der Wildnis nichts anhaben können. Unter der Kälte leiden sie aber ungemein. Ich sehe die Verzweiflung in ihren Augen, während sich ihre Körper vor Zittern gar nicht mehr beruhigen können. Sie sehnen sich nach ihrem warmen Tal. Besondere Sorgen machen uns die Kinder, die apathisch im Häuschen hocken, wo sie zwar vor Wind und Regen geschützt sind, die Temperaturen aber ebenfalls kaum den Nullpunkt übersteigen. Viele Papua haben in der Vergangenheit den Weg über das Hochplateau nicht überlebt, haben in dieser lebensfeindlichen Wildnis der Kälte keinen Widerstand bieten können.

Wir müssen handeln! Wir dürfen nicht zulassen, dass einer unserer Papua-Freunde hier oben erfriert oder schwer krank wird, was in der Folge wohl auch den Tod bedeuten würde. Kurze Lagebesprechung, dann fassen wir einen gewagten Entschluss. Volles Risiko! Wir zahlen unseren Trägern ihren Lohn und entlassen sie nach Ugimba. Unglaubliche Erleichterung ist in ihren Augen zu lesen. Schnell verschwinden sie im Nebel, um noch vor Einbruch der Nacht das schützende Felsdach nördlich des Bakopa-Passes zu erreichen. Dort werden sie genügend Holz finden, um die Nacht sicher zu überstehen.

Uns ist nun jeder Weg abgeschnitten! In die Mine dürfen wir nicht, in die Berge können wir nicht, ohne Kenntnis des Weges und mit all dem Gepäck. Haben wir Hoffnung, durch diese ausweglose Lage eine für uns positive Entscheidung in Tembagapura zu erzwingen? Vorerst melden wir uns besser nicht bei den Bossen da unten. Wie sollten wir unsere Entscheidung rechtfertigen, dass wir unsere Träger einfach heimgeschickt haben? Wir hätten doch mit ihnen zurückkehren können.

So bleiben wir untätig bei unserem freundlichen Sicherheitsbeamten. Durch den Abmarsch unserer Träger haben wir eine höhere Frequenz bei der Benutzung des Plexiglashäuschens und hoffen auf irgendein Wunder der Veränderung. Unser Wächter weiß, dass wir diesen Platz nie ohne fremde Hilfe verlassen können. Er will uns gern weiterhelfen, aber er kann und darf es nicht. Da beginnt er laut zu denken.

Wenn jemand von uns krank wäre, könnten wir den nahegelegenen Erste-Hilfe-Posten aufsuchen. Einer seiner Freunde arbeite dort als Sanitäter. Der Posten sei weit genug vom Verwaltungszentrum entfernt. Wenn wir dort knapp vor Einbruch der Nacht ankämen, würde man uns vielleicht nicht wieder in die Kälte hinausschicken und unsere Anwesenheit erst am nächsten Morgen melden.

Krankheit? Natürlich! Genau so müssen wir es machen! Mein Diabetes ist unser letzter Trumpf!

Wir warten auf der Carstensz-Wiese, bis es so spät ist, dass in Tembagapura wohl alle Büros geschlossen sind. Unser Wächter hilft uns, wo er nur kann. Über Funk ordert er ein Fahrzeug, das uns zum Erste-Hilfe-Posten führen soll. Ich nehme Kohlehydrate zu mir, um meinen Blutzucker in die Höhe zu treiben. Moderat! Um nur ja keine Überreaktion bei den Sanitätern zu erzeugen! Mit leidendem Blick gebe ich vor, dass ich als Diabetiker mit den ungewohnten Klimabedingungen und großen körperlichen Anstrengungen in diesem Gebiet nicht zurechtkomme und gefährlichen Blutzuckerschwankungen unterworfen bin. Die Sanitäter zeigen sich über die Gefahren des Diabetes gut informiert, messen Blutdruck, Puls und Körpertemperatur, um schließlich bedauernd festzustellen, dass sie kein Blutzuckermessgerät in ihrem Posten besitzen. Gern helfe ich ihnen mit meinem eigenen Gerät aus. An die dreihundert! Gut so! Es war gar nicht so leicht, bei dem geringen Insulinbedarf, den ich hier in der Wildnis habe, den Blutzucker auf diese Höhe hinaufzutreiben.

Die Sanitäter sind in Sorge und meinen, dass ich unbedingt im Krankenhaus von Tembagapura behandelt werden muss. Da muss ich sie fast beruhigen. Ich spritze etwas Insulin, senke damit etwas meinen Blutzucker und meine, dass ich wohl die Nacht hier oben überstehen kann. Vorerst wollen wir in diesem warmen Raum nur ein bisschen schlafen, ohne großes Aufsehen zu erregen. Morgen werden wir dann eine andere Ausgangsbasis für die Verhandlungen mit den Bossen in Tembagapura haben.

Auf wenigen Quadratmetern versuchen wir, uns zwischen unseren Gepäckstücken auszustrecken und ein wenig zu dösen. Einer der Sanitäter versucht mich zu beruhigen. Morgen werde mir sicher im Spital von Tembagapura geholfen, einer meiner Freunde dürfe mich auch begleiten. Wenn ich dann wiederhergestellt sei, können wir dann alle zurück über die Berge nach Norden ziehen.

Welch ein Jammer! So hatten wir uns das nicht vorgestellt. Ein Kranker, ein Begleiter! Das ist zu wenig. Wir brauchen zumindest einen zweiten Kranken. Zu unserem Bedauern sind wir nicht alle Diabetiker.

Jutta! Natürlich! Unsere „schwache“ Frau! Aber Schwachsein ist noch nicht Kranksein. Wir sind hier auf fast 4000 Metern Höhe – die Höhenkrankheit muss uns retten! Ich habe die Symptome der Höhenkrankheit während meiner Aufenthalte im Himalaya und Pamir eingehend studiert. Das lässt sich gut simulieren. Unten in Tembagapura sind diese Symptome naturgemäß nicht mehr nachweisbar. Jutta spielt ihre Rolle perfekt. Langsam wird sie krank und kränker.

Um fünf Uhr früh bekommen wir Kaffee von unseren Gastgebern, was auch der allgemeinen Aufforderung gleichkommt, den Tag beginnen zu lassen. Nochmals werden Jutta und ich eingehend untersucht. Unsere vorgegebenen Probleme bestätigen sich. Die Sanitäter werden nervös. Sie fürchten einen Notfall in ihrem Posten und wollen uns so schnell wie möglich in Tembagapura versorgt wissen. Sie füllen eine Menge Formulare aus, die offensichtlich für die Einweisung ins Krankenhaus erforderlich sind.

Dann heißt es warten, bis die verantwortlichen Ärzte in Tembagapura ihren Dienst antreten. Wir haben die Möglichkeit, uns ein wenig vor dem Gebäude die Füße zu vertreten. Ist das ein Abschiedsgeschenk der Berge für uns? Erstmals, seit wir an der Südseite dieser Insel sind, hat der Regen aufgehört. Es ist ein klarer, kalter Morgen. Vor uns liegt die Carstensz-Pyramide in all ihrer Schönheit. Jede Felszacke, jedes Schneefeld können wir erkennen! Meine Augen können nicht loslassen von diesem herrlichen Panorama. Der Berg zieht mich magisch an. Irgendwann will ich hierher zurückkommen und dann will ich versuchen, diesen formschönen Gipfel zu besteigen!

Nach sieben Uhr beginnen die Telefongespräche mit den zuständigen Ärzten. Die Sache läuft gut. Drastischer könnten wir unsere Symptome gar nicht schildern, als es unsere Sanitäter tun. Die Ärzte sind mit unserer Aufnahme ins Krankenhaus einverstanden, wagen es jedoch nicht, diese Entscheidung ohne Einverständnis der Minenleitung zu treffen. Es dauert eine weitere Stunde, bis auch die Bosse in Tembagapura von der neuen Situation informiert sind. Der Verdacht liegt nahe, dass wir ein böses Spiel mit ihnen treiben. Aber ganz sicher scheinen sie sich dessen doch nicht zu sein. Schließlich gibt es die beunruhigenden Diagnosen der Sanitäter. Die Gefahr einer schlechten Presse, falls einer von uns hier oben den Tod findet, scheint besonders die amerikanischen Verantwortlichen zu irritieren.

Die Diskussionen am Telefon wogen hin und her. Um halb neun kommt das erlösende Okay aus der Minenverwaltung. Welch ein Bild der Betriebsamkeit! Wir warten startbereit vor der Tür des Erste-Hilfe-Postens. Ein Rettungswagen rast mit blinkendem Rotlicht heran, als ginge es um Minuten. Wir sollen alle einsteigen, mitsamt unserem Gepäck. Im Stillen bedauere ich

den Fahrer des Fahrzeuges, der dieses später wieder sauber machen muss. Ein letztes Mal fahren wir durch dieses riesige Abbaugebiet, erstmals haben wir freien Blick nach allen Seiten. So lange sind wir in diesen Bergen gewesen, erst heute dürfen wir ihre Schönheit bewundern.
Wir müssen unseren Ambulanzwagen verlassen und in die Standseilbahn umsteigen. In wenigen Minuten überwinden wir diese mehrere 100 Meter hohe Wand, die für die Papua im Norden mit so vielen geheimnisvollen Mythen verbunden ist. Das Ende der Welt! Schnell nehme ich noch einige Plättchen Traubenzucker zu mir, um den Blutzucker kräftig in die Höhe zu treiben. Am Fuß der Wand werden wir bereits von einem weiteren Rettungswagen erwartet, der selbst im Stehen sein Rotlicht rotieren lässt.
Innerhalb von Minuten sind wir von einem vegetationslosen, eisigen Hochplateau in den tropischen Bergwald gelangt. Die Minenstadt Tembagapura! Ein supermoderner Ort, Wohnstatt für all die hoch dotierten Techniker, Geologen und Verwaltungsbeamten aus den USA, Australien und Indonesien! Jeder Luxus wird hier geboten, um das Leben in dieser isolierten Welt erträglich zu machen.
Eilig werden Jutta und ich ins Krankenhaus gebracht, während Nobsch und Franz in das Büro eines hochrangigen amerikanischen Beamten geladen werden. Der indonesische Sicherheitschef, der uns so lange abgewiesen hat, lässt sich vorerst nicht blicken. Und unser Gepäck? Es wird einfach an einer Straßenecke abgestellt. Ein Polizist wird eigens dafür an diese Stelle beordert, um es zu bewachen.
Unzählige Menschen warten in der Aufnahme auf ihre Behandlung, doch Jutta und ich werden vorgezogen. Ein Notfall! Blutabnahme! Der Laborbefund zeigt einen Blutzuckerwert von etwa 300 mg/dl an. Optimal! Ausreichend hoch, um meine Gefährdung zu bestätigen, aber nicht hoch genug, um eine Spitalseinweisung zu rechtfertigen!
Jutta und ich werden in das Zimmer des Chefarztes gebeten. Noch einmal schildern wir unsere Probleme und Symptome. Er hört uns geduldig zu, um uns dann aus dem Krankenhaus zu entlassen. Ist keine stationäre Behandlung notwendig? „You will manage it!“, antwortet er mir lächelnd, während er uns die Hände schüttelt und uns alles Gute wünscht. Er hat uns vollkommen durchschaut, er weiß alles! Ich sehe es in seinen Augen. Aber er hält dicht.
Wir sind frei und dürfen uns im Speisesaal der leitenden Angestellten nach Belieben verköstigen. Dort sind auch schon Nobsch und Franz eingetroffen,

die ein denkwürdiges Verhör hinter sich haben. In ihren schlammverkrusteten Lumpen wurden sie in das Büro dieses Amerikaners beordert und mussten – oder durften – dort auf sündteuren Ledersofas Platz nehmen. Während man locker über die historische Bedeutung Wiens und über Mozart plauderte, wollte der Amerikaner einiges über unsere Motive wissen, die uns in dieses Sperrgebiet geführt haben.

Mit offenem Mund bestaune ich die Rückkehr ins Paradies. Auf meterlangen Tischen türmen sich alle Köstlichkeiten dieser Welt. Und wir dürfen hier ohne Bremse zulangen. Welch bizarre Gegensätze haben wir in der Behandlung von seiten der Minenführung erfahren! Da erlebten wir die beinharten Androhungen von Gefängnisstrafen und die fast unmenschliche Ausweisung in die Höhle an der Carstensz-Wiese. Und nun begegnen uns dieselben Menschen mit lockerer Jovialität und Gastfreundschaft.

Nachdem ich mich durch verschiedene Fleisch- und Nudelgerichte hindurchgearbeitet habe, fällt mein Blick auf einen riesigen Behälter mit Schokoladeeis. Ich nehme einen Becher zur Hand. Nein, besser eine Kompottschüssel! Nein, doch den Suppenteller! Ich fülle ihn randvoll mit Eiscreme und lasse das Ganze unter einem riesigen Berg von Schlagsahne verschwinden. In diesem Moment kommt ein Amerikaner zur Tür herein und nennt mir seinen Namen. Er ist einer jener Bosse, mit denen ich einige Male in den vergangenen Tagen telefoniert habe. Er gibt mir die Hand, grinst mich an und meint: „Finally, you did it! You came down!" Ich entgegne ihm, dass wir ernsthafte medizinische Probleme hatten, aber es ist nicht ganz einfach, die Schwere des diabetischen Notfalls mit einem Suppenteller voll Schokoladeeis in der Hand glaubwürdig zu versichern. Er lächelt! Jetzt scheint ihm das Ganze egal zu sein. Zu guter Letzt kommt auch der indonesische Sicherheitschef zur Tür herein. Ihn habe ich am meisten gefürchtet. Er war der Härteste gewesen bei all den Telefonaten. Der Zeitpunkt seines Erscheinens könnte nicht günstiger sein. Als er auf uns zukommt, injiziere ich gerade Insulin. Er kann Spritzen nicht sehen! Mit Grausen wendet er sich ab, aber ich habe sein Mitleid erregt. „Es muss schlimm sein, mit solch einer Krankheit leben zu müssen", sagt er zu mir, während er mir die Hand schüttelt. Wir spüren, dass wir unser Spiel gewinnen können.

Nach diesem köstlichen Intermezzo wird es noch einmal ernst für uns. Wir werden in das Polizeihauptquartier befohlen, wo auch unsere Pässe und unser Surat Jalan aufliegen. Während man uns in den letzten Stunden eher locker beschäftigt hat, scheint hier rege Betriebsamkeit geherrscht zu haben. Offensichtlich hat man stundenlang mit Jakarta, mit unserer Botschaft und mit den Behörden in Jayapura und Nabire telefoniert. Sie wissen alles über uns – nämlich nichts! Der Verdacht, dass wir Werksspionage betreiben könnten oder gar Journalisten seien, die die Umweltverwüstung oder die Vertreibung der einheimischen Bevölkerung an die westliche Öffentlichkeit bringen könnten, scheint nicht mehr aufrecht gehalten zu werden. Man sieht in uns nun verrückte Abenteurer, die meinen, die vorgegebenen Pfade ignorieren zu müssen, und sich dabei mehr oder weniger zufällig in dieses hochsensible Sperrgebiet verirrt haben! Dem wollen wir nicht widersprechen, denn ganz so Unrecht haben sie ja nicht.

Gegen drei Uhr wird uns das vernichtende Urteil verkündet: Wir haben uns einer schweren Gesetzesübertretung schuldig gemacht und dürfen uns deshalb weder in der Stadt Tembagapura noch auf dem zur Kupfermine gehörenden Gebiet frei bewegen. Wir werden nach Timika, dem ersten Ort jenseits des Sperrgebietes, ausgewiesen. Da man uns nicht vertraut, dürfen wir uns nicht eigenständig auf den Weg nach Süden machen, sondern müssen in Gewahrsam bleiben und werden im Polizeiwagen nach Timika eskortiert.

Ich muss mich zur Seite drehen, um mich nicht mit meinem Grinsen und mit dem Strahlen meiner Augen zu verraten. Das ist wie Ostern und Weihnachten zusammen! Wir werden nicht nur unser angestrebtes Ziel erreichen, wir ersparen uns auch einen 106 Kilometer langen Fußmarsch durch tropischheißen, moskitoverseuchten Regenwald auf einer wenig aufregenden Schotterstraße!

Heuchelnd bekunden wir Einsicht für diese harten Maßnahmen und begeben uns zum Polizeiwagen, der uns schon bei unserem Gepäck erwartet. Dieses ist den ganzen Tag über unverrückt an jener Straßenecke liegengeblieben, an der es am Morgen ausgeladen wurde. Ständig wurde es von einem Polizisten bewacht. Wenige Stunden später erreichen wir den kleinen Ort Timika, der unweit der Südküste im feuchtheißen Regenwald dahinschlummert. Zwei Tage später überfliegen wir in wenigen Minuten die Berge und Täler, die wochenlang unsere Heimat auf Zeit gewesen waren. In Irian Jayas Hauptstadt Jayapura werden wir unser Besonderssein verlieren: den Argwohn der Behörden, die neugierige Anteilnahme der einheimischen Bevölkerung. Wir werden untertauchen in der Masse von Touristen, die auf einen Flug nach Wamena im touristisch begehrten Baliem-Tal warten.

WALD DER GEISTER

Fünfzehn Jahre später kehre ich zusammen mit Sylvia zurück auf diese Insel, wo der Kontakt zu den urzeitlich lebenden Menschen mich mit tiefgreifenden, unvergesslichen Erlebnissen bereichert hat. Doch die Wiedersehensfreude ist getrübt. Ich bin verletzt. Vor zehn Tagen hatte ich einen Rafting-Unfall in Borneo gehabt, war mit dem rechten Knöchel gegen einen Felsen geschleudert worden. Die klaffende Wunde wurde wenig später in Kota Kinabalu genäht, doch die behandelnden Ärzte erkannten nicht, dass mein Wadenbein glatt durchgebrochen war. Erst Monate später, nach meiner Rückkehr nach Österreich, erfuhr ich, dass ich all die Wochen in Neuguinea mit einem gebrochenen Bein unterwegs gewesen war. Wie gut, dass ich es erst so spät erfahren habe! Mit dem Wissen um diese Verletzung hätte ich es wohl nie gewagt, mich auf die Abenteuer der kommenden Wochen einzulassen.
Sylvia und ich entscheiden uns, nicht in Borneo die Heilung meiner Wunde abzuwarten. Wir wollen weiter zu unserem nächsten Abenteuer und dort, sozusagen am letzten Vorposten der Zivilisation, auf Besserung warten. In der Höhenlage von Wamena, dem Hauptort des Papua-Berglandes, erhoffen wir bessere Bedingungen für den Heilungsprozess vorzufinden als in der feuchtheißen, tropischen Schwüle auf Meeresniveau.
In Jayapura an der Küste kursieren wilde Gerüchte über die Zustände in Wamena. Ausschreitungen, Aufruhr, 112 Tote! Mehrere Touristengruppen brechen deshalb hier ihre geplante Reise ins Bergland ab. Wir wollen nur glauben, was wir mit eigenen Augen gesehen haben, und fliegen mit der nächsten verfügbaren Maschine ins Hochland. Alles ist ruhig in Wamena, die Menschen flanieren gut gelaunt durch die Straßen. Was hat es mit den Unruhen auf sich? 112 Menschen hatten eine Magenverstimmung, nachdem sie abgelaufene Nahrungsmittel konsumiert hatten. Daraufhin hatten einige Papua lautstark von den indonesischen Händlern gefordert, auf das Ablaufdatum der zum Verkauf angebotenen Waren zu achten. So viel zu Gerüchten!
Ich besuche den Arzt in diesem kleinen Städtchen. Er meint, dass es für die Entfernung der Nähte noch zu früh sei, die Wunde sei noch feucht und halb offen. Es beginnen Tage des Wartens, in denen wir wertvolle Informationen über die Völker des südlichen Tieflandes einholen können. Es ist das Volk der Korowai, das uns in seinen Bann zieht. Viel haben wir über diese Menschen

gelesen und seit einigen Jahren ist es auch möglich, durch das Gebiet dieses in der Urzeit verharrenden Volkes zu wandern. Ein begehrtes Ziel für Abenteuertouristen, doch nur die im Westen lebenden Clans erlauben Fremden den Zutritt in ihr Gebiet. Im Osten verläuft eine unsichtbare Grenze, die Pacification Line genannt wird. Jenseits davon leben etwa fünfzig Großfamilien irgendwo im Wald, niemand weiß genau wo, die bisher allen Fremden, aber auch Indonesiern und anderen Papua, den Zutritt in ihr Gebiet verweigert haben. Es sind die Korowai Batu, die Steinkorowai. Während ich mich damit abgefunden habe, dieses geheimnisvolle Volk nie kennenzulernen, spukt in Sylvias Kopf ständig die Idee herum, bei diesen Menschen eine längst vergangene Welt zu entdecken.
Eines Tages taucht Isak in unserer kleinen Pension auf. Er ist einer der älteren und damit auch einer der erfahrensten Guides aus dem Volk der Dani. Unzählige Touristengruppen hat er durch das Bergland geführt, das ist seine Welt. Dreimal ist er bisher von Besuchern angeheuert worden, sie in das Gebiet der Korowai zu führen. Dort hat auch er eine für ihn faszinierende, neue Welt kennengelernt und er hat mit einigen Clans wertvolle Beziehungen geknüpft. Sylvia lässt das Wort „Korowai Batu“ einfließen, Isaks Augen blitzen auf. Mit einem Touristen war Isak schon bis an die Grenze des Gebietes der Steinkorowai gelangt, er konnte mit Hilfe eines ihn begleitenden Korowai sogar mit einigen dieser Menschen sprechen. Er war fasziniert. Zu gern würde auch er mehr über die Steinkorowai erfahren und ihr Land kennenlernen. Er weiß, dass er seinen Wunsch nur realisieren kann, wenn Touristen für die Kosten einer solch aufwendigen Unternehmung aufkommen. Wir wissen, dass Isaks spärliche Kontakte zu den westlichen Korowai für uns von unschätzbarem Wert sein können, und werden schnell handelseinig mit ihm. Nun müssen wir nur noch auf das Entfernen der Nähte aus meiner Wunde und das Okay des Arztes für unseren Aufbruch warten.

Kaum merkbar steigt die kleine, zwölfsitzige Maschine über dem Baliem-Tal in die Höhe. Bald wird das Tal enger, die grünen Berggrate rücken von beiden Seiten an uns heran, überragen uns – unter uns keine Straßen, nur kaum erkennbare Pfade zwischen den Dörfern mit ihren Rundhütten. Hier leben die Dani und Yali, Völker, von deren Existenz vor siebzig Jahren noch niemand gewusst hat. Dann stürzt der Baliem-Fluss abrupt 1000 Meter in die Tiefe, hinein in den dampfenden Regenwald der südlichen Tiefebene.

Wir landen in Yahukimo, das früher Dekai hieß. Einige Bretterbuden, daneben unzählige Baumaschinen – hier soll das neue indonesische Verwaltungszentrum für die kaum zugänglichen Papua-Dörfer der Umgebung entstehen; ein Verwaltungszentrum für Völker, die noch nie verwaltet wurden.
In Yahukimo schließt sich Weo unserer kleinen Gruppe an. Wie Isak besitzt auch er Kontakte zu den schwer zugänglichen Korowai.
Am nächsten Tag gleiten wir im Einbaum die trägen Mäander des Brazza-Flusses hinunter. Vereinzelt ziehen winkende Menschen in winzigen Einbäumen an uns vorüber, an den Ufern nichts als undurchdringbarer Urwald. Hin und wieder tauchen Palmhütten auf, die meisten von ihnen sind verlassen – die erbarmungslose Natur lässt sich nicht bezwingen. Noch am selben Tag stoßen wir auf den riesigen Siriat, der auf den Karten noch Eilanden heißt und dem wir nun flussaufwärts folgen. Die Abendsonne überzieht seine Wasser mit einem zauberhaften, rötlichen Schleier, als wir das kleine Dorf Sepenap erreichen, ein letzter Vorposten der Zivilisation. Hier leben Menschen vom Volk der Citak. Das Dorf besitzt eine Volksschule, womit auch unsere Unterkunft gesichert ist – wir können unser Lager im Klassenzimmer errichten.
Wenige Kilometer östlich beginnt das Gebiet der Korowai. Diese Menschen lebten bis vor wenigen Jahren völlig unberührt von der Außenwelt. Bis heute gibt es dort keine Schulen, keine Geschäfte. Nur wenige Güter aus „unserer Welt", meist einfache Kleidung, Töpfe und Macheten, sind in die Lebenswelt der Korowai eingesickert. Fast unberührt vom Wandel der Zeiten leben die Menschen in ihren traditionellen Baumhäusern, jagen Vögel, Fische, Schildkröten und Warane mit Pfeil und Bogen, fällen die Sagopalmen mit Steinäxten – und fürchten die Geister des Waldes!
Zu Mittag des folgenden Tages gelangen wir nach Mabul am Siriat, das erste Dorf der Korowai. Hier stellt Isak eine Mannschaft von Trägern zusammen. Was noch wichtiger ist, wir haben einen Mann mit uns, der Indonesisch spricht und als Übersetzer für uns tätig sein kann. Keiner von uns spricht auch nur ein Wort Korowai. Einige unserer Begleiter nehmen ihre Frauen mit. Es gilt als zu gefährlich, eine Frau allein in der Hütte für mehrere Tage zurückzulassen. Frauen werden bei den Korowai immer wieder von fremden Clans geraubt. Wir sind zu einer stattlichen Truppe angewachsen.
In der Mittagshitze verlassen wir das hübsche Dorf und werden binnen Minuten vom dampfenden, menschenfeindlichen Regenwald verschlungen. Knietiefer Schlamm, Flüsse, über die wir auf dünnen Stämmen und Ästen ba-

Sylvia auf dem Weg
zu den Stein-Korowa

lancieren, Tausende Stechfliegen, Moskitos, Blutegel – eine Schwüle, die jeden Tropfen Wasser aus unseren Körpern presst. Nach Stunden erreichen wir eine verlassene Palmhütte, die wir als Nachtlager nützen. Ängstlich wachen Isak und seine Männer über uns, denn es könnten feindliche Korowai auftauchen. Jeder fürchtet sich vor jedem und Schauergeschichten machen die Runde, doch unsere wahren Feinde sind die zahllosen Bremsen, Moskitos, Ameisen und Spinnen.

Sylvia und ich sitzen vor unserer Hütte und horchen in den nächtlichen Dschungel hinein. Nur Isak schläft noch nicht und verweilt bei uns. Es ist stockdunkel, kein Stern ist am Himmel zu sehen. Geheimnisvolle Tierlaute durchbrechen die Stille. Da bewegt sich ein feuriges Licht durch den Wald, vielleicht 15 oder 20 Meter entfernt, dann ein zweites, später ein drittes. Unheimlich! Hier müssen Menschen leben. Sie beobachten uns vermutlich schon seit Stunden, doch sie lassen sich nicht blicken. Die Korowai benutzen glühende Holzscheite als Beleuchtung für ihren Weg durch den nächtlichen Wald. Keinerlei Feindseligkeit von Seiten dieser unsichtbaren Menschen. Niemand nähert sich unserer Hütte.

Am nächsten Tag sehen wir zum ersten Mal eines jener sagenhaften Baumhäuser. Nur wenige dieser Hütten sind wirklich in die Bäume gebaut, die meisten sind auf hohen Pfählen zehn oder gar 20 Meter über freiem Grund errichtet. In einen der Pfähle sind mit einer Steinaxt Kerben geschlagen, auf denen man hinauf und hinunter klettern muss. Für uns eine echte Herausforderung! Lion heißt diese winzige Siedlung, in der nur eine Großfamilie lebt. Alle sind im Wald, nur ein alter Mann ist zurückgeblieben. Er winkt uns zu sich herauf auf seine Veranda.

Gegen Abend erreichen wir die kleine Siedlung Baigon. Hier leben drei Familien in ihren bis zu 20 Meter hohen Baumhäusern, nahe einer Handvoll Sagopalmen, die ihr Leben bedeuten. Anfangs scheu, nehmen uns die Korowai bald freundlich auf und versorgen uns mit ihren Köstlichkeiten – Fladen aus Sagomehl, Papageienfleisch und Sagowürmer. Unterschlupf finden wir wieder in einer verlassenen Palmhütte.

Die Dunkelheit erfüllt die verblassende Dschungelkulisse mit Leben, überall sind geheimnisvolle Laute unbekannter Wesen zu hören. Bald klingen Kriegsgesänge an unser Ohr, doch sie gelten keinen Feinden, sind keine Drohgebärde uns gegenüber, sondern Ritual in einem Wald, der in der Vorstellungswelt der Korowai nachts von Geistern beherrscht wird. Als Sylvia und ich bei an-

Baumhaus in der winzigen Korowai-Siedlung Lion

Korowai-Frau bei der Herstellung von Sagomehl

Festtagsschmaus bei den Korowai: Sagowürmer

Korowai in Baigon

In einem Baumhaus in Baigon

brechender Dunkelheit ein Bad im nahe gelegenen Bach nehmen wollen, hält uns Isak erschrocken zurück. Friedlich sind uns die Korowai am Tag begegnet, doch in der Nacht überwiegt ihre Angst. In welche Wesen mögen sich wohl die weißen Menschen im Dunklen verwandeln? Ihre Furcht kann für uns zur Gefahr werden!

Ich habe mein Bein, so gut ich konnte, geschont, doch der anstrengende Marsch durch unwegsames Gelände, der Schweiß und die dauernde Nässe waren zu viel. Meine Wunde ist wieder offen. Wir sind nur wenige Kilometer von der sagenhaften Pacification Line entfernt, doch für mich ist der Weg hier zu Ende. Für mich, nicht für uns alle! Mühsam kann ich Isak davon überzeugen, dass er nun mit Sylvia allein weiterziehen wird. Ganz wohl ist ihm dabei nicht in seiner Haut. Eine Frau kann hier nichts ausrichten, meint er, aber ein weißer Mann kann auch für ihn in diesen Wäldern zum Schutz werden. Nichtige Anlässe können hier schnell zu gefährlichen Feindseligkeiten gegen fremde Papua führen, Weiße scheinen vor solchen Animositäten gefeit zu sein.

Am nächsten Morgen ziehen Sylvia und Isak mit ihrer Mannschaft weiter, Weo und ich bleiben in Baigon zurück. Isak bittet zwei Männer – Steinkorowai, die sich hier angesiedelt haben –, die Gruppe zu begleiten. Sie kennen Menschen aus dem nächsten Dorf, und das scheint notwendig, um dort Aufnahme zu finden. Zudem komplettieren sie die Übersetzungskette, denn mit der Sprache der Steinkorowai wird unser Übersetzer aus Mabul wohl überfordert sein. War der Pfad bis jetzt schon mühsam genug, so erlebt Sylvia nun fast undurchdringliches Dickicht, dem man nur noch mit Macheten Herr wird. Endlos morastige Sümpfe, abenteuerliche Balanceakte, zweimal geht sie unfreiwillig baden. Allerdings hat sie sich inzwischen einigermaßen an die klimatische Herausforderung angepasst. Bereits zu Mittag erreicht die Gruppe Wayal, das erste Dorf der Steinkorowai, direkt an der Grenze zur Welt jenseits der Pacification Line. Es ist ein Eintauchen in eine steinzeitliche Lebenswelt.

Isak will in Wayal bleiben, er scheint Angst vor der eigenen Courage zu bekommen. Die Steinkorowai hatten nie Kontakt mit fremden Völkern und haben demzufolge nie einen Grund gehabt, ihre Traditionen und Rituale zu ändern. Auch heute noch gelten sie als Kopfjäger und Kannibalen. Ein Junge aus Baigon hatte erst vor wenigen Wochen mit ansehen müssen, wie Männer eines feindlichen Clans seinen Vater erschlagen und die Leiche in den Wald

verschleppt haben. Sylvia drängt trotz allem weiter. Sie hat ein ungebrochenes Vertrauen in ihre Fähigkeit, mit allen Menschen zurechtzukommen – und sie kann Isak überzeugen. Mit Burschen aus Wayal streifen sie den ganzen Nachmittag durch die Wildnis, auf der Suche nach einem bestimmten Steinkorowai, der Kontakt zum nächsten Dorf hat und sie weiterführen könnte. Nach Stunden finden sie endlich sein Baumhaus, doch nur seine Frau ist zugegen. Sie dürfen sich ihr nicht nähern, zu groß ist ihre Angst.
Es ist bereits stockdunkel, als sie nach Wayal zurückkehren. Sylvia erhält ihren Schlafplatz in einem Baumhaus, nahe der Feuerstelle. Nur durch eine dünne Wand getrennt, befindet sich das Abteil der Frauen und Kinder. Neugierig kommt ein Mädchen mit seiner Mutter über die Veranda auf Besuch. Staunend streichen sie immer wieder über Sylvias blonde Haare und ihre Haut. Gelächter und Tratsch in völliger Dunkelheit, über mehrere Baumhäuser hinweg, halten alle bis weit nach Mitternacht vom Schlaf ab. Dies setzt sich dann in der Morgendämmerung um fünf Uhr früh fort. Auch der erste Besuch findet sich zeitig ein. Es ist jener Steinkorowai, den Sylvia und Isak gestern so lange und erfolglos gesucht haben. Gute Nachricht! Sie können weiter zum nächsten Dorf wandern, sein Bruder wird sie führen.
Wieder kämpft sich die Gruppe durch den Dschungel, immer wieder werden Äste geknickt, der Pfad auf diese Weise markiert. Am Nachmittag entdecken sie endlich Rauch aus fernen Baumhäusern aufsteigen. Sie haben Nanagaton erreicht, ein Ort, von dessen Existenz die Welt bisher nichts gewusst hat. Zunächst quartieren sie sich in einem leer stehenden Baumhaus ein. Ein Trupp wird vorausgeschickt, kommt allerdings mit der Botschaft zurück, dass sie das Dorf nicht betreten dürfen, die Angst der Menschen ist zu groß. Enttäuscht richtet Sylvia auf der acht Meter hohen Veranda ihren Schlafplatz ein. Die Nacht bricht an. Unzählige Glühwürmchen schweben über der Lichtung, darüber ein prachtvoller Sternenhimmel. Da taucht ein glühender Baumscheit auf, ein Mann aus dem Dorf hat sich hierher gewagt. Er verschwindet sofort im Inneren der Hütte. Scheu hält er sich in einer vom Feuer nicht erhellten Ecke von Sylvias Unterkunft auf – die Neugierde hat über die Angst gesiegt. Nach einiger Zeit verlässt er das Baumhaus genauso lautlos, wie er gekommen ist.
Die Nacht darauf wird Sylvia fast zum Verhängnis! Einer der Burschen hat seine schwerkranke Frau mitgeschleppt. Sie hustet, spuckt, wimmert ohne Unterlass. Sylvia will mit Medikamenten aushelfen, doch Isak hindert sie

daran. Wenn sie stirbt, hätten Sylvia und Isak ein großes Problem, denn dann wären sie auf jeden Fall schuld am Tod dieser Frau. Bei den Korowai ist am Tod eines Menschen immer ein anderer Mensch schuld und dieser muss getötet werden. In der Früh machen sich alle auf den Rückweg, nur das Paar mit der kranken Frau bleibt zurück. Da erscheint der nächtliche Besucher aus Nanagaton wieder. Er begleitet die Gruppe und führt sie auf einem kürzeren Weg zurück nach Baigon.

Stunden des Kampfes gegen die Schlingen und Fallen der Natur – verdreckt, zerstochen, zerschunden, von Flöhen zerbissen und restlos erschöpft trifft Sylvia am Nachmittag in Baigon ein. Das ganze Dorf ist auf den Beinen und feiert die Rückkehr mit köstlichen Flusskrabben.

Schon am nächsten Tag wird erneut gefeiert, unser Abschied – mit vielen gegenseitigen Geschenken. In Mabul besteigen wir einen traditionellen Einbaum, sechs Meter lang und nur etwa einen halben Meter breit. Drei Paddler aus Mabul wollen uns in zwölfstündiger Fahrt nach Suarto, dem Hauptort am Siriat, bringen. Aber schon nach drei Stunden ist die Fahrt zu Ende, zu heftig prasselt der Regen. Wir kommen mit dem Ausschöpfen des undichten Bootes nicht mehr nach und unser Gepäck scheint zu Brei zu verklumpen. So verbringen wir die Nacht in Sepenap. Am nächsten Tag geht es in einem anderen Boot wieder ein Stück den Fluss hinab. Die Rückkehr aus der steinzeitlichen Welt der Korowai in die Zivilisation wird zur Geduldsprobe. Schließlich nimmt uns ein riesiger Lastkahn auf dem Siriat auf, er gleitet unendlich langsam den Brazza hinauf, bis er auf einer Schlammbank hängen bleibt. Vier Tage vergehen, ehe ein kleines Motorboot vorbeikommt – es ist fast leer und nimmt uns auf. Wenige Stunden später legen wir in Yahukimo an. Der Kreis ist geschlossen, die Rückkehr in die Zivilisation ist nicht mehr weit.

SCHNEESTURM AM ÄQUATOR

Gespenstisch tauchen grelle Lichter in der wolkenverhangenen Nacht vor mir auf. Riesige Ungetüme auf mehreren Meter hohen Rädern kreuzen unseren Weg – in einer Gegend ohne jegliche Vegetation. Nach einigen Tagen auf der Insel Sulawesi bin ich mit einer internationalen Bergsteigergruppe nach Papua zurückgekehrt. Nichts erinnert hier an die steinzeitliche Welt der Korowai, nichts an die idyllischen Bergdörfer der Dani und Yali nahe des Baliem-Tales. Fremdartig und skurril wirkt dieses Hightech-Szenario, unbekannt ist es mir aber nicht: Nach fünfzehn Jahren bin ich wieder in der Freeport Mine gelandet, dieses Mal tatsächlich auf dem Weg zur Carstensz-Pyramide. Dabei sah es vor kurzem noch stockdüster für uns aus, je zu diesem Berg zu gelangen. Vor drei Tagen hätten wir in Timika nahe der Mine mit dem Flugzeug landen sollen. Just zu dieser Zeit bekamen sich zwei Papua-Clans in die Wolle – es gab Kämpfe, Tote, die Stadt wurde für Ausländer gesperrt. Ein mühsam ausgehandelter Friede hätte uns zwei Tage später die Ankunft in Timika ermöglicht, doch da wurde der Flug ganz einfach ersatzlos gestrichen. Erst am nächsten Tag klappte schließlich alles und wir konnten zur Mittagszeit in Timika landen. Der Ort ist zur Großstadt angewachsen. Hunderttausend Menschen sollen sich hier angesiedelt haben, vor fünfzehn Jahren lebten hier gerade einmal achthundert in ihren einfachen Holzhütten. An den seltenen klaren Tagen kann man von hier aus der Tiefebene die fast 5000 Meter hohen Berge sehen. Nemangkawi, zu Deutsch „weiße Prinzessin“, nennen die hier lebenden Amungme ihren höchsten Gipfel, doch dieser Name ist selbst in der Bergsteigerszene völlig unbekannt. Wie in vielen Teilen der Welt hat sich die Namensgebung aus der Kolonialzeit durchgesetzt.

Stockdüster sieht es nun nicht mehr aus für unsere Pläne, doch die Situation bleibt undurchschaubar. In einem einfachen Hotel sollen wir am frühen Nachmittag nochmals eine Mütze Schlaf nehmen, essen und duschen, bevor es am Abend losgehen soll. Wir sind alle davon ausgegangen, dass wir mit dem Helikopter von Timika aus über das Gelände der verbotenen Mine hinwegfliegen und im Meren-Tal unterhalb der Carstensz-Pyramide landen werden. Dies war in den letzten Jahren der übliche Anreiseweg gewesen. Doch wir werden mit dem Auto durch das Minengelände zur Carstensz-Wiese fahren und dort unseren Aufstieg beginnen. Der Gesinnungswandel

der Freeport-Obrigkeit, dieses sensible Sperrgebiet für Bergsteigergruppen zu öffnen, überrascht mich zwar, unglücklich bin ich darüber natürlich nicht, denn der Hubschrauberflug ist nur bei stabilen Wetterverhältnissen möglich, und diese sind auf dieser regenverhangenen Insel höchst selten zu finden. Eine Tatsache, die schon viele Expeditionen zum Scheitern gebracht hat.
Noch am selben Abend startet unsere abenteuerliche Fahrt durch die gigantische Mine. Wir müssen schon im heißen Timika unsere Regenjacken anlegen und Baseballkappen tragen. Handgepäck dürfen wir keines mit uns führen, all unsere Habe muss in unseren großen Rucksäcken verstaut sein. Viele Fragezeichen! Nach etwa 50 Kilometern erreichen wir das Gelände der Freeport Company und halten an einer Polizeistation. Verlassen dürfen wir unsere Fahrzeuge nicht. Durch die dunklen Scheiben beobachten wir, wie unser Gepäck in einen riesigen Bus verladen wird. Für uns heißt es warten. Plötzlich der Befehl, jetzt schnell in den Bus hinüberzuspringen. Als wir dann noch mit Schutzschildern der Polizei die Fenster des Busses verrammeln sollen, dämmert es jedem. Wir fahren durch die Mine, aber wir fahren illegal! Polizisten, Soldaten und wer auch immer wurden mit fetten Beträgen geschmiert, um uns an der Minenverwaltung vorbei zum Berg unserer Träume zu schleusen! Immer wieder tauchen Lichter im nächtlichen Regenwald auf. Dann heißt es für uns, unter unseren Sitzen in Deckung zu gehen. Begleitet werden wir von einer Handvoll Polizisten, die ein solches Versteckspiel nicht nötig haben und mit ihren Gewehren aufrecht in ihren Sitzen verharren. Nach gut zwei Stunden wird es hell. Ein Lichtermeer, wir haben die Minenstadt Tembagapura erreicht. Ich spüre keine Wiedersehensfreude, nur gespannte Erwartung!
Der Bus hält abseits der Stadt in einem Hinterhof. Wir tun, was wir schon gewohnt sind – warten! Unsere Rucksäcke werden vor unseren Augen auf einen Pick-up verladen, zwei Land Cruiser stehen daneben bereit. Ein Indonesier besteigt den Bus und verteilt Arbeitskleidung, Helme und reflektierende Schutzjacken an uns. In dieser Verkleidung hetzen wir hinüber in die für uns bereitgestellten Fahrzeuge.
Es geht hinauf in die Berge, in das eigentliche Abbaugebiet, auf einer tief verschlammten Erdstraße. Geisterhaft tauchen immer wieder riesige Baumaschinen und Laster hell beleuchtet im Dunkel der Nacht auf. Ich spüre die Angst unseres Fahrers. Für gutes Geld riskiert er hier viel, nicht nur seinen Job, auch seine Freiheit. Nach einigen Kilometern – der Super-GAU. Unser

Fahrzeug bleibt in einem steilen Straßenstück im Schlamm hängen, keine Chance, es wieder flottzukriegen. Der Fahrer dreht fast durch und versucht hektisch über sein Handy von irgendwelchen Freunden Hilfe zu bekommen. Zum Glück befindet sich nur wenige Meter entfernt eine unbesetzte Pumpenanlage, hinter der wir uns verstecken können. Unser Gepäck, und damit auch mein Insulin, sind inzwischen irgendwo.

Zwei endlose Stunden vergehen bei Kälte und strömendem Regen, da taucht ein Land Cruiser auf und hält bei unserem gestrandeten Fahrzeug. Schnell werden wir herbeigewunken und können unsere Fahrt fortsetzen. In knapp 3000 Metern Höhe erkennen wir in der Dunkelheit eine gewaltige Bergwand vor uns. Wir tauchen in ein unüberschaubares Tunnellabyrinth ein und staunen, dass der Fahrer nach einer halben Stunde tatsächlich den richtigen Ausgang findet. Erst nach Mitternacht erreichen wir die aus Heinrich Harrers Berichten bekannte Carstensz-Wiese, die von einer eigentümlich gestreiften Felswand begrenzt wird, der Zebra Wall.

Bei Regen werden wir hier, auf dieser riesigen Abraumhalde der Mine, in 3800 Metern Höhe ausgeladen, schnell verschwinden die Lichter des Land Cruisers in der Dunkelheit. Ich versuche „meine" Höhle auszumachen, die uns vor fünfzehn Jahren Unterschlupf gewährt hat. Es gibt sie nicht mehr, sie ist begraben unter den Abfallmassen der letzten Jahre. Im Schein der Stirnlampen tasten wir uns den Schlackehaufen hinunter zum morastigen Wiesengrund an der Zebra Wall. Wir stellen unsere Zelte auf und vergraben uns todmüde in unseren Schafsäcken. Nur wenige Stunden Schlaf sind uns vergönnt, denn wir müssen früh aufbrechen, um die oft trockenen Morgenstunden zu nützen. Ab Mittag regnet es hier immer und fast ohne Unterlass.

Mit schwerem Gepäck steigen wir langsam das idyllische Meren-Tal hinauf, das durch seine kleinen Seen an den Abstürzen steil aufragender Felswände bezaubert. In 4200 Metern Höhe errichten wir unser Basislager an einem türkisblauen See. Später steigen wir noch 100 Meter höher auf einen Bergrücken – und von hier sehen wir erstmals stolz und abweisend Nemangkawi, die Carstensz-Pyramide. Die steilen Felswände der Nordwand und der ausgesetzte Gipfelgrat flößen Respekt ein.

Nach einem Akklimatisationstag brechen wir am nächsten Morgen um vier Uhr früh zum Gipfel auf. Den einstündigen Zustieg zum Berg können wir problemlos in der Dunkelheit bewältigen. Mein verletztes Bein habe ich dick bandagiert in einen leichten Laufschuh gepresst. Am anderen Fuß trage ich meinen Bergschuh. Ich will nicht riskieren, dass meine Wunde bereits im leichten Gelände durch den hohen Schaft aufgerieben wird. Erst beim Klettern will ich meinen zweiten Bergschuh anlegen – und dann Augen zu und durch!

Der Morgen graut an, als wir den Einstieg in die mächtige, 600 Meter hohe Nordwand erreichen. Etliche Passagen sind hier mit Fixseilen abgesichert, doch niemand von uns will sich an diesen Seilen hochziehen. Wir finden hier herrlichen, festen Kalk vor – eine Genusskletterei im II. und III. Schwierigkeitsgrad. Bei trockenem Wetter klettern wir Meter um Meter höher und verwenden die Fixseile nur zur Selbstsicherung. Einzig die flacheren, leichteren Passagen sind weniger vergnüglich. Hier sammelt sich Geröll, das immer wieder auf unsere Kletterhelme und Arme herunterprasselt. Der Tag ist noch jung, als wir aus der Nordwand auf den Gipfelgrat klettern. Wenig ansteigend führt er auf den noch in den Wolken verborgenen höchsten Punkt. Doch gerade auf diesem vermeintlich leichten Grat finden sich die wahren Tücken des Anstiegs.

Kaum hat der Gipfelgrat begonnen, endet er auch schon wieder – der Gipfel ist noch fern. Vor uns liegt eine schier unendlich tiefe Gratspalte. Gut zehn Meter weiter findet der Grat seine Fortsetzung, vier Kletterseile sind über den Abgrund gespannt. Ein Anblick, der mir das Herz in die Hose rutschen lässt. Wie lange hängen diese Seile schon hier? Sind sie noch tragfähig bei der immerwährenden Nässe? Recht bange hänge ich meinen Karabiner in die Seile ein und hangle mich wie ein Koalabär, kräftig an den Seilen ziehend, über diese luftige Passage. Kurze Rast, ich blicke nach unten. Wow! Welch großartige Tiefblicke! Links, 4500 Meter unter mir, das dunkle Grün des Regenwaldes, bedeckt von einer trüben Dunstschicht. Rechts die Gletscher des Meren-Tales und das riesige Abbaugebiet der Mine, in der Ferne meine ich, den Bakopa-Pass, auf dem ich vor fünfzehn Jahren in den Süden der Insel gelangt bin, zu erkennen. Nur weiter! Für Emotionen ist jetzt keine Zeit. Dafür brauche ich zumindest wieder festen Boden unter den Füßen!

Kaum hat sich mein Pulsschlag wieder etwas beruhigt, wartet schon die nächste Tücke: wieder eine dieser tiefen Spalten im Grat, doch diesmal nicht so breit. Er lässt sich mit einem extremen Spreizschritt überwinden, wobei man mit seinem Fuß auf einen etwa zwei Zentimeter breiten Tritt treffen und anschließend das Körpergewicht dorthin verlagern muss. Keine ganz einfache Übung über diesem Abgrund. Eine dritte Gratspalte verbreitet weniger

Schrecken, doch hier ist sauberes Klettern im IV. Schwierigkeitsgrad angesagt.
Einige Seillängen weiter erreiche ich Gehgelände und sehe Dave und Matthew wenige Meter über mir untätig herumstehen. Momente später begreife ich, dass ich den höchsten Punkt des Kontinents erreicht habe, 4884 Meter – kein Punkt zwischen dem Himalaya und den Anden ist höher.
Der Wettergott hat es während des Aufstiegs gut mit uns gemeint, nun aber hat sein Wohlwollen ein Ende. Schon auf den ersten Schritten des Abstiegs setzt dichtes Schneetreiben ein, das später in Dauerregen übergeht. Die furchterregende Seiltraverse über die breite Gratspalte wird auch im Abstieg zum Erlebnis der besonderen Art. Meine Hand verfängt sich so unglücklich im Führungskarabiner, dass alles blockiert wird und die Hand ordentlich schmerzt. Nach langem Gezerre kann ich zwar die Hand endlich befreien, doch der Handschuh bleibt im Karabiner gefangen. Da gibt es kein Vor und kein Zurück, Stillstand in luftiger Höhe! Mein einziger Trost ist, dass ich wenigstens gut gesichert bin. Bin ich das wirklich? Wenn ich am Handschuh zerre, könnte sich der Karabiner öffnen. Durchatmen und jetzt bloß keinen Fehler machen! Ich lege eine zusätzliche Sicherung an, dann reiße ich den Handschuh in Fetzen und bekomme so den Karabiner frei. Kurz darauf bin ich drüben und habe nun erstmals das Gefühl, den Berg wirklich geschafft zu haben.
Noch liegt der Abstieg durch die 600 Meter hohe Nordwand vor uns, und das heißt Abseilen an glitschnassen Wänden und Couloirs, aus denen Wasserbäche herunterstürzen. Der Dauerregen lässt dieses Abseilmanöver zu harter Arbeit werden.
Am Wandfuß angelangt, bleibe ich lange sitzen und versuche zu verarbeiten, was mir, was uns in den letzten Stunden gelungen ist. Mein gebrochenes Bein ist ziemlich beleidigt. Es schmerzt höllisch, aber es hat durchgehalten. Dann raffe ich mich auf und hinke ausgelaugt und doch euphorisch ins Basislager zurück. Erst am Nachmittag des nächsten Tages brechen wir unser Basislager ab und treten den Rückweg zur Zebra Wall an, hoffend, dass irgendwann die Lichter eines Geländewagens auftauchen werden, der uns wieder durch die Mine führt. Es vergehen zwei Stunden des Wartens, ehe wir in der Dunkelheit näherkommende Scheinwerfer erblicken. Wenige Stunden später lässt die Luxuswelt des Sheraton Timika die Anstrengungen in der ewig nassen Bergwelt Papuas verblassen.

7. Kapitel

Denali/Mount McKinley

Abenteuer unter der Mitternachtssonne

AUF DEN SPUREN DES GOLDRAUSCHES

Es sind die desaströsen Wirtschaftsdaten des ausgehenden 19. Jahrhunderts, die Millionen Menschen im Land der unbeschränkten Möglichkeiten mit einer einzigen Möglichkeit zurücklassen – alles aufgeben, aufbrechen und überleben um jeden Preis.

Das Gerücht hat sich bis San Francisco, ja sogar bis an die Ostküste herumgesprochen. Am Klondike, nahe dem Polarkreis, sind Goldnuggets von unschätzbarem Wert gefunden worden. Das ist der Startschuss für Tausende Desperados und Abenteurer, all ihre Habe zusammenzupacken und sich auf die überfüllten Schiffe Richtung Norden zu drängen. Wochen später fahren sie durch die faszinierenden Fjorde der Inland Passage im Süden Alaskas, doch der Sinn steht diesen durch die lange Anreise schon verwilderten Männern nach allem anderen als nach Naturschönheiten.

Das Postschiff gleitet langsam über das Wasser. Die wolkenverhangenen Berghänge rücken immer näher, der Fjord wird schmäler, die Mündung des Taiya kann nicht mehr fern sein. Es regnet in Strömen, doch die Männer hält nichts mehr in den Kajüten. Mit durchnässten Tweedjacken und tief in die Stirn gezogenen Hutkrempen stehen sie an der Reeling und können es kaum erwarten, schnell und wenn möglich vor den anderen an Land zu gehen und dann gleich weiter nach Norden zu ziehen. Die Zeit drängt, das wissen alle. Wochenlang waren sie eine verschworene Gemeinschaft an Bord gewesen, haben auf engstem Raum alles geteilt. Doch nun werden sie alle zu Konkurrenten im Wettlauf um die Goldnuggets am Klondike.

Endlich angekommen! Die Männer stehen weit verstreut im Hafengelände. Alle haben ihr Gepäck von Bord geholt. Es regnet noch immer. Die Euphorie der Ankunft ist verflogen. Wohin mit all den unhandlichen Kisten und Taschen? Zum Durchatmen ist die innere Anspannung viel zu groß.

Sie sind angekommen in Dyea, der größten Stadt von Alaska, einer Stadt, die es vor wenigen Monaten noch nicht gegeben hat und die es in zwei Jahren nicht mehr geben wird. Die Meldung von den Goldfunden am Klondike hat das Leben am Taiya-Inlet völlig verändert. Binnen Wochen ist hier in der Wildnis eine Stadt entstanden, 15.000 Menschen tummeln sich auf der Fläche eines kleinen Dorfes. Es gibt fünfzig Hotels, ebenso viele Gaststätten, Bars, Frachtunternehmen, Geschäfte und Ausrüstungsläden! Hier leben die wahren Gewinner des Goldrau-

sches, jene, die die Infrastruktur geschaffen haben, den Massenansturm der Goldsucher nach Norden weiterzuleiten.
Die Männer aus dem Postschiff haben ihre nicht gerade billigen Quartiere bezogen. Alles, was sie besessen hatten, haben sie vor ihrer Reise zu Geld gemacht. Hier in Dyea zerrinnt ihre Barschaft, während Hunderte, Tausende schon weit im Norden zum Klondike drängen.
Nein, so schnell kommen die Männer nicht weg von Dyea. Die bösen Nachrichten vom nahe gelegenen Chilkoot-Pass, der Grenze zu Kanada, treffen die schlecht ausgerüsteten Abenteurer wie ein Hammerschlag. Die kanadische Regierung fürchtet durch den Ansturm der Massen Nahrungsengpässe und Hungersnot für das dünn besiedelte Yukon-Gebiet. Die North West Mounted Police hat Stellung am Pass bezogen und lässt nur jene ins Land, die Nahrungsmittel für ein Jahr mit sich führen, gewogene elfhundert Pfund.
Die Lagerhallen sind gefüllt. Die Händler sind vorbereitet, alles ist hier zu haben. Die Nachfrage steigert die Preise ins Überdimensionale. So voller Hoffnung waren sie noch auf dem Schiff gewesen, nun müssen viele von ihnen bereits hier das Handtuch werfen. Für wenige Tage oder Wochen schnuppern sie, solange das Geld reicht, am Luxus dieser neu entstandenen Wildwest-Metropole, spülen ihren Frust mit Whiskey hinunter, um dann ohne Visionen heimzukehren – mittellos. Andere bleiben. Über die Grenze kommen sie nicht, dazu fehlt es an Barem. So verdingen sie sich als Träger für jene, die es sich leisten können, die erforderlichen Nahrungsmittel zu erstehen. Nur wenige jener Männer vom Postschiff werden weiter nach Norden ziehen, ihrem großen Traum vom Goldfund entgegen. Fast ihr gesamtes Vermögen haben sie in den Läden und Unterkünften von Dyea gelassen, nur um sich über die Grenze nach Kanada zu retten. Und dann? Ja dann, dann wird es schon irgendwie weitergehen.

Das also ist Dyea. Gut hundert Jahre später beginne ich meinen Weg auf den Pfaden der Goldsucher hier in dieser einst so berühmten Alaska-Metropole und stehe im Regen. Ich kann nicht glauben, was ich hier sehe. Die Wildnis hat alle Spuren des Goldrausches unter sich begraben. Nichts mehr erinnert daran, keine Bauwerke, keine Werkzeuge, kein Hinweis auf eine menschliche Ansiedlung. Ich denke an Rom, Athen oder Gizeh, wo die Bauwerke Jahrtausende überdauert haben. Hier gab es keine Mauern, nichts was Bestand hat, alles war aus Holz gebaut, für den Augenblick, den kurzen Funken der Hoffnung, den die Nachrichten von den Goldfunden am Klondike entfacht hatten. Ich kann mich damit nicht zufrieden geben und stöbere im matschigen Buschwerk, bis ich endlich fündig werde und ein paar modrige Holzplanken entdecke. Schließlich dringe ich zum Herzstück der verblassten Pracht vor: eine alte Hauswand aus Brettern, ganz offensichtlich frisch gestrichen und mit modernen Stützen am Leben erhalten.

Vor einem Jahrhundert haben sich die Abenteurer von hier aus mit all ihren Lasten 33 Meilen über die Berge zum Lake Bennett gekämpft. Von dort ließen sie sich auf Booten und Flößen 800 Kilometer den Yukon hinuntertreiben, zum Ziel ihrer Träume am Klondike. Der berümte Chilkoot Trail! Ja, es gibt ihn noch immer, oder besser, es gibt ihn wieder. Eine neue Trekkingroute ist hier auf alten Pfaden entstanden. An einigen wenigen Stellen ist das Zelten erlaubt. Dort gibt es jeweils auch eine Blockhütte mit Kochgelegenheit.

Einen Massenansturm abenteuerlustiger Wanderer braucht man hier nicht zu befürchten. Stundenlang sehe ich keine Menschenseele. Die wilde Natur hat nicht viel übrig gelassen von der einstigen Goldrush-Autobahn – ein schmaler, verwachsener Weg, sonst nichts als Mutter Natur. Hin und wieder sehe ich eine verrostete Schaufel, einige Zahnräder und weggeworfene Konservendosen. Nein, entsorgt wird dieser Schrott nicht. Das ist historischer Schrott, der von den Hoffnungen, Mühen und Enttäuschungen Tausender Namenloser erzählt. Überall entlang des Weges muss es Herbergen, Camps und Lagerhallen gegeben haben, doch davon ist, wie in Dyea, so gut wie nichts übrig geblieben. Ich bewege mich durch einen durch das Regenwetter mystisch verklärten Zauberwald – einsam, unendliche Stille. Eine verfallene Hütte, wohl eine alte Versorgungsstation, erinnert mich an die Geschäftigkeit, die einmal auf diesem Pfad geherrscht haben muss. Der Regen nimmt zu und aus dem beschaulichen Gang wird bald ein rasanter Schritt, ich sehne mich nach einem Dach über dem Kopf. Drei Lagerplätze habe ich schon passiert, Plätze, die sich kaum aus der wilden Natur abheben. Da entdecke ich eine Blockhütte aus neueren Tagen. Ich habe das Sheep Camp erreicht und verschwinde schnellstens ins Trockene. Dort haben es sich schon fünf Wanderer aus dem nahe gelegenen Whitehorse gemütlich gemacht. Sie sind den Trail gemächlicher angegangen und schon seit zwei Tagen unterwegs. Ich setze mich ans wohlige Feuer, lasse die kalte Nässe aus meinem Körper kriechen. Durch die beschlagene Fensterscheibe sehe ich, dass der Lagerplatz in den Wassermassen zu versinken droht. Da bewegt sich etwas draußen, etwas Großes – tatsächlich ein Bär! Mit unseren Kameras eilen wir vor die Hütten-

tür, doch das Tier hält wenig von unserem touristischen Gehabe und verzieht sich schnell ins Unterholz. Übrig bleibt der Blick auf einen dichten Wald mit kaum erkennbaren Zeltplätzen. Es ist eigentlich verboten, in den Nationalpark-Hütten zu schlafen, doch keiner von uns macht Anstalten, sein Zelt ins Regenwasser zu stellen. Wir breiten unsere Schlafsäcke in der Wärme aus. Ich starre zur Decke und beobachte, wie das Tageslicht, langsam und unheimlich spät, aus der Hütte gleitet. Es ist dunkel, still – nur hin und wieder hört man das Knarren des Holzbodens, wenn sich einer meiner Mitbewohner im Schlaf dreht.
An die 7000 Menschen haben sich vor hundert Jahren diesen abgelegenen Platz geteilt, haben hier gelebt, genächtigt, gefeiert. Die letzten Häuser in den Vereinigten Staaten boten Party pur. Musik, Tanz, Frauen und jede Menge Alkohol – das Sheep Camp bot ein letztes Konzentrat an Zivilisation, ein letztes Ausgelassensein vor dem beschwerlichen Weg hinauf auf den Chilkoot-Pass und der unendlichen Einsamkeit der kanadischen Wildnis. Zwei breite Straßen, eineinhalb Kilometer lang, voll mit Leben, haben durch diese kleine Stadt geführt – hier, wo es heute nichts als Wald um diese einsame Blockhütte gibt . Ich möchte nicht tauschen, genieße diese Abgeschiedenheit, doch meine Gedanken wandern zurück in die Vergangenheit.

Es sind die sechs steilen Kilometer hinauf zur Passhöhe, die die Männer im Sheep Camp bewegen, die ihr Leben ausfüllen und die sie für Wochen an diesem entlegenen Ort festhalten. Etwa dreißig Mal müssen sie aufsteigen, um ihre überdimensionale Fracht zum Kontrollpunkt an der kanadischen Grenze zu bringen. Jeden Tag frühmorgens los, mit der Hoffnung, in der Abenddämmerung wieder die Annehmlichkeiten und Zerstreuungen von Sheep Camp zu erreichen. Die Tage rinnen dahin, die Zeit läuft den Abenteurern davon. Die spärlichen Nachrichten, die von der anderen Seite des Passes herüberdringen, und der Zustand der Neuankömmlinge nicht etwa aus Dyea – nein, sie kommen mittlerweile aus dem hohen Norden, von Dawson City – verheißen nichts Gutes. Der ganze Ort wird von negativen Stimmungen erfasst, die Männer spülen den Frust mit Alkohol hinunter. Die ersten Rückkehrer vom Klondike tauchen im Sheep Camp auf, gescheitert, zerlumpt, ohne einen Cent in der Tasche. Die Claims am Bonanza Creek sind rar geworden, nur zu horrenden Preisen kann man dort oben noch Schürfrechte erwerben. Einige mildtätige Seelen spendieren den Gescheiterten noch ein paar Drinks, dann hält sie hier nichts mehr: Nur weg aus diesem ewig kalten Land, das so viel versprochen und so wenig gehalten hat. Die Ausgelassenheit in den Saloons soll die Realität weit wegdrängen, doch die Stimmung wird gereizter, aggressiv. Die Männer wissen, dass ihnen bei ihrer Ankunft im Yukon kein Geld bleiben wird, um einen Claim zu erwerben. Sie haben die guten Tage am Klondike verpasst, sie sind um Monate zu spät. Hier im Sheep Camp müssten sie umkehren, sie tun es nicht. Zu viel haben sie investiert, um bis zu diesem Ort zu kommen. Weiter, nur weiter! Es bleibt die vage Hoffnung, sich bei reichen Claimbesitzern als Hilfskraft zu verdingen, einen großen Fund zu landen und mit den prozentuellen Anteilen doch noch zu eigenen Schürfrechten zu gelangen. Ein Haupttreffer in der Lotterie erscheint wahrscheinlicher, doch die Hoffnung stirbt zuletzt.

Anderntags führt der Weg aus dem Wald heraus, schon bald sind die ersten Schneefelder erreicht – und das auf 500 Metern Seehöhe im Frühsommer. Das Tal ist nun viel enger und steiler, vom mächtigen Taiya ist hier im Oberlauf nur ein reißender Wildbach übrig geblieben, an dem sich die Vögel niederlassen, ohne Angst, nur einen Meter von mir entfernt. Längst hat sich die Natur wieder mit den Menschen versöhnt. Rau und schön, ein wenig düster ist dieses Land. Das strenge Schwarz und Weiß der Felsen und des Schnees wird von spärlichen Gras- und Moosflecken belebt. Mit dem freien Blick auf die raue Wildnis wird die Wanderung immer vergnüglicher. Bald erreiche ich den Platz, den man „The Scales" nennt. Dahinter zieht sich der Pfad steil und unwegsam zur Passhöhe hinauf. An diesem Platz wurden die Lasten ein letztes Mal gewogen, ihr Gewicht und Inhalt fein säuberlich in Büchern festgehalten. Hier hat immer großes Gedränge geherrscht. Da waren die Männer, die mit ihren Lasten zum Klondike wollten, und andere, die den großen Traum schon aufgegeben hatten und sich hier mit Trägerdiensten um Schadensbegrenzung bemühten. Man findet noch jede Menge Werkzeug, Zahnräder, Schaufeln, alles im einheitlichen Rostbraun – die Spuren eines Jahrhunderts. Eine kleine Tafel erläutert dem Wanderer die Bedeutung dieses historischen Platzes.

Ich steige über Schneefelder und Blockgestein die „Golden Staircase" hinauf, den steilen Schlussanstieg zur Passhöhe. Vor meinem inneren Auge tauchen die Fotografien auf, die ich im Museum in Skagway gesehen habe. Ein schneebedeckter steiler Anstieg, Hunderte Männer in nassen Tweedjacken, mit breitkrämpigen Hüten und riesigen Lasten auf dem Weg nach oben – in Reih

und Glied, einer hinter dem anderen. Wenn einer kurz rasten wollte, so trat er aus der Reihe und ließ die anderen vorbeiziehen. Oft dauerte es eine halbe Stunde, bis er eine kleine Lücke vorfand und sich wieder in diese endlose Menschenschlange einreihen konnte.
Auf dem Pass ist es kalt und windig, doch der Blick nach Norden entschädigt mich vollends für das unfreundliche Wetter. Vor mir liegt der Crater Lake, bedeckt von einer dicken Eisschicht. Alles ist in Weiß gehüllt. Die Grenzstation ist verwaist, völlige Einsamkeit. Ich kann ungehindert weiter. Es muss kalt sein, viel kälter, als ich mit meinem warmgelaufenen Körper erfühlen kann. Trotz der Niederschläge der letzten Tage ist hier alles vereist. Der Hang ist nur sanft geneigt und doch kämpfe ich mit meinen leichten Wanderschuhen ständig dagegen an, in den See abzurutschen. Die Tragfähigkeit der Eisdecke will ich nicht wirklich testen.
Zwei Stunden später erreiche ich am Ufer des Long Lake die Schneegrenze. Die Eisdecke auf dem See ist fast weggetaut, einige Eisschollen treiben noch malerisch auf der Oberfläche. Vergnüglicher kann eine Wanderung nicht sein! Alle Arten von Grüntönen mischen sich in das karge Schwarz-Weiß der Landschaft, ein See reiht sich an den nächsten, der Weg führt aus dem Winter in den Frühling hinein. Moose, Flechten, gelb-grüne Gräser, niedriges Nadelholz, Vogelgezwitscher – das Leben kehrt in die Natur zurück.
Im offenen Gelände findet man überall entlang des Weges die Relikte aus der Vergangenheit: kleine Öfen, Maschinenteile, Werkzeuge, und mit ihnen kehren die Gedanken immer wieder zurück zu jenen Männern, die auf diesem Pfad vor mehr als hundert Jahren das große Glück finden wollten. Auch sie mussten diesen Teil des Trails genossen haben. Die erste große Hürde ihres Abenteuers, die Einreisekontrolle durch die Mounties am Chilkoot-Pass, lag bereits hinter ihnen und mit jedem Schritt wurde nun das Gehen leichter!
Am späten Nachmittag erreiche ich das Lager am Lindeman-See. Ich bin allein in der Blockhütte des Camps und ziehe es vor, auch diese Nacht unter einem festen Dach zu schlafen. Für manche Abenteurer endete hier der große Traum vom Gold. Gräber mit einfachen Holzkreuzen erzählen die Geschichten der namenlosen Männer, die es zwar über den Pass geschafft hatten, aber nun von einer meist harmlosen Krankheit, für die es in dieser Wildnis und bei diesem Klima kaum Hilfe gab, hinweggerafft wurden.
Am nächsten Morgen führt mich der Weg vorbei am malerischen Lindeman-See zurück in den arktischen Regenwald. Unheimlich ist dieser Wald für

Leben in der Abgeschiedenheit – die Wildnis von Alaska

mich. Es ist totenstill, doch überall sind die Spuren von Bären zu entdecken. Irgendwo hier sind sie und sehen mich, doch ich kann sie nicht entdecken. Viel weiß ich nicht von den Bären. Sie sollen ungefährlich für uns Menschen sein. Wissen sie das auch? Was tun, wenn einer von ihnen plötzlich vor mir auftaucht?

Nach gut zwei Stunden endet die Aufregung, der Wald lichtet sich, ein See, größer als alle davor, liegt vor mir. Ich habe das Ende des Chilkoot Trails erreicht. Aus einem Zeltlager war hier 1898 bald eine stattliche Stadt entstanden, mit allem, was eine amerikanische Stadt des ausgehenden 19. Jahrhunderts bieten musste. Donald Trumps Vater lebte hier als Restaurantbesitzer, es gab damals sogar Tageszeitungen. Heute ist Bennett verlassen. Das Klima ist trockener als im küstennahen Dyea und so ist auch weit mehr vom vergangenen Glanz erhalten geblieben. Die mächtige Holzkirche hat das vergangene Jahrhundert fast unbeschadet überstanden und dominiert den Ort.

In Bennett endete einst der 53 Kilometer lange Fußweg der Goldsucher. Von hier aus ging es auf dem Wasserweg 800 Kilometer weiter zum Klondike, zu-

Landschaft im Yukon

erst entlang einer Kette kleiner Seen, dann auf dem mächtigen Yukon River. Dazu brauchten die Abenteurer Boote, doch die meisten hatten kein Geld, um die hier schnell angesiedelten Bootsbauer bezahlen zu können. So blieben sie für eine Weile in der Stadt und bauten einfach drauflos, vom Bootsbau verstanden nur wenige etwas. Das Ergebnis war oft recht dürftig, einige begnügten sich sogar mit Flößen. Viele scheiterten schon in den Stromschnellen am Oberlauf des Yukon, verloren dort ihre gesamte, so mühsam über die Berge transportierte Habe und mussten froh sein, wenn sie ihr nacktes Leben retten konnten.

Für mich ist der Pfad auf den Spuren der Goldsucher hier vorerst zu Ende. Der alte Bahnhof von Bennett ist noch in Betrieb und so gehe ich hinunter und hoffe auf einen Zug zurück nach Skagway. Niemand ist zu sehen, alles verschlossen. Der Fahrplan bestätigt schließlich meine trüben Vorahnungen. Der Zug verkehrt nur an den Wochenenden, wenn Touristenhorden diesen historischen Platz überschwemmen. Dreizehn weitere Kilometer entlang der Bahngleise warten auf mich, um die Straße nach Skagway zu erreichen.

Singend mache ich mich auf den Weg. Das vertreibt alle, auch die Bären. Der weitere Weg nach Dawson City und zum Klondike verläuft komfortabel und unspektakulär.

In Skagway setze ich mich in meinen Leihwagen und mache mich auf den Weg ins Yukon Territory. Wenig später erreiche ich Whitehorse, die Hauptstadt dieser riesigen Provinz. Auch dieser Ort ist durch den Goldrausch am Ende des 19. Jahrhunderts entstanden, doch Whitehorse hat überlebt. Strategisch günstig, knapp unterhalb der großen Stromschnellen am Yukon gelegen, ist dieser Ort auch heute noch der ideale Umschlagplatz für die Versorgung des gesamten Yukon-Gebiets entlang des Wasserweges. Nur 30.000 Menschen leben im Yukon Territory, ein Gebiet, das sechsmal so groß wie ganz Österreich ist. Mehr als drei Viertel davon leben in Whitehorse. Es gibt hier nicht viel zu sehen – Fast-Food-Läden, einige Shopping-Malls und eine asphaltierte Promenade am Flussufer entlang. Bald bin ich wieder draußen und folge dem Yukon nach Norden.

Welch eine Gestalt wartet da am Straßenrand? Ich traue meinen Augen nicht. Ist das ein Wildwest-Revival? Der Mann ähnelt verblüffend all den verwitterten Abenteurern, die ich auf den Fotos aus der Goldrauschzeit gesehen habe. Auch seine Kleidung und sein Rucksack scheinen aus dieser Zeit zu stammen. Ich halte an und frage, wohin ich ihn mitnehmen kann. Sein Englisch ist nur schwer zu verstehen. Er scheint es nicht oft zum Einsatz zu bringen. Höchstens einmal im Monat kommt er in die Stadt, nur zum Einkaufen, sonst hält ihn dort nichts. Aus der Größe seines zerlumpten Rucksacks kann ich schließen, dass er nicht viel aus Whitehorse mitgebracht hat. Mitten in der Wildnis bittet er mich anzuhalten. Augenblicke später verschwindet er im dichten Unterholz. Ich kann es nicht glauben. Wo lebt dieser Mann? Ich lenke mein Auto an den Straßenrand und warte eine Weile. Dann folge ich meinem seltsamen Mitfahrer, denn ich will sehen, wie er lebt. Einen Weg kann ich kaum erkennen, aber ich folge dem, was mir als Spur erscheint. Nach einigen Minuten gebe ich auf. Weit und breit kein Anzeichen einer menschlichen Behausung. Seine Bleibe scheint fernab von allem zu sein – keine Nachbarn, kein Strom.

Es gibt sie also noch, die Trapper, Jäger, Selbstversorger in einer Wildnis, die über weite Teile des Jahres nicht härter und lebensfeindlicher sein kann. In unserer Welt gelten Menschen als Abenteurer, die exotische Länder bereisen, Wüsten durchqueren oder hohe Berge besteigen. Sie alle sind jedoch nur

Abenteurer auf Zeit. Die wahren Abenteurer findet man hier in der Wildnis, völlig auf sich allein gestellt, namenlos.

An den „Five Finger Rapids" halte ich an und blicke hinab auf die Stromschnellen des Yukon, die einzigen auf der 700 Kilometer langen Flussstrecke von Whitehorse nach Dawson City. Wild sehen sie nicht aus, doch für die Goldsucher mit ihren notdürftig zusammengebastelten Kähnen stellten sie eine letzte große Herausforderung dar. Danach begann auf trägen Wassern die endlos lange Zielgerade zum Klondike.

Dawson City, die legendäre Goldgräberstadt, ist Wildwestromantik pur – geschniegelt und geputzt für Tausende von Touristen, die die Atmosphäre des Gold Rush einfangen möchten. Moderne Hotels und Restaurants mit jeglichem Komfort, versteckt hinter schmucken, farbenfrohen Westernfassaden – das ist es, was die Besucher sehen und erleben wollen, und die Bewohner lassen sich diese museale Show auch gut bezahlen. Ein Zimmer in der Stadt ist unerschwinglich für mich. Mich trifft es nicht hart. Der verwilderte Campingplatz auf der anderen Flussseite bietet eine idyllische Zuflucht vor dem noblen Treiben in der Stadt. Auch die Goldgräber am Klondike haben lange in ihren Zelten gelebt, ehe sie irgendwo eine Hütte erbauen konnten. Die alten Blockhütten sind heute verschwunden, nur eine hat die Jahre überdauert. Sie gehörte einem gewissen John Griffith Chaney. Er war einer der vielen Gescheiterten, die in Dawson City ihr letztes Geld ausgaben, ohne neues erwerben zu können. Ohne Geld und Gold musste er bald die Heimreise antreten. Nur die Erlebnisse seiner abenteuerlichen Zeit in der Wildnis, die konnte ihm niemand mehr nehmen. Sie wurden sein Reichtum. Wenige Jahre später gelangte er unter dem Namen Jack London zu Weltruhm.

Am nächsten Tag besuche ich die bekannten Goldgräberplätze der Umgebung. Auf einer holprigen Schotterstraße fahre ich den Bonanza Creek entlang. Stille Beschaulichkeit finde ich hier nicht. Hunderte sind in ihren Wohnmobilen auf dem Weg zu den historischen Stätten, wo das erste Gold gefunden wurde. Ich bin mitten in der Wildnis und stecke im Stau. Erst am Nachmittag erlahmt der große Run und ich kann das kleine Tal in Ruhe durchwandern. Der Goldrausch ist hier bereits nach zwei Jahren zu Ende gewesen. Doch was ich nun sehe, überrascht mich. Die Goldsuche am Klondike hat nie aufgehört! Die Claims sind weiterhin fein säuberlich abgesteckt, Rechtecke von 1000 Fuß Länge und, an der Bachseite, 500 Fuß Breite. Hin und wieder wird einer von ihnen zum Verkauf angeboten. Die Goldsucher

von heute schürfen weiter am Bonanza Creek, sie leben in maroden Trailer Homes von der Hand in den Mund und hoffen, wie ihre Vorgänger vor hundert Jahren, dass sie eines Tages den großen Fund machen werden.
Über den Top-of-the-World-Highway kehre ich nach Alaska zurück. Es ist eine einsame Welt ohne nennenswerte Ansiedlungen. Die wilde Natur präsentiert sich in faszinierender Farbenpracht. Dunkle Bergseen, umrahmt vom kräftigen Grün der Nadelwälder, das Weiß der Schneezungen reicht bis in die Täler mit ihren roten und violetten Wiesen und Mooren. Hin und wieder sehe ich einen Elch am Wasser.
Bevor ich über Anchorage nach Europa zurückkehre, besuche ich den Denali National Park. Mit der Einsamkeit ist es hier endgültig vorbei. Mit Glück ergattere ich den letzten Zeltplatz auf dem Campingplatz und buche für den nächsten Tag eine Busfahrt zum Wonder Lake. Mehr Ruhe hätte ich mir wohl gewünscht, doch kann ich es den anderen Touristen kaum verübeln, dass auch sie in diese faszinierende Landschaft drängen. Wenig romantisch geht es im Touristenbus hinaus in die Tundra. Bald vergesse ich den gewaltigen Menschenauflauf und habe nur noch Augen für die Glanzlichter dieser Landschaft. Hier sieht man fast alles, was die arktische Fauna zu bieten hat – Grizzlies, Elche, Karibus, Wölfe, Rotfüchse, Doll-Schafe, Biber: Die Busfahrt wird zum großen Wildlife-Erlebnis. Doch immer wieder wandert mein suchender Blick über die Tundra gen Süden. Noch wartet er in Wolken gehüllt. Dann endlich wird er frei, der alles überragende Berg. Denali, „der Große", nennen ihn die Einheimischen. Tausende Meter hohe Eiswände umgeben ihn, seine wild zerrissenen Gletscher strömen von seinen Flanken herab, berühren fast die Tundra im Tal. Einsam ragt er aus der Weite des Landes gegen den Himmel, sein Gipfel liegt 6000 Meter über mir. Nur kurz gewährt „ der Große" die Gnade seines Anblicks, bald zerreißen vorüberziehende Wolken das imposante Bild. Mir haben diese wenigen Augenblicke genügt. Der Berg wird mich nicht mehr loslassen. Ich werde zurückkehren an seine eisigen Flanken.

HIMMELSLEITER DER ARKTIS

Es ist knapp nach Mitternacht. Unruhig wälze ich mich in meinem Schlafsack. Habe ich schon geschlafen oder habe ich die ganze Nacht trüb vor mich hin sinniert? Wie auch immer, in einer Stunde müssen wir raus. Zelte abbauen, Frühstück machen, essen. Die Schlitten und Rucksäcke beladen. Klettergurte anlegen, anseilen, für mögliche Spaltenstürze gerüstet sein. Es wird saukalt sein. Eben wegen dieser Kälte brechen wir so früh auf. Die schmalen Schneebrücken über die Gletscherspalten werden dann noch vereist und tragfähig sein, die beste Zeit also, um ohne kräfteraubende Spaltenstürze über den flachen Kahiltna-Gletscher aufzusteigen.

Im Moment will ich noch nicht daran denken, was mich hier am Denali erwarten wird. Die Dämpfer des vergangenen Tages reichen mir völlig. Warum, um alles in der Welt, tue ich mir das an? Gibt es nicht genügend wunderschöne Gipfel, die man in drei oder vier Stunden Gehzeit mit leichtem Tagesrucksack besteigen kann? Nein, ich muss mir eine Dreiwochen-Ochsentour auf einen Eisgiganten nahe dem Polarkreis aussuchen.

Jetzt gibt es kein Zurück mehr; aber scheinbar auch kein Vorwärtskommen. Dabei hat gestern alles so gut begonnen, doch am Schluss war ich nur noch groggy und deprimiert. Zeitig am Morgen hatten wir das Basislager am Kahiltna-Gletscher in 2000 Metern Höhe erreicht. Der Tag war noch jung, das Wetter herrlich, wir wollten so schnell und früh wie möglich los. Alle waren damit glücklich, doch für Dave war der schnelle Aufbruch ein richtiger Schock. Er hatte eine furchtbare Nacht gehabt, war krank, so konnte er wohl kaum eine schwierige Bergtour starten. Aufgeben, noch ehe das Abenteuer richtig begonnen hat? Das wollte keiner von uns. So verteilten wir die 500 Kilogramm an Lasten auf uns sieben und nahmen Dave ohne Gepäck mit ans Seil. Ich fasste fürs Erste 78 Kilogramm aus – das entspricht genau meinem Körpergewicht –, 40 Kilogramm kamen in den Rucksack, der Rest auf den Schlitten, den ich mit einer am Rucksack befestigten Reepschnur hinter mir herzog.

Der Anfang war nicht übel. Hurtig ging es 200 Meter den Heartbreak Hill hinunter. Warum dieser Hügel so heißt, versteht man erst, wenn man nach Wochen am Berg zum Basislager absteigt und dann hier noch mal so richtig hinaufschnaufen muss. In einer Senke, dem Zusammenfluss zweier Glet-

Die alte Kirche von Bennett

Leben in der Wildnis Alaskas

In Dawson City – Ziel alter Goldgräberträume

Historischer Schrott auf dem Chilkoot Trail

Basislager des Denali mit der Landepiste auf dem Kahiltna-Gletscher – im Hintergrund der Mount Hunter

scherströme, ging es dann so richtig los. Von dort geht es nur noch nach oben, fast 4500 Meter. Ich begann zu leiden. Die 78 Kilogramm waren entschieden zu viel für mich. Ich kämpfte um jeden Meter, rettete mich von Pause zu Pause. Nur ja nichts anmerken lassen! Welche Wohltat und Erlösung, als Brien, unser Boss, endlich einen geeigneten Platz für die Nacht entdeckt hat. Der mühsame Lageraufbau war wie ein Kindergeburtstag, verglichen mit der Plackerei der letzten Stunden. So viel zur Vorgeschichte meines momentanen Stimmungstiefs.

Der „morning call" mitten in der Nacht trägt auch nicht gerade zur Erheiterung bei. Aber nun muss etwas geschehen. Zum Kleinbeigeben und Umkehren fehlt mir der Mut. Nur dieser eine Gipfel noch, rede ich mir ein, und dann ist für immer Schluss mit solch einer Schinderei! – Mal sehen, wie dauerhaft solche Vorsätze sind.

Die Logistik des nächtlichen Lagerabbaus lässt noch zu wünschen übrig. Drei Stunden brauchen wir vom Weckruf bis zum Aufbruch, das muss sich wohl erst noch einspielen. An der Dunkelheit kann es nicht gelegen sein, denn an diesem Berg wird es im Sommer nie dunkel werden.

Die gute Nachricht des Tages kommt von Dave. Er fühlt sich wieder fit und will voll anpacken. Gut für uns alle! Zwölf Kilogramm kann ich abgeben und fliege mit 66 Kilogramm Last nun förmlich über die hier noch recht flache Gletscherlandschaft. So ist bald der nächste Lagerplatz erreicht. Dort scheint die Sonne für uns, denn einige Bergsteiger rüsten gerade für den weiteren Aufstieg und lassen ihr Lager verwaist zurück. Wir können uns also ins gemachte Nest setzen. Solche Glücksfälle kann man hier gar nicht hoch genug schätzen! Die Zeltlager am Denali sind kleine Ritterburgen, die man in stundenlanger Arbeit erstmal aus dem Eis stampfen muss. Findet man eine geeignete Stelle, kann man dort nicht einfach seine Zelte aufbauen wie am Campingplatz und sich ans Abendessen machen. Zuerst wird das gesamte zu begehende Areal Schritt für Schritt mit Lawinensonden auf verborgene Spalten hin abgecheckt. Erst dann ist seilfreies Herumstreunen möglich. Jede Zeltschnur muss mittels Toter-Mann-Verankerung fixiert werden, um die Zelte herum werden Windmauern errichtet, so hoch wie die Zelte selbst. Mit Sägen schneiden wir riesige Eisblöcke aus dem Gletscher und bauen so unsere „Burgmauern". Kein Wunder, dass wir glückselig in blindem Vertrauen das verwaiste Camp übernehmen. Nur das Toilettenplatzerl haben unsere Vorgänger recht spartanisch belassen. Wir rücken an, um Privatsphäre und

Im Hochlager am Denali

Beim Bepacken des Schlittens

Aufstieg zum West Buttress

Windschutz zu vertiefen. Doch schon bald stoßen unsere Schaufeln ins Leere, ein dunkles Loch tut sich unter uns auf. Sehr sorgfältig waren unsere Vorgänger offenbar nicht gewesen. Sie haben das Lager auf einer riesigen Gletscherspalte errichtet! Uns bleibt die Arbeit, das gesamte Terrain auf den Verlauf der Spalten unter uns zu untersuchen und das Lager entsprechend umzubauen. Zu früh gefreut!
Der Berg stellt sich auf, das Gelände wird steiler. Da können wir nicht so einfach unsere 70 Kilogramm Gepäck hinaufschleppen. Wie soll es nun weitergehen? Ganz einfach: indem wir alle Wege doppelt gehen. Wir packen alles in Rucksack und Schlitten, was wir nicht unmittelbar für die nächste Nacht benötigen, und schleppen es recht weit an den nächsten Lagerplatz heran. Dort graben wir ein eineinhalb Meter tiefes Loch und verstauen unsere Lasten. Wer zu wenig tief gräbt, verliert sein Futter an die Dohlen und Raben. Diese haben in den letzten Jahren enorme Fähigkeiten entwickelt, um an Expeditionsschmankerln heranzukommen, sogar Konservendosen bringen sie mit ihren Schnäbeln auf! Am nächsten Tag erfolgt der Abbau der Zelte und der Aufstieg zum nächsten Lagerplatz, wo wir wieder unsere kleine Ritterburg entstehen lassen. Der dritte Tag, ein halber Rasttag, dient nur dazu, die im Schnee verborgenen Schätze ins Lager zu holen.
In diesem Rhythmus geht es Schritt für Schritt nach oben. Am achten Tag erreichen wir das Medical Camp auf 4400 Metern Höhe – ein großes Wort für eine Tafel mit einer recht vage gehaltenen Wettervorschau und zwei öffentliche Toiletten. Welch karges Angebot an alpinistischer Infrastruktur! Doch gerade um diese beiden „stillen Örtchen“ kreisen die Sehnsüchte der auf- und absteigenden Bergsteigerschar, denn an diesem Berg dürfen die Kletterer nichts zurücklassen, auch nicht das Allermenschlichste. Klar, das Ziel ist gut, der Weg dorthin aber eisig. Die Nationalparkverwaltung ist stolz darauf, den Bergsteigern an diesem Berg nichts zu bieten als den Berg selbst. Gegen 200 Dollar Besteigungsgebühr gibt sie deswegen auch jeder Expedition ein kleines grünes Kübelchen und eine Unmenge an Plastiksäcken mit. Für das natürlichste Geschäft der Welt muss der Bergsteiger mit einem Mal ungeahnte Fähigkeiten entwickeln. Wenn er seinen Allerwertesten in den Sturm pieksender Eiskristalle hält, muss er mit äußerster Disziplin und Präzision zu Werke gehen. Ansonsten erwarten ihn einige unerfreuliche Fleißaufgaben. Kein Wunder also, dass alle das sonnige Plätzchen mit den beiden Bretterverschlägen am Medical Camp wie ihre zweite Heimat begrüßen.

Dieser Berg macht keine Geschenke, auch nicht die kleinsten. Die Mühsal nimmt oberhalb dieses Lagerplatzes weiter zu, aber auch die Faszination. Stellenweise wird es richtig steil, manchmal ziemlich ausgesetzt. Das ist Bergsteigen, wie wir es alle lieben! 900 Meter höher wollen wir unser letztes Lager aufbauen, ehe wir zum Gipfelaufstieg rüsten. Strenge Gewichtskontrolle ist nun angesagt. Vom Luxus, den wir mühevoll zum Medical Camp heraufgeschleppt haben, müssen wir uns nun trennen. Nur das Lebensnotwendige darf nach oben, und selbst damit sind die Rucksäcke noch übervoll beladen, als wir über den schmalen, ausgesetzten Grat des West Butress balancieren. Im Hochlager wird es keine Zeltplane geben, unter der wir uns gemütlich zum Dinner zusammenhocken können, um unsere knusprigen Hamburger mit Ketchup zu verfeinern. Wir werden vor Kälte bibbernd im Freien hocken und Haferschleim hinunterwürgen, bevor wir uns zu dritt in unsere Zweimannzelte quetschen, um dort beengt eine schlechte Nacht zu verbringen.

Es ist ein windgeschüttelter, eisiger Platz, dieses Hochlager am Denali. Meistens verziehen sich seine Besucher sofort in die engen Zelte, wenn sie nicht gerade mit Ausbesserungsarbeiten an den von den Naturgewalten traktierten Windmauern beschäftigt sind. Hier oben angekommen, heißt es in der Regel erstmal warten, denn nur bei stabilem, windarmen Wetter kann man sich in die Gipfelregion wagen. Doch meistens jagen eisige Stürme über das Ziel unserer Träume hinweg. Zwei Tage lang zerren die Böen so lautstark an unseren Zelten, dass man die halbe Nacht nicht schlafen kann. Zum Glück hat Thierry Spielkarten nach oben gemogelt und so spielen wir, gut in unsere Schlafsäcke gepackt, stundenlang geistig wenig anspruchsvolle Kartenspiele, um uns die Zeit zu vertreiben, ohne unsere nach Sauerstoff dürstenden Hirnzellen zu überfordern. Nur selten gönnt sich der Sturm eine Pause. Dann sind wir alle schnell draußen an der senkrecht abfallenden Steilwand des West Buttress und genießen ein einzigartiges Naturschauspiel. Aus der geschlossenen Wolkendecke erheben sich faszinierende Gipfel und Eisflanken, ganz Alaska liegt hier tief unter uns, nur der hinter Schneefahnen verborgene Gipfel überragt uns noch.

Am dritten Tag, es ist der 18. Juni 2008, kommt endlich Bewegung in unser verschlafenes Zeltleben. Der Morgen lässt sich gut an, das Wetter scheint zu passen. Schnell würgen wir unser Frühstück hinunter und rüsten zum Aufbruch. Knapp 1000 Höhenmeter liegen vor uns, mit leichtem Gepäck. Ein

Spaziergang? Zu Hause benötige ich dafür keine zwei Stunden. Doch der Denali ist anders. Allein für die ersten 300 Meter über die steile Traverse zum Denali-Pass benötigen wir diese Zeit und von einer erfrischenden Bergwanderung kann hier keine Rede mehr sein. Ich beginne die Zeit hochzurechnen, der Gipfel ist noch weit. Was macht den Denali so hart? Um ehrlich zu sein: Ich weiß es bis heute nicht. Das Gelände ist nicht allzu schwierig und auch die Höhe sollte bei entsprechend langer Akklimatisationsphase keine Schwierigkeiten machen. Und trotzdem ist allen die Anspannung anzumerken. Nur Dan, mein Zeltkamerad, strahlt über das ganze Gesicht. Noch nie war er hier oben gewesen und doch weiß er jeden Felszacken zu benennen. Es ist, als käme er heim.

Als Dan fünfzehn war, hatte er seinen Großvater knapp vor dessen Tod in England besucht und von ihm viel über seine Vorfahren erfahren. Diese Begegnung war ein Schlüsselerlebnis für sein weiteres Leben. Sein Ururuonkel war Missionar gewesen und der ersten Goldsucherwelle von Texas in den Yukon gefolgt. Bald hatte sich dieser Gottesmann den harten Lebensbedingungen am Polarkreis angepasst und engagierte sich zunehmend für die durch die weißen Einwanderer bedrohten Ureinwohner. So streifte er jahrelang durch die unendliche, lebensfeindliche Weite des Yukon und Alaskas. In einem zwei Monate währenden Marsch durch die Wildnis erreichte er mit einigen Begleitern im Frühjahr 1913 die Gletscherzungen des Denali. Mit wenig Bergerfahrung, doch bestens für das Überleben in dieser kalten Wildnis gerüstet, arbeitete sich die Gruppe Meter für Meter an der Nordseite des Berges nach oben. Am 7. Juni erreichte Hudson Stuck, Dans Vorfahre, mit drei seiner Begleiter den Denali-Pass. Wenige Stunden später standen die vier als erste Menschen auf dem Gipfel Nordamerikas. Hudson Stucks Lebensgeschichte hat Dan nie mehr losgelassen. Er hat versucht, alles über ihn in Erfahrung zu bringen, hat sich den Lebensweg seines Urahns zu eigen gemacht. Jetzt, 95 Jahre später, trifft Dan hier an unserem Rastplatz endlich auf die längst verwehten Fußspuren seines Ururuonkels und er wird ihnen bis ganz nach oben folgen.

Nach sechs Stunden erreichen wir eine weite, flache Senke, das sogenannte Football Field. Das Ziel ist nun gut zu sehen, aber es scheint immer noch unendlich weit entfernt zu sein. Die Windfahnen über dem Gipfel verheißen nichts Gutes, das Wetter scheint zu kippen. Nichts wie weiter, vielleicht überlegt es sich der Sturm noch einmal! Vor uns liegt der steile, 150 Meter

Auf dem West Buttress

Auf dem Gipfel des Denali

hohe Pig Hill. Ich keuche, schnaufe und weiß, dass sich diese Eisflanke wahrlich keinen anderen Namen verdient hätte! Endlich treten wir hinaus auf den luftigen Gipfelgrat. Zu sehen ist nichts, nur zu spüren – die Entspannung auf den vermummten Gesichtern. Ein formschöner, ausgesetzter und stark überwechteter Firngrat liegt vor uns – Bergsteigen vom Feinsten, zumal es der Wind doch noch gut mit uns meint.

Um halb fünf geht es plötzlich nicht mehr weiter – nur eine kleine Erhebung liegt wenige Meter vor uns: das Dach von Nordamerika! Unsere zweite Seilschaft trifft wenig später ein. Wir fallen uns ausgelassen in die Arme, dabei war keiner von uns noch wirklich ganz oben. Minutenlang starre ich auf den kleinen Grathügel zwei Meter über mir. Dort oben wird ein langes Abenteuer für mich zu Ende gehen, ein Abenteuer, das vor knapp sieben Jahren eher zufällig im Kaukasus am Elbrus begann. Zwei Meter fehlen mir noch – ich fasse mir ein Herz und springe in drei Sätzen hinauf auf den höchsten Punkt, zum letzten der Seven Summits, der höchsten Gipfel der sieben Kontinente! Wie ein Verrückter hüpfe ich pickelschwingend herum und kann meine Freude kaum bändigen, bis ich bemerke, dass meinen Kumpels angesichts der Wechten hinter mir fast die Luft wegbleibt.

Der lange Abstieg wird zu einem einzigen Freudenfest! Die Schlechtwettertage haben viele Gruppen im Hochlager zurückgehalten. Heute sind sie alle losgegangen und viele haben wie wir den Gipfel erreicht. Gemeinsam sind wir auf dem zweitägigen Weg nach unten – in absoluter Hochstimmung! Jeder hat seine Geschichte zu erzählen, es gibt Umarmungen, Händeschütteln, Gratulationen, unser kleiner Flachmann kreist. Wir haben auch allen Grund zu feiern, schließlich sind wir heuer die einzige Gruppe, die komplett den Gipfel erreicht hat!

Die kleine Beaver setzt auf der Landebahn von Talkeetna auf. Sommerwärme und Grün umfängt uns, darauf haben wir uns nach den Wochen im Eis schon gesehnt. Wir schlendern durch den von Touristen überschwemmten Ort, genießen alle seine kulinarischen Angebote und baden in der Bewunderung, die von allen Seiten auf uns einströmt. Viele Menschen, denen wir begegnen, sind von weit her angereist, um die Nähe des großen Berges einmal zu spüren, in einem der wenigen günstigen Augenblicke einen wolkenlosen Blick auf den Eisgiganten werfen zu können. Da oben gestanden zu haben, das ist für die meisten von ihnen völlig unvorstellbar. Einige wollen Autogramme und ein Foto mit uns. Je länger der Abend, desto öfter werden wir zu Drinks eingeladen. Party pur, einen Tag und eine Nacht lang. Die Mühen des Denali verblassen, den Hader aus der ersten Nacht habe ich längst vergessen, unsere Gespräche kreisen euphorisch um neue Gipfelziele. Neue Träume entstehen an der schummrigen Bar bei Country-Klängen, Bier und ausgelassener Stimmung. Und eines ist sicher: Es wird ein Leben nach den Seven Summits geben!

BESTEIGUNGSDATEN

19. 07. 2001: Elbrus/Europa (5642 m)
18. 01. 2003: Aconcagua/Südamerika (6962 m)
27. 12. 2004: Mount Vinson/Antarktis (4892 m)
20. 05. 2006: Chomolungma (Mount Everest)/Asien (8850 m)
06. 08. 2006: Kilimandscharo/Afrika (5895 m)
11. 11. 2007: Nemangkawi (Carstensz-Pyramide)/Australien und Ozeanien (4884 m)
18. 06. 2008: Denali (Mount McKinley)/Nordamerika (6195 m)

Darüber hinaus habe ich 2004 den Montblanc bestiegen, der von manchen, die den Kaukasus Asien zuzählen, als höchster Berg Europas angesehen wird. 2007 habe ich den Mount Kosciusko, den höchsten Berg Australiens, bestiegen. Manche Bergsteiger sehen in ihm den höchsten Berg des Kontinents, wobei sie allerdings die Inselwelt des australisch-ozeanischen Kontinents ignorieren.

NACHWORT

Wie macht der Typ das alles mit seinem Diabetes?, werden sich vielleicht manche Leser fragen. Da erzählt er, welch einschneidendes Erlebnis die Diagnose für ihn gewesen sei, welch düstere Prognosen sich damit um seine abenteuerlichen Lebensträume rankten, doch dann verschwindet diese Krankheit fast völlig aus seinen Erzählungen. Will er uns etwas verheimlichen? Gibt es denn da gar nichts zu berichten? Keine Anekdoten, keine skurrilen Erlebnisse, keine bedrohlichen Situationen? In meinem ersten, im Jahr 2000 im Eigenverlag erschienenen Buch „Aufbruch in die Grenzenlosigkeit" war noch jede Menge von all dem zu finden, doch das waren völlig andere Zeiten.
2003 – wochenlang wanderte ich durch die Berge des Himalaya. Eine einsame Yak-Weide am Ende der Welt, einige versprengte Hütten inmitten saftiger, grüner Wiesen, umgeben von steil aufragenden Eiswänden an gewaltigen Siebentausendern. Bei einem der Yak-Hirten habe ich meine Bleibe gefunden, esse mit ihm zu Abend im Schein der Petroleumlampe. Meine Insulinspritzen versuche ich zu verbergen, da ich an diesem abgelegenen Plätzchen zu viele Fragen erwarte, die ich bei unserer holprigen Konversation kaum werde beantworten können. Er entdeckt sie dennoch und die Frage nach dem Zweck der Spritzen lässt nicht auf sich warten, kommt aber ganz anders, als ich sie erwarten konnte: „Bist du Typ 1- oder Typ 2-Diabetiker?"[1]
Mir bleibt der Mund offen!
Der Diabetes ist gesellschaftsfähig geworden, selbst in den entlegensten Winkeln der Erde wissen die Menschen Bescheid und gehen damit völlig normal um. Keine schreckgeweiteten Augen, wenn ich mit Spritze oder Messgerät hantiere, so wie dies vor fünfzehn Jahren selbst noch in meiner Heimat üblich war.

---

1 Diabetes mellitus Typ 1 (früher auch jugendlicher Diabetes genannt): Zerstörung der Beta-Zellen in den Langerhans'schen Inseln in der Bauchspeicheldrüse. Dies führt dazu, dass der Körper kein Insulin mehr produzieren kann und es von außen zugeführt werden muss. Ich bin Typ 1-Diabetiker. Weniger als 10 % aller Diabetiker sind an Typ 1 erkrankt.
Diabetes mellitus Typ 2 (früher auch Altersdiabetes genannt): Unterschiedliche Kombinationen aus Insulinresistenz, relativem Insulinmangel und Sekretionsstörungen. Häufig, aber nicht immer, sind Fehlernährung und Bewegungsmangel Auslöser für den Typ 2-Diabetes. Die Behandlung kann mit Tabletten oder mit Insulin erfolgen. Manchmal reicht eine radikale Änderung der Lebensführung für die Behandlung aus. Mehr als 90 % aller Diabetiker sind an Typ 2 erkrankt.

1987 teilte ich meinen Ärzten mit, dass ich den Wien-Marathon laufen möchte. Ihre Antwort ließ nichts an Klarheit vermissen: „Sie haben keine Chance, das zu überleben!“ Ich lief ihn dennoch und lief mich frei von all den Blockaden und Beschränkungen, die mehr in meinem Kopf denn in meinem Körper existierten. Bei weitem bin ich nicht der Einzige auf diesem neuen Weg geblieben. Heute nehmen Diabetiker mit Erfolg an Ultramarathons und am Hawaii-Triathlon teil, haben olympische Goldmedaillen zu Buche stehen[2] und brechen zu vielfältigen Abenteuern in alle Ecken unserer Erde auf.
Die Krankheit, die noch vor 90 Jahren unweigerlich den Tod bedeutete, hat ihre Krallen verloren. Neue Produkte und Behandlungsmethoden haben Lebensmöglichkeiten für Diabetiker eröffnet, die keine Wünsche offenlassen. Die Entwicklung ist rasant! So rasant, dass sie nur langsam ins Bewusstsein der Betroffenen einsickert. Noch vor 25 Jahren war der Diabetes eine Bürde gewesen, unter der viele zusammenzubrechen drohten. Die gesamte Lebensführung musste dieser Krankheit untergeordnet werden. Was ist davon übrig geblieben? Ein kleines, zusätzliches Gepäckstück, das ich in meinen Rucksack stopfe und das mich nicht länger auf meinem Weg behindern kann.
Einige Maßnahmen und Routinetätigkeiten muss ich noch beachten, um überleben zu können. Ich habe gelernt, sie in meine spezielle Lebenssituation zu integrieren, habe Schritt für Schritt Erfahrung gesammelt, wie ich diese lebensnotwendigen Maßnahmen auch in extremen Outdoor-Situationen mit großer Sorgfalt durchführen kann. Das hat mir die verloren geglaubte Freiheit wiedergegeben.
Etwas Besonderes sollte es sein – ein Diabetiker auf den Seven Summits! Deshalb habe ich von Unternehmen aus der Diabetes-Branche auch jene großzügige finanzielle Unterstützung bekommen, die mir die Besteigung meiner Traumberge ermöglicht hat. Die wichtigste Erkenntnis, die ich aus all diesen Erlebnissen ziehen konnte, war jene, dass es eben „nichts Besonderes“ für uns Diabetiker ist, all diese Abenteuer erleben und bestehen zu können, dass wir keinen weiteren Einschränkungen unterliegen als jenen, die wir in unseren Köpfen zulassen.

---

2 Sydney 2000: Steven Redgrave (Großbritannien) im Rudern (Vierer ohne Steuermann). Weitere Goldmedaillen (1984, 1988, 1992 und 1996) gewann er noch als Nicht-Diabetiker.
Athen 2004: Gary Hall jr. (USA) über 50 m Kraulen. Weitere Goldmedaillen (1996 und 2000) gewann er noch als Nicht-Diabetiker.
Peking 2008: Matthias Steiner (Deutschland) im Gewichtheben (Superschwergewicht)

DANK

Besonders danken will ich meiner Freundin Sylvia. Ohne ihr Engagement und ihren aufopfernden Einsatz wäre ich wohl nicht auf diesen sieben Gipfeln gestanden und hätte auch nicht dieses Buch schreiben können.
Nach meiner Krebsoperation lag ich mit Schmerzen im Krankenhaus und blätterte wehmütig in Expeditionsberichten vom Mount Everest. Damals versicherte sie mir, woran ich nicht mehr zu denken wagte – dass ich eines Tages selbst auf dem höchsten Berg der Welt stehen werde. Und sie wusste, welche Entbehrungen sie sich als meine Partnerin damit aufladen würde. Während andere für ein derartiges Vorhaben einen professionellen Betreuerstab beanspruchen, hat sie im Hintergrund allein die gesamte Logistik für dieses komplizierte Unternehmen bewältigt. Als ich bei einem Unfall in Borneo einen offenen Wadenbruch erlitt, schien meine Besteigung der Carstensz-Pyramide unmöglich. Sylvia hat während der folgenden Wochen, die wir gemeinsam im Dschungel von Neuguinea verbrachten, meine nicht heilen wollende Wunde täglich versorgt, sodass es mir gelungen ist, trotz dieser Fraktur diesen technisch nicht einfachen Berg zu erklimmen. Schließlich hat sie mich ermutigt, meine Erlebnisse rund um die sieben Gipfel niederzuschreiben, hat mir viele Ideen dazu geliefert und die Texte korrigiert. Sie war und ist mir unentwegt Stütze, meine Träume ohne Einschränkungen zu leben. Darum war es einer der schönsten Augenblicke für mich, einen dieser sieben Berge, den Kilimandscharo, gemeinsam mit ihr, Hand in Hand, zu ersteigen.
Danken will auch meiner Mutter und meinem Sohn Markus, die ich oft monatelang in der Heimat in Sorgen zurückgelassen habe, und die mich doch bei der Realisierung meiner Abenteuer ermutigt und unterstützt haben.
Trotz der mäßigen Voraussetzungen, die ich für die Verwirklichung meiner extravaganten Bergziele einbrachte, hat die Firma Bayer immer an mich geglaubt. Ohne ihre finanzielle Unterstützung hätte ich die zum Teil kostspieligen Seven Summits nie besteigen können. Bayer Austria hat bei allen sieben Gipfeln finanzielle Beiträge geleistet, Bayer Healthcare, Deutschland und Europa, bei einzelnen, besonders kostspieligen Bergen. Im Besonderen haben sich Herr Monschein, Frau Jost und Frau Dr. Lenz innerhalb ihres Unternehmens für die Realisierung meiner Bergabenteuer eingesetzt.

Darüber hinaus haben mich die Firma Sanofi-Aventis am Mount Vinson und am Mount Everest, die Firma Merck an der Carstensz-Pyramide und die Firma Boso am Denali unterstützt.

Meine Diabetologin, Frau Dr. Kinga Howorka, hat schon vor mehr als zwanzig Jahren neue Behandlungsformen für Diabetiker entwickelt, die den Betroffenen größtmögliche Flexibilität in der Lebensführung gestatten. Durch ihre Therapieform ist es mir erst möglich geworden, meine abenteuerlichen Träume zu leben. Sie hat es, wie kaum ein anderer Arzt, verstanden, dass es nicht eine Behandlungsroutine für alle Diabetiker geben darf, sondern dass jeder Betroffene seine eigenen Vorstellungen von seinem Leben mitbringt und diese in individueller Abstimmung mit der Diabetes-Therapie in Einklang gebracht werden müssen.

Zuletzt möchte ich mich bei meinen Bergpartnern bedanken, die mir allesamt wunderbare Kameraden waren und mit denen ich großartige Erlebnisse teilen durfte. Im Besonderen möchte ich Sylvia Alfery, Thierry D'Hers, Dan Hopkins, Markus Kirschner, Thomas Knob, Kay Le Claire, David McAvoy, Alfred Messner, Dave Morris, Suzanne Nance, Chris Nichols, Stefan Peer, Jacques Pirenne, Markus Schnizler, Brien Sheedy, Brenton Spies und Alistair Sutcliffe erwähnen, die mir Fotos für mein Archiv zur Verfügung gestellt haben, von denen einige auch in diesem Buch Verwendung gefunden haben.

Bibliografische Information Der Deutschen Nationalbibliothek
Die Deutsche Nationalbibliothek verzeichnet diese Publikation in der Deutschen Nationalbibliografie; detaillierte bibliografische Daten sind im Internet über http://dnb.d-nb.de abrufbar.

Umschlaggestaltung: Tyrolia-Verlag, Innsbruck
Cover: Großes Bild: Geri Winkler im Aufstieg zum Mount Vinson. Kleines Bild oben: In den Ellsworth-Bergen / Antarktis. Aus grafischen Gründen wurde dieses Bild seitenverkehrt abgebildet.
Seite 8/9: Auf dem Gipfel des Elbrus
Seite 18/19: An den Piedras Blancas – ein luftiger Aussichtsplatz über der Welt
Seite 46/47: In den Ellsworth-Bergen
Seite 60/61: Blick vom Südsattel auf die Gipfelpyramide des Mount Everest mit dem Südgipfel – der Hauptgipfel ist hier noch verdeckt.
Seite 164/165: Der Tag erwacht über dem Kilimandscharo – Ausblick vom Mount Meru.
Seite 188/189: Nemangkawi, die „weiße Prinzessin" (Carstensz-Pyramide)
Seite 272/273: Das Medical Camp am Denali
Bildnachweis: Alle Abbildungen stammen aus dem Archiv des Autors.
Layout und digitale Gestaltung: Studio HM, Hall in Tirol
Lithografie: digiservice, Innsbruck
Druck und Bindung: Gorenjski-Tisk, Kranj
ISBN 978-3-7022-3120-0
E-Mail: buchverlag@tyrolia.at
Internet: www.tyrolia-verlag.at